AF509161

LE BATON

ÉTUDE

HISTORIQUE ET LITTÉRAIRE

PAR

AUGUSTE LAFORET

Ancien Magistrat, Membre de plusieurs Sociétés savantes.

MARSEILLE

TYPOGRAPHIE ET LITHOGRAPHIE MARIUS OLIVE

RUE SAINTE, 39

1879

Tous droits réservés

LE BATON

ÉTUDE HISTORIQUE ET LITTÉRAIRE

Tiré à 200 exemplaires numérotés, dont 30 sur papier de Hollande

LE BATON

INSTRUMENT DE CORRECTION ET D'OUTRAGE

DEUXIÈME PARTIE

LE BATON.

ÉTUDE HISTORIQUE ET LITTÉRAIRE.

DEUXIÈME PARTIE.

LE BATON, INSTRUMENT DE CORRECTION ET D'OUTRAGE.

CHAPITRE PREMIER

La Bastonnade dans les temps anciens.

I.

Il y avait, dans l'antiquité, une corrélation certaine entre les deux points de vue sous lesquels j'ai commencé et je continue mon étude sur le bâton : l'insigne de l'autorité et de la puissance, d'une part ; l'instrument de correction et d'outrage, de l'autre. Le droit de commander entraînait comme conséquence celui de punir. Les anciennes images égyptiennes des dieux, des rois, des chefs, les montrent souvent armés d'un fouet. Le musée du Château Borély, à Marseille, dont les collections sont si riches et si bien conservées, possède plusieurs statuettes de rois égyptiens tenant un bâton d'une main et de l'autre un fouet à plusieurs cordes.

Il y a plus : les animaux les mieux armés de dents, de bec et de griffes, les lions, les loups, les aigles étaient les emblêmes ordinaires de la puissance et de la dignité politiques. Sur la tête de la statue du chef de la troisième dynastie égyptienne — statue si heureusement exhumée par M. Mariotte — on voit un épervier qui indique la dignité souveraine.

Tout ne se bornait pas à la corrélation des idées. Les sceptres étaient souvent' des instruments directs de correction et même de mort. Si l'Histoire Sainte nous montre Assuérus faisant grâce de la vie à Esther, qui s'était présentée à lui sans avoir été appelée, et, à cet effet, la touchant de son sceptre, d'un autre côté, l'histoire profane rapporte qu'un Pharaon brisait d'un coup de son sceptre le crâne de tout messager qui lui apportait une mauvaise nouvelle.

Dans l'Iliade, Ulysse, mécontent de la harangue de Thersite, et des attaques qu'il s'est permises contre Agamemnon, le menace, en cas de récidive, « de le « faire dépouiller ignominieusement et de le chasser « de l'assemblée, après l'avoir déchiré à coups de ver- « ges, comme un vil esclave.

La faute même que Thersite venait de commettre ne resta pas impunie. « Ulysse, de son sceptre, le frappa, « à nu, sur le dos et sur les épaules ; Thersite plia sous « le coup en versant des pleurs. Il s'éleva, sur son dos, « une tumeur livide causée par le sceptre d'or. Il s'as- « sit tout tremblant, et de la douleur qu'il sentit, il jeta « un regard hideux et se mit à essuyer ses larmes (1). »

N'oublions pas de le mentionner dans l'ordre d'idées que nous développons. A Rome, les consuls étaient précédés par les licteurs portant des faisceaux formés

(1) *Iliade*. Livre ii, traduction de M** Dacier.

de baguettes de bouleau (1), ce qui indiquait le droit de frapper, de punir, attribué à la plus haute dignité du pays.

Plus anciennement, dans la langue hébraïque, le même mot désignait le sceptre royal et la baguette de la fustigation : c'était le mot *schebat* ; il s'est conservé tel quel dans le copte.

Le savant égyptologue, M. Chabas, cite, dans ce même ordre d'idées, un fait très-curieux. Un document judiciaire, daté de la grande époque pharaonique, donne la description du serment prêté devant un magistrat instructeur par un ouvrier prévenu de vol. Avant de faire sa déclaration, cet ouvrier prononça un : *par la vie du Pharaon*, en se frappant le nez et les oreilles, et en s'inclinant sur le bâton du juge. Il manifestait ainsi qu'il connaissait la rigueur de la loi pénale, ordonnant, dans certains cas, l'ablation du nez et des oreilles.

Il montrait aussi, en se penchant sur le bâton du juge, qu'il reconnaissait dans cet insigne, aux mains d'un délégué du souverain, l'autorité suprême et le droit de frapper (2).

De cet aperçu général et préliminaire, je passe aux faits particuliers que, dans ce chapitre — comme son titre l'indique — j'emprunte seulement à l'histoire ancienne.

II

Chez les Egyptiens et les Israélites, chez les Grecs et les Romains, la bastonnade était l'un des châtiments qu'édictait la loi pénale, en réparation de certains méfaits. Ajoutons que, sous les noms génériques de bas-

(1) Pline. *Histoire naturelle*, liv. xxx., 18.
(2) F. Chabas. *Sur l'usage des bâtons de main*, page 10.

tonnade et de flagellation, on comprenait toutes les punitions infligées aux coupables, en les frappant, à nu, avec des bâtons, des verges ou des baguettes naturels ou factices, armés souvent de diverses espèces de nœuds, chaînes ou cordes, osselets ou lanières de cuir, plus ou moins contondants ou déchirants. Dans ce dernier cas, l'instrument de correction était un fouet tel que nous l'appelons encore de nos jours.

L'usage de ce genre de fouet remonte bien haut. On lit dans l'Ecriture Sainte cette réponse de Roboam son peuple qui lui demandait de diminuer les charges dont son père Salomon l'avait accablé : « Mon père « vous a frappés avec de simples fouets, et moi, je vous « frapperai avec des scorpions. » Tous les commentateurs reconnaissent que ce dernier mot signifie des branches d'un arbre épineux qui piquent comme le scorpion. Saint Isidore de Séville a dit à cet égard : « *Si nodosa vel aculeata virga sit scorpio rectissimo* « *nomine vocatur, quia acuato vulnere in corpus infli-* « *gitur* (1). »

Au dire de certains auteurs, le châtiment de la bastonnade ne fut infligé, dans les temps primitifs qu'aux seuls esclaves. Peu à peu on l'étendit aux hommes libres (2). Le passage de l'Iliade rapporté plus haut peut être invoqué à l'appui de cette opinion. Ulysse menaçant Thersite de le châtier, s'il renouvelle, dans ses discours, ses attaques contre Agamemnon, parle des châtiments qu'il lui réserve comme d'un cas exceptionnel. « Je te ferai dépouiller ignominieusement, et te « renverrai de l'assemblée, après t'avoir déchiré de « coups de verges *comme un vil esclave* (3). »

(1) Etymolog. l. vi, c. ult.
(2) Lanjuinais : *La Bastonnade et la flagellation pénales*, page 6.
(3) *Illiade.* Liv. ii.

L'application de la bastonnade était fort en usage chez les Egyptiens. On la voit bien des fois figurer sur les anciens monuments, notamment sur une peinture trouvée à Thèbes. Le patient, mis à nu, est couché sur le ventre ; un exécuteur lui tient les pieds assujettis, un second lui tient les bras allongés au dessus de la tête, pendant qu'un troisième fait agir le fatal bâton (1).

La bastonnade était aussi, chez ce peuple, un moyen d'instruction judiciaire ; le juge la faisait appliquer sur les pieds et sur les mains au moyen d'un bâton appelé *Batjana* (2).

Il y a quelques années, M. Chabas a découvert dans un papyrus appartenant à une collection anglaise, un document relatif au procès intenté aux voleurs qui avaient pillé le tombeau d'un Pharaon. On y trouve l'aveu circonstancié des coupables, et, de plus, des renseignements curieux sur la marche de l'instruction criminelle aux temps pharaoniques, c'est-à-dire mille ans avant notre ère. La torture ou soit la question consistait surtout dans la bastonnade et la *compression graduelle* des poignets (3). C'est le cas de dire une fois de plus : rien de nouveau sous le soleil. Dix siècles avant notre époque, la question était appliquée à ceux dont la justice voulait tirer des aveux, en comprimant graduellement leurs membres, comme cela se pratiquait encore vers la fin du XVIIIᵉ siècle, dans les diverses juridictions de France. Si nous avions sous les yeux la traduction et le commentaire du papyrus découvert par M. Chabas, il serait curieux d'en rapprocher les détails sur la question au moyen de la compression graduelle des poignets, avec ceux qu'on trouve

.(1) Lanjuinais : *Loc. cit.*, p. 13.
(2) Chabas. *Loc. cit.*, p. 7.
(3) *Journal Officiel* du 5 novembre 1872. Page 6825.

dans un procès-verbal du 7 décembre 1765, extrait d'un dossier provenant de la prévôté générale de la maréchaussée de Montauban, déposé aux archives du département de Tarn-et-Garonne.

On lit dans cette pièce judiciaire que le patient ayant été placé sur le banc de la question, ses bras furent attachés à des cordes fixées à un tour ou cylindre, à chaque bout duquel était un cric dont les crans avaient chacun six lignes de longueur. Par trois fois, l'exécuteur de la haute justice fit, sur l'ordre du juge, tourner le cric de trois crans de plus chaque fois ; mais aucun aveu ne put être obtenu (1).

III.

Chez les Israélites, le supplice dont nous nous occupons s'appelait *tympanisme*, du mot *tympanum*, instrument de musique formé d'une peau tendue sur laquelle on frappait avec des bâtons qui avaient nom *tympana* (2).

Le saint martyr Eléazar fut mis à mort à coups de bâton. Voici ce que porte le texte de son histoire. « Eléazar allait au supplice (à la lettre, au *tympanum*), « et sur le point d'expirer sous les coups, il dit en gé- « missant : Le Seigneur sait que, pouvant éviter la « mort, je souffre de violentes douleurs sous les coups « dont je suis frappé. » — « Quelques-uns, dit saint « Paul, ont été tympanisés, ne voulant pas racheter leur « vie présente, afin d'en trouver une meilleure dans « la résurrection. »

(1) Voir ce procès-verbal reproduit *in extenso* dans la collection du *Monde Illustré*, 10ᵉ année, n° 506 du 22 septembre 1866, p. 405.

(2) *Dissertation sur les supplices dont il est parlé dans l'Écriture. Sainte Bible avec les commentaires de Dom Calmet.*

Les sept frères Machabées furent aussi bâtonnés et fustigés avant d'être mis à mort ; *flagris et Taureis Cruciatos ;* ce fut par là que commença leur martyre.

Mais, sans parler plus longtémps des martyrs, disons que la bastonnade était comprise, comme l'une des peines légales, dans la loi de Moïse. Cette pénalité était modérée par une disposition qui ordonnait de proportionner le nombre des coups à la gravité du délit, et portait défense de faire donner jamais plus de quarante coups, « de peur, dit le texte, que votre frère ne s'en aille ayant été déchiré misérablement sous vos yeux (1).

Par l'usage et la tradition, ces quarante coups furent réduits à trente-neuf. C'est ce qui résulte notamment d'un passage de saint Paul, qui, déclarant avoir été bâtonné cinq fois par les juifs, explique qu'il a reçu, chaque fois, quarante coups, moins un : « *a judœis* « *quinquies quadragenas, und minus accepi* (2). »

Par une autre disposition de la loi que nous venons de citer, quiconque bâtonnait son esclave ou sa servante au point de les faire périr sous les coups, était lui-même mis à mort (3).

Rappelons, au sujet de cette même loi, que l'esclavage était limité. Sa durée était fixée à six ans ; au septième, l'esclave était libre de droit. Mais si, par affection pour son maître et la famille de celui-ci, il renonçait à ce droit, alors il déclarait devant les magistrats son intention de rester chez son maître, et celui-ci le faisant approcher « des poteaux de sa maison, lui perçait « l'oreille avec une alène, comme marque de la servi- « tude perpétuelle à laquelle il s'engageait volontaire- « ment (4). »

(1) *Deutéronome*. Ch. xxv. V. 2 et 3.
(2) Seconde épître aux Corinthiens. V. 24.
(3) *Exode*. Ch. xxi. V. 20.
(4) *Exode*. Ch. xxi. V. 1. 5. 6.

Quant à la manière dont la bastonnade et la fustigation étaient appliquées chez les Israélites, les commentateurs de la Bible nous la font connaître. Le patient, dépouillé de ses vêtements depuis les épaules jusqu'à la ceinture, était attaché fortement par les bras à une colonne assez basse pour qu'il fût penché. L'exécuteur était derrière lui, monté sur une pierre ; les trois juges étaient présents à l'exécution ; l'un d'eux criait : « Si vous n'observez pas les paroles de la loi, le Seigneur « vous frappera de plaies extraordinaires, vous et vos « enfants. » Le second juge comptait les coups, et le troisième exhortait l'exécuteur à faire son devoir. On croyait que ce châtiment avait la vertu de détourner les effets de la colère de Dieu, pourvu que le coupable confessât sa faute et en conçût de la douleur (1).

Quelques auteurs ont soutenu que, chez les Israélites, toute personne était soumise à la peine du fouet et de la bastonnade, si elle avait commis une des fautes que la loi ou la coutume punissait de ce châtiment, même les prêtres, le grand pontife et le roi. Ils étaient, disent-ils, tous justiciables du grand Sanhédrin, dont l'autorité était supérieure à toutes les autres. Dans sa savante *Dissertation sur les supplices dont il est parlé dans l'Ecriture*, Dom Calmet combat cette opinion (2). Il fait remarquer qu'on ne peut raisonner en pareille matière, d'une manière générale et par analogie. Il affirme qu'on ne peut citer aucun exemple que les juges du peuple aient jamais exercé leur juridiction sur la personne du Roi ou du Grand-Prêtre. Que de crimes commis par les rois de Juda et d'Israël, ajoute-t-il, qui sont restés impunis! Ces princes ne se croyaient

(1) *Dissertation sur les supplices dont il est parlé dans l'Ecriture.* Sainte-Bible avec les commentaires de dom Calmet, p. 625.

(2) *Loc. cit.*, p. 627.

responsables de leurs actions qu'à Dieu seul. « C'est contre vous seul que j'ai péché, » disait David après le meurtre d'Uric et son crime avec Bethsabée : *Tibi soli peccavi* (1).

Nous venons de parler de la bastonnade, peine légère chez les Egyptiens et les Israélites; ajoutons que sur les rives du Nil, comme sur celles du Jourdain, le bâton était le grand argument de l'éducation de la jeunesse. Dans un papyrus (Anastasi III, page 3, ligne 13), on lit : « Les oreilles du jeune homme sont sur « son dos; quand on le frappe, il écoute. » Dans un autre papyrus (Anastasi V, page 18, ligne 1), un scribe rappelant les punitions qu'il a subies sur les bancs de l'école, dit « qu'il a vécu sous le bâton et « qu'il lui a assoupli les membres. » Dans ce passage, le nom du bâton correcteur est *Pakka*, littéralement *l'entameur, le fendeur* (2).

Ecoutons maintenant les *Proverbes de Salomon :*

« Celui qui épargne son bâton hait son fils.

« N'épargnez pas la correction à l'enfant, car si vous » le frappez avec la verge, il ne mourra point.

« Vous le frapperez avec la verge et vous délivrerez « son âme de l'enfer.

« La verge et la correction donnent la sagesse ; « mais l'enfant qui est abandonné à sa volonté cou- « vrira sa mère de confusion.

« Elevez bien votre fils, et il vous consolera ; cor- « rigez-le avec soin, et il deviendra les délices de votre « âme (3). »

(1) *Psaume* 50.
(2) Voir Chabas. *Loc. cit.*
(3) *Proverbes de Salomon*, châp. xiii, v. 24; chap. xxiii, v. 13, 14 ; chap. xxix, v. 15. 17.

IV

On sait peu de chose sur l'emploi du bâton, comme
châtiment, dans l'ancienne Grèce. Cette peine, paraît-
il, n'y était pas ignominieuse. On l'induit notamment
de ce fait rapporté par Thucydide : — Licas, fils d'Ar-
chésilaüs, fut bâtonné par le licteur, parce qu'il avait
fait quelque changement dans la manière de combattre,
quoiqu'il se fût comporté avec beaucoup de courage
dans l'action ; et peu après, on l'envoya comme ambassadeur chez les Argiens (1).

A défaut de textes nombreux, on peut du moins tirer
cette conséquence de celle-ci empruntée à Hérodote,
qu'en Grèce, l'emploi du bâton comme correction devait être fréquent, puisque les coureurs des jeux olym-
piques, qui partaient avant les autres, étaient, pour ce
fait, battus de verges.

C'était au conseil tenu par les généraux grecs, au sujet de la bataille qu'ils devaient livrer à l'armée navale
de Xerxès. Thémistocle était d'avis que l'on combattît
devant Salamine, plutôt que de conduire la flotte à
l'isthme. Il exprima cette opinon avec une grande vivacité et avant même qu'Eurybiade, qui commandait
la flotte, eût ouvert la discussion et lui eût donné la
la parole, Adimante, général des Corinthiens, l'inter-
rompit. « Thémistocle, lui dit-il, on frappe avec des
« baguettes ceux qui, dans les jeux publics, partent
« avant les autres. — Oui, répartit Thémistocle,
« mais ceux qui restent en arrière ne sont pas cou-
« ronnés (2). »

Je ne dois pas oublier de le rappeler, puisqu'il s'agit

(1) Thucydide, liv. v.
(2) *Histoire d'Hérodote*, traduction de Larcher, liv. viii, § liv.
Paris, 1870.

encore de bâton, ce fut dans le même conseil, à propos de la même discussion, que Thémistocle adressa à Eurybiade, ces paroles si souvent citées. L'amiral lacédémonien, irrité de ce que le général des Athéniens était d'une opinion contraire à la sienne, et la combattait avec la plus grande énergie, leva sur lui son bâton de commandement : « Frappe, lui cria Thémistocle, « mais écoute. »

Hérodote nous montre, à la bataille de Salamine, une partie de l'armée de Xerxès occupée à faire avancer l'autre contre l'ennemi à coups de fouet. C'est encore Xerxès qui, selon le même historien, fit battre la mer à coups de fouet pour la punir de n'avoir pas respecté sa flotte.

A la cour des rois de Perse, la bastonnade et la fustigation non seulement n'entraînaient aucune idée d'ignominie, mais provoquaient, au contraire, la reconnaissance de ceux qui l'avaient subie par ordre du prince : « Ils allaient, dit Stobée, remercier le grand « roi de ce qu'il avait bien voulu se ressouvenir « d'eux (1). » Artaxercès Longue-main fut le premier qui ordonna que, pour punir de leurs fautes les grands seigneurs de sa cour, leurs habits seulement seraient fustigés (2).

V

Chez les Romains, dans l'origine, il était permis, pour certains délits, de battre de verges un citoyen ; mais, plus tard, ce châtiment fut exclusivement réservé aux esclaves, et l'un des plus grands crimes que Cicéron reproche à Verrès, c'est d'avoir fait fouetter un

(1) Stobée, ch. cxlii. *De regno.*
(2) Plutarque : *Sur les délais de la justice divine dans la punition des coupables,* traduction de M. J. de Maistre, p 76.

homme qui avait le droit de s'écrier : *Romanus sum civis*, — je suis citoyen romain.

Dans l'ordre militaire, il existait à Rome deux sortes de bastonnade : le supplice des bâtons, *fustuarium*, et l'avertissement des bâtons, *fustium admonitio* (1). Persuadés qu'il ne pouvait y avoir de discipline militaire sans châtiment corporel, et cependant, ne voulant avilir ni celui qui frappait, ni celui qui était frappé pour des fautes légères, les Romains avaient institué, dans ce but, une double spécialité. Le bois le moins utile aux besoins de la vie, la vigne, avait été choisi par eux pour châtier le soldat par la main du centurion. D'un autre côté, le cep de vigne que le centurion portait constamment à la ceinture, était l'insigne de son autorité, en même temps que l'instrument des punitions corporelles, non capitales. Ce cep de vigne était appelé *vitis decora*. Les Romains disaient *vitem poscere*, demander le cep de vigne, pour dire demander le grade de centurion ; comme on dit en France solliciter le bâton, c'est-à-dire la dignité de maréchal.

La seconde espèce de bastonnade, *fustuarium*, entraînait le plus souvent la mort du coupable et dans tous les cas le couvrait d'infamie ! Voici comment Polybe décrit le supplice : « Le tribun saisit un bâton et en
« frappe légèrement le coupable ; à l'instant, tous ceux
« qui sont dans le camp tombent sur lui armés de bâtons
« et de pierres et l'assomment le plus souvent dans
« l'enceinte du camp. Si quelque coupable parvient à
« s'échapper et à franchir les limites du camp, il n'en
« est pas moins misérable ; car il ne lui est pas permis
« de rentrer dans sa patrie ; et il est défendu aux siens

(1) Callistratus, *In lege* VII. *Digest. de pœnis.*

« de le recevoir dans leur maison ; de manière qu'on
« doit regarder comme morts tous ceux qui sont con-
» damnés au supplice des bâtons (1). »

Ce supplice était réservé aux fautes très graves, telles
que l'abandon du poste qu'on était chargé de défendre ;
les officiers pouvaient y être condamnés comme les simples soldats.

Nous venons de dire que la correction au moyen d'un
sarment de vigne n'avait rien d'infamant ; mais il paraît
que les centurions l'appliquaient outre mesure, et que
les soldats en ressentaient une très vive irritation. Tacite nous apprend que ce fut là une des causes du sou-
lèvement de diverses légions, sous Tibère. Celles de
Germanie assaillirent tout d'abord les centurions, objet
de leur haine la plus ancienne et qui furent les premières
victimes de leur colère : *ea vetustissima militaribus
odiis materies et sœviendi principium.* Les légionnaires
de Pannonie tuèrent un de leurs centurions nommé
Lucilius, auquel ils avaient donné par dérision le surnom de *Encore un autre*, parce qu'après avoir rompu son
sarment de vigne sur le dos du soldat, il en demandait
d'une voix haute, un autre *et encore un autre : Cen-
turio-Lucilius interficitur, cui militariis, faceliis vocabu-
lum « cœdo alteram » indiderant quia fractâ vite in
tergo militis, alteram clara voce ac rursus aliam posce-
bat* (2).

Dans l'ordre civil, il existait aussi chez les Romains,
deux sortes de bastonnade. Afin de mieux séparer par
des privilèges, les hommes libres d'avec les esclaves, il
avait été établi que les premiers ne recevraient, à nu,
que des coups de bâton, mais que les seconds seraient

(1) Voir le *Dictionnaire abrégé d'antiquités*, au mot *bastonnade*.
(2) Tacite, *Annales*, livre I. § xxiii, xxxii. Traduction de Panckouke

frappés, à nu, avec des baguettes, des courroies et des nerfs de bœuf ; c'était la fustigation. Voici la formule que prononçait le magistrat quand il condamnait à cette peine : « *Summove, lictor, despolia, verbera, animadverte.* » — « Licteur, fais sortir, mets à nu, frappe, « châtie (1). »

Le nombre des coups n'était pas, comme chez les Israélites, déterminé par la loi ; il était laissé à l'arbitraire du juge. Est-il besoin d'ajouter que, pour les esclaves, il n'y avait lieu ni à jugement ni à formule ? La mauvaise humeur, le caprice du maître suffisaient pour que le châtiment de la fustigation leur fût infligé. Une des satires de Juvénal, entre autres documents, ne laisse aucun doute à cet égard. Faisons la part de l'exagération satirique, il n'en restera pas moins certain qu'elle était vraiment déplorable la situation de ces millions d'hommes dont le christianisme devait amener enfin la délivrance.

Dans la satire VI, contre les femmes, Juvénal peint la femme cruelle qui a à se plaindre de son époux :

« Malheur, dit-il, malheur à l'intendant, à la coif-
« feuse ! malheur au Liburnien (2), qu'elle accuse de
« s'être trop fait attendre, et que l'on châtie des torts
« de son maître ! Déjà les bâtons volent en éclats ; le
« sang coule dans la maison sous les fouets et les la-
« nières. Quelques-unes gagent des bourreaux à l'an-
« née. On frappe, elle se peint le visage, donne au-
« dience à ses amies, ou considère l'or et le dessin
« d'une robe nouvelle. On continue de frapper ; on
« frapperait toujours, mais les forces manquent aux
« exécuteurs ; il faut se contenter de cette justice :

(1) Lanjuinais. *Loc. cit.* p. 31.
(2) La Liburnie est aujourd'hui la Croatie ; il y avait à Rome beaucoup d'esclaves liburniens.

« Sors, malheureux, sors d'ici! s'écrie-t-elle d'une voix
« de tonnerre (1). »

Dans le chapitre suivant, je parlerai du pal, le plus
cruel des supplices par le bâton. Je puis, dans celui-ci,
et sans sortir des temps anciens auxquels il est consacré, établir que les Scythes pratiquaient l'empalement;
mais ce n'était du moins que sur des corps morts.
Hérodote nous l'apprend dans le passage de son histoire
qu'il consacre aux tombeaux des rois scythes et à leurs
funérailles :

L'année révolue, ils prennent parmi les serviteurs du roi ceux
qui lui étaient les plus utiles. Ces serviteurs sont tous Scythes
de nation, le roi n'ayant point d'esclaves achetés à prix d'argent,
et se faisant servir par ceux des sujets à qui il l'ordonne. Ils
étranglent une cinquantaine de ces serviteurs, avec un pareil
nombre de ses plus beaux chevaux; ils leur ôtent leurs entrailles,
leur nettoient le ventre, et après l'avoir rempli de paille, ils le
recousent; ils posent sur deux pièces de bois une moitié de
roue dont la circonférence touche à terre; ils soutiennent de la
même manière l'autre moitié, et plusieurs autres encore par le
même procédé. Ils élèvent ensuite sur ces demi-cercles les chevaux, après leur avoir fait passer des *pieux* dans toute leur longueur jusqu'au cou. Les premiers demi-cercles soutiennent les
épaules des chevaux, et les autres les flancs et la croupe, de
sorte que les jambes n'étant pas appuyées restent suspen-
dues. Ils leur mettent ensuite un mors et une bride, tirent la
bride en avant et l'attachent à un pieu. Cela fait, ils prennent
les cinquante jeunes gens qu'ils ont étranglés, les placent chacun
sur un cheval, après leur avoir fait passer le long de l'échine
du dos jusqu'au cou, une *perche*, dont l'extrémité inférieure
s'emboîte dans le pieu qui traverse le cheval. Enfin, lorsqu'ils
ont arrangé ces cinquante cavaliers autour du tombeau, ils se
retirent (2).

Le traducteur d'Hérodote, M. Larcher, a eu soin de

(1) *Satires de Juvénal traduites par Dusaulx.* Satire VI, vers 474 et
suivants.

(2) Hérodote, livre IV, § LXXII.

faire suivre ce passage de la note suivante : « Je ne
« doute pas que ces sacrifices inhumains ne paraissent
« une fable à ceux d'entre les modernes qui ne jugent
« des nations étrangères que d'après la leur. Qu'ils
« sachent qu'à la Chine, c'est-à-dire dans le pays le
« plus doux et le plus policé qu'il y ait, l'empereur
« Chun–Tchi ayant perdu une de ses épouses en 1660,
« fit sacrifier sur le tombeau de cette femme trente
« esclaves ; il était Tartare, c'est-à-dire Scythe. Cet
« exemple rend croyable ce que nous dit Hérodote des
« anciens Scythes. »

Ajoutons que Néron..... ayant eu connaissance du
supplice du pal, pratiqué chez les peuples de l'Orient,
chercha à l'introduire dans la pénalité romaine, et qu'il
fit empaler plusieurs chrétiens. Nous avons vu que
dans les légions romaines, le centurion portait toujours
un cep de vigne, qui était, à la fois, l'insigne de son
autorité et l'instrument des punitions corporelles qu'il
infligeait aux soldats pour les fautes légères. Puisque
nous venons de parler de Néron, rappelons que le centurion auquel il donna l'ordre de tuer sa mère, portait
un bâton dont il asséna un coup sur la tête d'Agrippine.
« Frappe au sein, s'écria celle-ci en se découvrant,
« puisqu'il a eu le malheur de donner le jour à un
« monstre tel que Néron (1) ! »

C'est ce parricide, ce sont les circonstances atroces
qui l'accompagnèrent, et tous les crimes commis par cet
empereur, qui ont fait dire à Voltaire : « Toutes les
« fois que j'ai lu l'histoire abominable de Néron, j'ai
« été tenté de n'en rien croire. L'intérêt du genre hu—
« main est que tant d'horreurs aient été exagérées :
« elles font trop de honte à la nature (2). »

(1) *Dictionnaire historique*, par Chaudon et Delandine.
(2) *Pyrronisme de l'histoire*, ch. XIII.

CHAPITRE II.

La Bastonnade dans les temps modernes.

I.

En m'occupant maintenant de la bastonnade dans les temps modernes, je dois relever tout d'abord ce qui concerne les peuples de l'Orient, chez lesquels la peine du bâton et du fouet, remontant à une époque très reculée, existe encore de nos jours. Tels sont les Chinois, les Turcs et les Persans.

Nous avons vu au chapitre précédent qu'en Perse, la bastonnade n'épargnait personne, que tous étaient soumis à ce régime, les prolétaires et les plus hauts personnages. Ceux-ci se résignaient sans humeur, sans rancune, avons-nous vu encore, et venaient, la punition subie, remercier le prince de ce qu'il avait bien voulu se ressouvenir d'eux. S'il faut en croire Montesquieu, les eunuques y fustigeaient même les concubines et les épouses du souverain (1).

Chez les Chinois, tous sont également soumis au bâton. Là, même entre mandarins, chacun a le droit d'infliger à son inférieur la bastonnade que son supérieur peut lui faire administrer à son tour. Le bâton est la juridiction générale, soit pour les personnes, soit pour

(1) *Lettres persanes.* Lettres 157 et 158.

les délits. On peut en juger par les diverses dispositions du code pénal de ce pays, qui a été traduit en anglais par Thomas Staunton et dont M. Huc donne de nombreux extraits dans son intéressant ouvrage (1).

Ce code manque de précision ; il ne qualifie les délits que très imparfaitement ; de sorte que la loi semble faite tout exprès pour favoriser l'esprit tracassier, oppresseur et surtout rapace des mandarins chargés de l'appliquer.

En voici un exemple, entre autres :

« Quiconque tiendra une conduite qui blesse les
« convenances et telle *qu'elle soit contraire à l'esprit des*
« *lois, sans qu'elle dénote une infraction spéciale à au-*
« *cune de leurs dispositions,* sera puni de quarante coups
« de bambou ; il en recevra quatre-vingts, quand l'in-
« convenance sera plus grave (2). »

Le code précise cependant dans divers cas et spécifie les inconvenances passibles de la bastonnade.

Ainsi, quand tout est réglé pour un mariage, on fait les fiançailles. Si, ensuite, une des familles refuse d'exécuter le contrat, son chef est condamné à recevoir cinquante coups de bambou, et le mariage se fait. — S'il n'a pas été dressé de contrat, l'acceptation des présents de noces suffit pour attester le consentement des parties intéressées.

Le manquement aux devoirs de la famille est également passible de la bastonnade. Le code détermine le mode et la durée du deuil auquel chacun est tenu après la mort d'un parent. Quiconque reçoit l'avis de la mort de son père ou de sa mère et ne prend pas aussitôt le deuil, est puni de soixante coups de bambou.

(1) *Voyage en Chine.*
(2) Tome I, p. 271.

Il est défendu de se marier pendant la durée de ce deuil. Le mariage contracté dans ces circonstances est nul et puni, en outre, de cent coups de bambou. Le mariage contracté pendant le deuil d'un grand-père ou d'une grand'mère, d'un oncle ou d'une tante, d'un frère aîné, ou d'une sœur aînée, est valable, mais puni de quatre-vingts coups (1).

Voici une disposition fort sage contre le *fonctionnarisme* — maladie qui n'est certes pas particulière à la Chine. Le nombre des fonctionnaires, dans chaque administration, est fixé par la loi. Le code pénal chinois porte : « Quiconque sera cause qu'un fonctionnaire « aura été nommé en sus du nombre fixé subira cent « coups de bambou (2).

La peine du bambou, appelée *Pant-sée*, n'entache pas l'honneur ; les mandarins ou courtisans auxquels elle a été infligée n'en continuent pas moins leurs fonctions et leurs obséquiosités. Voici comment le *Pan-tsée* est appliqué à la cour de l'empereur et dans les tribunaux.

Les employés chargés de ce service, dociles au moindre mot, au moindre geste, s'emparent du délinquant, le dépouillent de ses vêtements et le couchent à plat-ventre. L'un d'eux lui tient les jambes liées avec une corde ; l'autre, assis à califourchon sur ses épaules, lui applique à son aise les coups de bambou, ni moins de dix, ni plus de cent. Dans le dernier cas, il arrive que le patient meurt sous les derniers coups. S'il survit, il se relève, incline son front trois fois jusqu'à terre et remercie en bonne forme, l'empereur où le magistrat du soin qu'il a pris de le faire corriger (3).

(1) Tome I, p. 188.
(2) *Loc. cit.* Tome I, p. 97.
(3) Lanjunais : *La Bastonnade et la flagellation pénales*, pag. 22.

Ce n'est pas seulement en siégeant au tribunal qu'un mandarin a le droit de faire donner la bastonnade, il l'a, en quelque endroit qu'il se trouve, même hors de son district. Aussi, quand il sort, il est toujours accompagné d'officiers de justice qui portent des *pant-sées*. Il suffit qu'un homme des classes inférieures, qui est à cheval n'ait pas mis pied à terre ou ait traversé la rue en présence d'un mandarin pour recevoir, par l'ordre de celui-ci, quatre coups de bâton (1).

Quelquefois, au lieu d'être fustigé sur le dos, le patient reçoit les coups sur la plante des pieds. Ce mode est bien plus douloureux que l'autre.

Si le condamné est d'une santé faible, son fils ou quelque autre membre de sa famille, ou même un étranger, moyennant salaire, peuvent être admis à recevoir la fustigation à la place du coupable.

De très anciennes lois, plus d'une fois confirmées, ont admis en Chine, sauf les exceptions, le rachat de la bastonnade et des autres peines corporelles, même du dernier supplice, pour des sommes plus ou moins fortes, selon les cas et les personnes. Il y a sur ce sujet un tarif légal très minutieux (2).

De même qu'en Chine, le supplice de la bastonnade n'est point infamant dans les états barbaresques. Il y arrive que le Divan ordonne qu'un des officiers de ce conseil d'état, recevra, pour telle ou telle autre faute commise, tant de coups de bâton, sans que celui qui a subi cette peine perde le grade et les honneurs dont il était revêtu auparavant (3).

(1) *Dictionnaire de la pénalité dans toutes les parties du monde connu.* Par Saint-Edme. Tome II, page 384.

(2) Lanjuinais *Loc. cit.*, p. 26.

(3) *Histoire de Barbarie, des royaumes d'Alger, Tunis et Tripoli.* — Par Pierre Dan. Paris, 1649.

Le code annamite, traduit par l'un de nos officiers de marine, M. Anbaret, fait une distinction entre la peine du bambou et celle du bâton. La première n'est employée que pour les peines légères. Elle est destinée, dit le texte, à réveiller chez les coupables un sentiment de repentir. On administre de dix à cinquante coups, en passant par les nombres intermédiaires de vingt, trente, quarante, suivant la gravité du délit.

Le bâton est employé pour les cas graves, en donnant depuis soixante coups jusqu'à cent ; sa grosseur est limitée à une mesure du pays qui répond à un pouce, et sa longueur a 2 pieds, 8 pouces ; la longueur du bambou est fixée à 2 pieds et la grosseur à un demi-pouce de diamètre.

Ce code, comme celui de la Chine, dispose que les peines du bambou et du bâton peuvent être rachetées en argent, suivant un tarif qu'il donne tout au long.

II

Chez les Turcs, la bastonnade est aussi donnée sur la plante des pieds ; le nombre des coups est ordinairement fixé à quarante.

On sait quel usage — pour ne pas dire quel abus — les Turcs de nos jours font du café. Une particularité curieuse à noter est donc celle-ci : à la Mecque, dans le centre de la foi musulmane, on punissait de la bastonnade, au XIVe siècle, ceux qui buvaient du café et ceux qui en vendaient. Mais il a été découvert plus tard et scientifiquement décidé par de savants *fetfah*, que le café est vraiment la boisson légitime des *amis de Dieu* (1).

Notons également ici que, d'après une disposition de

(1) Voir la *Chrestomathie arabe* de M. Silvestre de Sacy, tome II.

l'Alcoran, celui qui accusera sa femme d'adultère, sans pouvoir le prouver, sera condamné à quatre-vingts coups de bâton.

Le plus cruel des supplices par le bâton est, sans contredit, l'empalement ou le pal, qui a lieu surtout en Turquie. Voici à cet égard quelques détails empruntés à divers ouvrages :

Pour empaler le coupable condamné à ce supplice, on le fait coucher ventre à terre, après lui avoir lié les mains derrière le dos ; puis on lui endosse le bât d'une bête de somme, sur lequel s'asseyent deux valets du bourreau, afin de le bien assujettir, tandis qu'un autre lui cogne le visage contre terre. Alors le bourreau lui enfonce le *pal* dans le fondement. Ce pal est une broche de bois qu'il fait avancer avec les mains autant qu'il peut, puis, s'aidant d'un maillet, il le fait pénétrer plus avant. Ensuite le pal est dressé et planté en terre, et le patient est abandonné à lui-même. N'ayant rien pour se retenir, le malheureux est entraîné sans cesse par le poids de son corps qui fait pénétrer le pal de plus en plus, si bien qu'il finit par sortir soit par le ventre, soit par l'aisselle.

La mort est loin de venir promptement terminer les souffrances atroces du supplicié. On en cite qui ont vécu jusqu'à trois jours dans cette position. La rapidité de la mort, du reste, est très variable ; elle dépend de la constitution de l'individu et surtout de la direction donnée au pal. Il est bien évident que si, au lieu d'être enfoncé dans le sens de l'axe du corps, il pénètre un peu obliquement, alors au lieu de venir sortir par la poitrine ou l'aisselle, il ne fera que traverser l'abdomen ; dès lors, ne pénétrant que dans la cavité thoracique, il ne peut léser les organes indispensables à la vie, et l'existence peut se prolonger plus longtemps que dans le cas contraire (1). Ce qui l'abrège et met fin aux souffrances atroces du supplicié, c'est un breuvage quelconque absorbé dans cette affreuse position. J'en trouve une preuve dans le récit que donne le livre intitulé : *Victoires et conquêtes des Français*, de l'exécution des assassins du général Kléber. Voici un passage de ce récit :

Le Syrien Soleyman et les trois ulémas, ses complices, furent amenés sur le lieu où ils devaient expier leur crime. Les ulémas furent exécutés les premiers ; ils eurent la tête tranchée, sous les yeux mêmes de Soleyman, afin de rendre la mort de ce dernier plus douloureuse encore ; mais ce jeune fanatique ne démentit pas sa fermeté première ; il donna à cet horrible spectacle une attention aussi indifférente que si sa mort n'eût pas dû suivre bientôt celle de ses complices.

Quand son tour fut arrivé et qu'on lui eût fait avancer la main sur un brasier ardent pour la brûler, il supporta l'atroce douleur de ce premier supplice sans proférer une seule plainte, les yeux levés vers le ciel, et sans laisser apercevoir sur son visage la moindre trace d'altération.

Lorsque les chairs du poignet furent entièrement consumées, le bourreau fit tous les apprêts et exécuta le supplice du pal. Soleyman conserva son inaltérable sang-froid. Quand le pal élevé en l'air fut fixé dans un trou pratiqué d'avance à cet effet, Soleyman, dont la figure se décomposait par les efforts mêmes qu'il faisait pour dissimuler ses tourments, promena lentement ses regards sur les nombreux spectateurs de son agonie, et prononça à haute voix et très intelligiblement en arabe la profession de foi des musulmans : *Il n'y a point d'autre dieu que Dieu, et Mahomet est son prophète.* Il récita ensuite quelques versets du Coran, et demanda à boire. Un soldat français qui était de faction auprès du pal, et qui compatissait aux souffrances du patient, allait le satisfaire, lorsque le chef des mamelouks l'arrêta en lui disant : « Gardez-vous-en bien ; vous feriez mourir à l'instant ce criminel. » Soleyman resta vivant sur le pal pendant quatre heures, et peut-être cette horrible existence se

(1) Pitton de Tournefort : *Relation d'un voyage du Levant, fait par ordre du Roi*, 1717, tome Ier, page 92. — *Dictionnaire universel du XIXe siècle*, au mot *Pal*.

fût-elle prolongée, si après le départ du bourreau et des assistants, un autre factionnaire français, cédant au même sentiment d'humanité qu'avait éprouvé le premier soldat, n'eût pris sur lui, à l'aide d'un vase placé au bout de son fusil, de présenter à boire au malheureux Syrien, qui expira aussitôt qu'il eut avalé le liquide (1).

L'efficacité de ce moyen est très connue en Turquie. Je l'induis de la relation d'un autre empalement de date plus récente, et à la suite duquel le patient supplia, mais en vain, qu'on lui donnât à boire pour hâter sa mort :

Je fus un jour témoin, dit l'auteur que je cite, du supplice cruel de l'empalement. Percé d'une barre pointue qui lui sortait par le flanc gauche, le patient faisait retentir la place publique de ses gémissements affreux ; il demandait à grands cris, par Dieu, par Mahomet, qu'on lui donnât à boire ; et, insensibles à sa prière, deux bourreaux, au visage sinistre, contemplaient leur victime et riaient de ses souffrances, tandis qu'une foule de curieux attroupés, loin d'éprouver la moindre émotion, paraissait jouir de ses tortures (2).

A ce fait particulier, l'auteur ajoute quelques traits généraux sur la cruauté des Ottomans :

C'est surtout, dit-il, dans les exécutions publiques qu'elle se manifeste sous les caractères les plus odieux. Chez toutes les nations, il est vrai, la populace montre pour l'appareil des supplices une affligeante curiosité ; mais, du moins, la sensibilité ne perd pas tous ses droits ; et plus d'une fois les bourreaux ont vu couler des larmes. En Turquie, les préparatifs d'une exécution semblent le prélude d'une fête. Souvent le malheureux destiné à la mort est accueilli par des huées ; les cris que lui arrachent des souffrances inouïes sont tournés en dérision, et je ne sais quel rire infernal et simultané annonce par intervalle que la victime éprouve une angoisse de plus (3).

(1) *Victoires et conquêtes des Français, etc.*, tome 12, p. 267.
(2) *Esquisses historiques sur Constantinople*, Paris, chez Nepveu, 1827.
(3) *Loc. cit.*

Pitton de Tournefort donne, au sujet de l'attitude des Turcs à l'égard des suppliciés, une explication qui en ferait remonter la cause à leurs sentiments religieux : « Ils sont, dit-il, si persuadés qu'un homme « qui a commis un grand crime est indigne d'être mu- « sulman, que lorsqu'un musulman est condamné à « mourir, personne ne l'assiste, parce qu'ils croient « que son crime l'a rendu *giaour*, c'est-à-dire infidèle et « chrétien (1). »

Quelques empereurs turcs ont poussé la cruauté jusqu'à faire empaler leurs victimes avec des broches rougies au feu.

C'est le cas de dire avec Montesquieu : « Lorsque « nous lisons dans l'histoire les excès de la justice « atroce des Sultans, nous sentons avec une espèce de « douleur, les maux de la nature humaine. »

Il existait aussi en Russie une sorte d'empalement qui se faisait par le côté. Ce supplice était beaucoup moins horrible que l'empalement turc ; la tige traversant les poumons, le foie ou le cœur, déterminait promptement la mort. Il fut aboli par l'impératrice Elisabeth.

III

Les lignes qui précèdent me servent de transition pour passer d'Orient en Occident et parler du knout après avoir parlé du pal.

La peine russe du knout n'entraîne pas inévitablement la mort, comme celle de l'empalement turc ; mais elle est terrible, et amène des souffrances atroces. Le knout est une lanière de cuir épais, taillée triangulairement, longue de trois mètres, large d'un pouce, s'amincissant par une extrémité et terminée carrément

(1) *Loc. cit.*, p. 92 et suiv.

par l'autre. Le petit bout est fixé à un *manche de bois* d'environ deux pieds. C'est par suite de cette dernière circonstance que je comprends le supplice du knout, et que j'en comprendrai d'autres, dans ce chapitre de mon étude consacré à la bastonnade, comme l'ont fait divers auteurs qui ont traité le même sujet (1).

Le knout est l'instrument qui sert, en Russie, à infliger les châtiments légaux, et ce mot désigne aussi le supplice que l'on inflige avec cet instrument.

Voici la description qu'en donne M. Léouzon Le Duc dans son livre intitulé : *La Russie Contemporaine*, et qu'il a lui-même empruntée à l'ouvrage publié par M. de Lagny, sous ce titre : *le Knout et les Russes* :

L'homme condamné au knout est amené, à moitié nu, à l'endroit désigné pour ce genre d'exécution ; un simple caleçon de toile lui couvre l'extrémité inférieure du corps. Il a les mains attachées ; les cordes lui brisent les poignets ; n'importe ! Il est couché à plat ventre sur un chevalet incliné diagonalement, et aux extrémités duquel sont fixés des anneaux de fer. Par un bout, les mains y sont fixées, et par l'autre les pieds. Puis le patient est *tendu* de manière qu'il ne puisse faire aucun mouvement, ainsi qu'on tend une peau d'anguille pour la faire sécher. Cette tension fait craquer les os et les disjoint, n'importe ! tout à l'heure les os vont autrement craquer et se disloquer.

A vingt-cinq pas de là est un autre homme : c'est l'exécuteur des hautes-œuvres. Il est vêtu d'un pantalon de velours noir et d'une chemise de coton de couleur, boutonnée sur le côté. Il a les manches retroussées de manière que rien ne gêne ni n'embarrasse ses mouvements. Il tient à deux mains l'instrument du supplice, un knout.

Le signal est donné : on ne prend jamais la peine de lire la sentence. L'exécuteur fait quelques pas, le corps courbé, traînant cette longue lanière à deux mains entre les jambes. Arrivé à trois ou quatre pas du patient, il relève vigoureusement le knout vers le sommet de la tête en le rabattant aussitôt avec ra-

(1) Voir notamment : *La Bastonnade et la Flagellation pénales* par le comte Lanjuinais, au chapitre I, qui explique ce que l'on entend par les mots *bastonnade et flagellation.*

pidité vers ses genoux. La lanière voltige dans l'air, siffle, s'abat et enlace le corps du patient comme d'un cercle de fer. Malgré son état de tension, le patient bondit comme sous les étreintes puissantes du galvanisme. L'exécuteur retourne sur ses pas et recommence autant de fois qu'il y a de coups à appliquer au condamné (1).

Nous avons vu, en ce qui se rapporte au pal, que la mort de l'individu empalé pouvait être immédiatement amenée par l'absorption d'un breuvage quelconque ; pour ce qui est du knout, l'habileté des bourreaux chargés de l'appliquer est telle, qu'en trois coups ils peuvent tuer le patient et abréger ainsi son supplice. Ces bourreaux sont toujours des criminels qui aiment mieux remplir ce ministère déshonorant que s'en aller travailler aux mines en Sibérie. Ils sortent donc momentanément de prison pour fonctionner comme bourreaux.

A propos de cette habileté pour donner promptement la mort, rappelons ce qu'a dit Cicéron de ce qui se passait en Sicile quand Verrès y rendait la justice.

« A la porte de la prison, veillait le bourreau du « préteur, le licteur Sextius, qui levait une taxe sur « chaque gémissement, sur chaque douleur. — Com- « bien me donnerez-vous, disait-il, pour que je fasse « mourir votre fils d'un seul coup ? pour que je l'expé- « die sans qu'il le sente, sans qu'il s'en aperçoive (2) ? »

Revenons à ce qui a trait à la Russie.

La peine du knout, réservée aux crimes les plus graves, est peu usitée de nos jours, si même elle n'a pas été formellement abolie, mais elle a été remplacée par celle des verges ou *battogues*, qui en diffère peu.

Outre le knout et les battogues, peines légales et ju-

(1) Léouzon Le Duc : *La Russie Contemporaine*. Paris, 1854. Pages 307 et suiv.
(2) Cicéron. *In Verrem. de suppliciis*.

diciaires, la simple bastonnade et le fouet sont d'un usage très fréquent dans la vie privée des Russes. « Chez eux, a écrit M. de Hanthausen, tout pouvoir so- « cial fait respecter son autorité par des coups de bâton, « qui, du reste, n'altèrent en rien l'affection et l'amitié. « Tout le monde donne des coups : le père bat son fils, « le mari sa femme, le seigneur territorial ou son in- « tendant les paysans, sans qu'il en résulte de l'aigreur « ou de la rancune (1). »

Bâtonnés ainsi pour la plus petite faute, beaucoup, parmi les serfs et même les domestiques libres, sont tellement accoutumés aux coups qu'ils finissent par y opposer la plus complète insensibilité. M. Léouzon Le Duc cite, à cet égard, le fait suivant : Il se trouvait chez un seigneur russe, lorsque le maître d'hôtel vint se plaindre d'un valet dont la conduite laissait fort à désirer, et reçut l'ordre de lui administrer la baston- nade. M. Léouzon Le Duc s'apitoya sur le sort du pau- vre diable et sollicita sa grâce, mais vainement. Le lendemain, il eut occasion de revoir ce maître impi- toyable. — Savez-vous, lui dit ce dernier, ce qui est ré- sulté pour Alexis, de la correction que vous vouliez lui épargner ? Après avoir reçu la bastonnade, l'œil sec, l'air souriant, il s'est habillé au plus vite ; puis il s'est rendu au cabaret et y est resté jusqu'au soir ; en sortant de là, il a pris une voiture et s'est fait promener plus de deux heures dans toute la ville ; après quoi, il est descendu à un endroit où il y a une double issue, laissant son cocher attendre le prix de la course (2).

Il est reconnu que les proverbes sont la sagesse des nations. Or, un proverbe russe dit : *Un homme battu vaut mieux que deux qui ne l'ont pas été.* Donc, malgré

(1) *La Russie Contemporaine.* Paris 1854. Page 301 en note
(2) *Loc. cit.* Pages 302 et suiv.

l'inefficacité de la bastonnade, sur un grand nombre d'individus, seigneurs et maîtres, en Russie, ne se départent jamais de ce régime ; de près comme de loin, ils veillent à son exécution. On cite un de ces seigneurs qui, mécontent d'un serf auquel il avait donné une charge de confiance, lui envoya du fond de l'Italie où il se trouvait, l'ordre de se rendre sur le champ à Florence. Là, il lui fit administrer une vigoureuse bastonnade, après quoi il le renvoya immédiatement dans son village.

Voici un autre fait que je trouve dans le *Dictionnaire encyclopédique d'anecdotes.* (Tome Ier. Paris, 1872).

Un grand seigneur russe avait l'habitude de battre régulièrement ses valets tous les mois. Je lui fis à ce sujet toutes les observations que je crus propres à lui faire renoncer à cette pratique. De plus, comme c'était un homme lettré, je lui citai ce que dit Sénèque en faveur de ceux qui nous servent. « Citez-moi, répondit-il, autant de « latin et de philosophie que vous voudrez, je ne chan- « gerai pas de méthode ; elle est si bonne que depuis « trente ans, aucun de mes laquais n'a été repris de « justice qu'un seul que je n'avais pas battu. »

Des anecdotes relatives aux grands seigneurs russes, passons à celles dans lesquelles figurent les souverains.

On sait que le czar Paul Ier, voulant que, dans son empire, tout sentit le poids de sa puissance, avait exigé que toutes les personnes qui se trouveraient sur son passage descendissent de voiture et se prosternassent devant lui. Un jour, il fit plus. On célébrait un service en l'honneur du père de l'impératrice, le duc de Wurtemberg, qui venait de mourir. Comme il ne lui convenait pas, à lui patriarche russo-grec, d'assister à une messe célébrée dans un culte différent, il avait pris le parti de se mettre à la tête des troupes qui stationnaient devant l'église. Il faisait un grand froid. Son cheval, né sans doute sous un climat plus chaud, ne pouvait rester immobile. Las de faire des efforts inutiles pour le retenir, le czar se mit à galoper dans la rue, passant et repassant devant les troupes et une grande foule de peuple que la cérémonie funèbre avait attirée. A mesure que Paul arrivait d'un côté, cette foule se découvrait et s'inclinait. Un groupe éloigné de plus de quatre cents pas du point où l'empereur faisait volte, se couvrit enfin à cause du grand froid et de l'éloignement. Paul s'en aperçoit; il fait à l'instant cerner ce groupe par les troupes et l'envoie à la maison de force. Il y avait cinquante à soixante individus de différentes conditions. Ceux qui n'étaient pas nobles furent *fouettés pendant trois jours consécutifs*, les nobles dégradés et les officiers faits soldats (1).

Un des chevaux de ce même czar broncha un jour sous lui, dans une rue de Saint-Pétersbourg ; il mit aussitôt pied à terre, fit tenir une espèce de conseil par ses officiers et le cheval fut condamné à recevoir cinquante coups de bâton. Le czar les lui fit donner en sa présence, en disant : « C'est pour avoir manqué à l'Empereur (2). »

Un jour de printemps, à l'époque où la débacle de la Néva rend très périlleux le passage du fleuve, l'empereur Nicolas Ier aperçut, d'une des fenêtres de son palais, une foule nombreuse contemplant avec stupeur un homme qui, par bonds multipliés, et de glaçon en glaçon, courait vers la rive opposée qu'il était près d'atteindre.

L'empereur envoie son aide de camp aux informations. Celui-ci revient en disant : « Sire, c'est un paysan « qui a parié de traverser la Néva pour vingt-cinq « roubles, et qui veut gagner son pari. — Qu'on lui

(1) *Mémoires secrets sur la Russie.*
(2) *Ibid.*

« donne vingt-cinq coups de bâton, répliqua Nicolas ;
« un homme qui risque ainsi sa vie pour une misère,
« serait capable de tout pour de l'argent (1). »

Un contraste tout à l'honneur de l'un de nos princes
français :

Le prince de Conti, d'ailleurs fort aimable, avait
l'étrange manie d'affecter quelquefois une dureté qui
n'était nullement dans son caractère. En voici un trait,
entre autres : Un jour, au moment où il sortait de son
hôtel, son secrétaire l'arrêta pour lui demander ses
ordres à l'égard d'un braconnier qu'on venait d'arrêter.
A cette question, le prince, élevant la voix, répondit
froidement : « Cent coups de bâton et trois mois de
cachot. » Et il poursuivit son chemin avec l'air du
monde le plus tranquille. Ce sang-froid, uni à cette
cruauté, fit frémir la personne qui raconte l'anecdote.
L'après-midi, cette personne ayant vu le secrétaire du
prince, lui parla du pauvre braconnier et de l'arrêt
prononcé contre lui.— « Bah ! dit en riant le secrétaire,
le prince ne parlait que pour la galerie; je connais cela;
jamais un de ses ordres donnés en public n'a été exécuté ; ainsi, quant au braconnier auquel vous vous
intéressez, il sera seulement banni de la province pour
deux mois, et pendant ce temps le prince prendra secrè-
tement soin de sa famille, qui est nombreuse. Voici
l'ordre qu'il m'a donné en rentrant (2). »

Quelques mots encore sur ce qui se passe en Russie.

La loi intervient, quand la bastonnade ne s'arrête pas
à la *correction* et va jusqu'à l'homicide. Tout propriétaire qui aura infligé à un serf un châtiment corporel
suivi de mort doit être traduit en justice, si cette mort

(1) *Le Correspondant : Souvenirs d'une page de l'empereur Nicolas.*
(2) M⁻ de Genlis (*Mémoires*).

arrive dans les trois jours à dater de celui du châtiment.
Au delà de ce terme, la mort est réputée naturelle.

Mais qu'arrive-t-il souvent, dans le cas où le serf bâtonné à outrance meurt dans le délai légal ? Le seigneur achète à prix d'argent l'avis du médecin officiel chargé de constater la cause de la mort, et celui-ci déclare qu'il faut l'attribuer à une attaque d'apoplexie. On cite un seigneur coutumier du fait, qui, joignant le sarcasme à la cruauté, avait surnommé un de ses fouets les plus meurtriers : *Apoplexie.*

<h2 style="text-align:center">IV</h2>

Le chat à neuf queues — cat-o'-mine-tails, — répond, en Angleterre, au knout de la Russie.

Quoique au bâton de l'un soient attachées neuf lanières, tandis que le bâton de l'autre en porte une seule, les blessures produites par le premier de ces deux instruments de supplice sont beaucoup moins dangereuses que celles qu'occasionne le second. Il paraît, en outre, que les coups *du chat à neuf queues* n'ont jamais entraîné mort d'homme.

J'ai donné la description du pal et du knout ; voici maintenant celle du supplice anglais. Je l'emprunte au journal *le Figaro* qui l'a publiée dans ses colonnes, comme la tenant de son correspondant de Londres, témoin *de visu.*

Il s'agissait de l'exécution de deux individus condamnés à recevoir chacun vingt-cinq coups du *chat à neuf queues,* pour vol avec violence.

Le gouverneur, le médecin, quelques employés de la prison, les représentants de la presse et le correspondant du *Figaro*, ont seuls assisté à ces deux exécutions. Comme d'habitude, elles ont eu lieu dans une pièce longue et sombre, au rez-de-chaussée donnant sur la cour des exécutions capitales, presque en face de la remise où se trouve enfermé le gibet.

Le premier condamné, Jacques Debuss, a 21 ans, est grand et maigre ; son visage est d'une pâleur mortelle, ses yeux effarés roulent dans leurs orbites. Nu jusqu'à la ceinture, il se laisse placer sans résistance dans la fatale machine où ses jambes et ses bras sont enfermés comme dans un étau. — Un ! — dit le gardien-chef, — et celui des gardiens qui remplit l'office de bourreau fait siffler le fouet aux neuf lanières de cuir.

Un large sillon bleu traverse alors les épaules blanches du patient. — Deux ! — reprend le gardien-chef, chargé de compter les coups. Le sillon bleu devient rouge, s'étend, et, malgré les cris de la victime demandant grâce et merci, malgré le sang qui jaillit sous le fouet, le supplice s'est achevé. Le malheureux été détaché, et, chose presque incroyable, il a eu assez de force pour rentrer dans sa cellule presque sans être soutenu.

Le second condamné, Charles Lewis, n'a que 19 ans. Quoique d'apparence encore plus chétive que son compagnon, il semble audacieux, sa démarche est assurée. Il a cinq ans de travaux forcés à faire. Au premier coup, sa forfanterie s'est évanouie ; il a crié, gémi, mais cependant n'a pas demandé grâce. Ce supplice est épouvantable, mais il a cela d'utile qu'il inspire une frayeur salutaire à ceux que n'effraie pas le bagne, et que, malgré sa cruauté apparente, il n'a jamais entraîné la mort d'un homme ; — les blessures causées par le *chat à neuf queues* se guérissent très rapidement.

Ajoutons que, trois ans auparavant, en avril 1872, un jeune Irlandais, O'Connor, avait été condamné à recevoir cinquante coups de ce terrible fouet « pour avoir effrayé la reine, » et qu'il subit sa peine dans l'intérieur de la même prison. Disons encore que le fouet figure toujours, en Angleterre, au nombre des peines militaires contenues dans le *muting act* de 1689 et dans les articles *war* qu'on révise chaque année.

V

Le châtiment corporel usité jusque dans ces derniers temps en Allemagne, la schlague, était une peine bien moins terrible que celles dont nous venons de parler. C'était la bastonnade à proprement parler, car le bâton y agissait seul, sans courroies ni lanières. Seulement, à l'exemple de ce qui avait lieu dans les armées romaines, elle n'était pas donnée d'une manière uniforme, mais tantôt avec des baguettes de coudrier, tantôt avec une canne. Dans ce dernier cas, c'étaient les officiers ou les sergents qui frappaient ; dans le premier, c'étaient les caporaux.

Au dire de quelques journaux d'outre-Rhin, il paraîtrait qu'en Allemagne, on en serait déjà aux regrets de la suppression récente de la schlague. On remarquerait une recrudescence de délits sur les personnes qu'elle punissait autrefois.

Suivant la *Gazette de Dresde*, les gens de la campagne, condamnés pour actes de violence, n'ont aucune crainte de la prison ; et même, quand le temps est mauvais ou qu'ils ne sont pas en train de travailler, ils préfèrent à la liberté un séjour plus ou moins long dans une prison, avec la nourriture et le logement aux frais de l'Etat.

Aussi, ce journal fait-il allusion au retour du temps où les châtiments corporels étaient nombreux et les actes de brutalité rares ; il invite la presse allemande à se joindre à lui pour organiser une agitation ayant pour but le rétablissement de la schlague.

D'un autre côté, la Chambre des communes en Angleterre, a rejeté récemment, à une très grande majorité, la proposition de M. Taylor, de ne plus appliquer la peine du fouet dans la marine. Il serait, en outre, question d'étendre, pour les civils, à d'autres délits, le terrible *chat à neuf queues*, rétabli, il y a quelques années, en répression des attentats contre les personnes.

Quant aux peines corporelles pour les militaires, elles se sont maintenues plus longtemps dans les pays où le régime féodal ou de droit absolu avait les plus profondes racines. Le fondateur·de l'empire russe, l'ierre le Grand, pour affermir la discipline dans ses armées, y avait établi au point de vue des châtiments, une égalité complète. Sa canne était un niveau suspendu sur ses troupes. Un général n'était pas plus à l'abri de ses atteintes qu'un fifre. Mais, rappelons-le avec l'historien de sa vie, si ses sujets acceptaient cet état de choses avec résignation, il n'en était pas toujours de même pour les militaires étrangers enrôlés sous ses drapeaux. Dans l'été de l'année 1695, le czar faisait le siège d'Azoph. Un nommé Jacob, natif de Dantzick, commandait l'artillerie ; car, il n'y avait guère alors dans l'armée russe que des étrangers pour principaux artilleurs et ingénieurs, comme pour pilotes. Ce Jacob fut condamné au châtiment des *battogues*. Quelques jours après avoir subi sa peine, et voulant se venger, il encloua les canons qui lui avait été confiés, se jeta dans Azoph, embrassa la religion musulmane et défendit la place avec tant d'habileté et d'énergie qu'il força Pierre le Grand à lever le siège. Mais celui-ci, dont la constance dans toute entreprise formait le caractère, revint l'année suivante avec des troupes plus considérables, reprit le siège, le poussa régulièrement avec tranchées et parapets, suivant la nouvelle méthode. Les assiégés furent obligés de se rendre et de livrer le transfuge Jacob.

A la suite de cette heureuse expédition, le czar fit une entrée triomphale à Moscou. Voulant imiter ce qui avait lieu à Rome, en pareille circonstance, il fit défiler, dans le cortège, tous les prisonniers qu'on avait faits et le commandant d'artillerie Jacob, mené dans un chariot sur lequel était dressée une potence, à laquelle il fut ensuite attaché, après avoir subi le supplice de la roue (1).

(1) Voltaire. *Histoire de l'Empire de Russie sous Pierre le Grand.* Pages 109 et suivantes.

Voici maintenant — au point de vue du maintien de la discipline militaire, par l'égalité dans l'application des châtiments corporels, — un autre fait que j'emprunte à notre époque :

Dans des mémoires fort intéressants sur l'Egypte au temps d'Ibrabim, M. Lauvergne rapporte que le chef d'escadron Sève, aide-de-camp du général Grouchy, en 1814, devenu instructeur en chef de l'armée d'Ibrahim, sous le nom de Soliman-Bey, avait conservé l'usage du bâton, même pour les officiers. Il le vit, au camp de Navarin, administrer lui-même, devant la troupe sous les armes, cinquante coups de bâton à un capitaine accusé d'avoir insulté un lieutenant-colonel (1).

Nous avons dit que l'institution de l'esclavage avait donné naissance aux châtiments corporels. Ainsi, à Sparte, les esclaves recevaient chaque jour un certain nombre de coups de fouet, afin de leur rappeler leur condition de servitude. Nous avons dit aussi que le régime féodal avait recueilli ce mode de correction et l'avait continué dans les temps modernes. Ce qui est plus difficile à comprendre, c'est que les châtiments corporels aient existé de nos jours encore, chez des peuples dont le gouvernement repose sur une base démocratique, en Suisse, par exemple. Pendant la Restauration, on appliquait la fustigation aux soldats franco-suisses. Cette dérogation aux mœurs de notre pays amena une discussion très vive entre différents écrivains de cette époque.

La peine du fouet continue à être en usage dans quelques cantons de la Suisse. L'application en devient plus rare de jour en jour, mais elle reste légale. Un jugement

(1) *Mémoires historiques et biographiques sur Ibrahim, son armée et ses généraux*, par H. Lauvergne. Paris, 1826.

rendu par le Tribunal d'Unterwalden, un des cantons primitifs, au mois de mai 1866, suffit pour donner une idée de la justice de quelques contrées patriarcales, au XIXᵉ siècle. Ce jugement est consigné dans le Recueil général de la Confédération Suisse, daté de Berne, 22 mai 1866. Il s'agit d'une fille, Maria B., condamnée pour *dissimulation de grossesse*. Le jugement porte : 1° qu'elle sera conduite par le bourreau en place publique et exposée au carcan pendant un quart-d'heure ; 2° qu'elle est pour toujours déshonorée ; 3° qu'elle subira dix ans de réclusion ; 4° qu'elle recevra pendant le premier mois de sa peine des instructions religieuses réitérées : 5° qu'après les deux premiers, il lui sera donné *quarante coups de fouet*.

Citons, en outre, ici, cet ordre du jour du fondateur de la République des Etats-Unis, de Washington, quand il n'était encore que colonel, pendant la guerre des Anglais contre les Français du Canada, de 1754 à 1760 :

« Le colonel Washington a remarqué que les hommes
« de son régiment sont très irréligieux et relâchés
« dans leurs mœurs. Il saisit cette occasion pour leur
« faire connaître le profond déplaisir que lui font éprou-
« ver de pareilles habitudes, et les assurer que, s'ils ne
« s'en départent pas, leur punition sera sévère. Les
« officiers sont invités, s'ils entendent un soldat jurer
« ou employer un terme d'exécration, à condamner le
« coupable à *recevoir immédiatement vingt-cinq coups*
« *de fouet, sans qu'il soit nécessaire pour cela de convo-*
« *quer une cour martiale. Si la faute se renouvelle, elle*
« *sera châtiée encore avec plus de vigueur.* »

VI

Voyons maintenant ce qui est relatif à la France, au point de vue du sujet traité dans ce chapitre.

L'idée d'outrage et d'infamie attachée aux coups de bâton, est née de l'état de la société et de la démarcation des classes aux siècles passés.

La constitution de Charlemagne portait que ceux auxquels le duel était permis, ne combattraient qu'avec le bâton. Le capitulaire de Louis-le-Débonnaire donna le choix de combattre avec le bâton ou les armes. Dans la suite, et d'après les nouvelles règles du point d'honneur, les gentilshommes seuls se battirent entre eux à cheval et avec leurs armes ; quant aux vilains, ils ne pouvaient se battre qu'à pied et avec le bâton. Le bâton devint donc un instrument outrageant, parce que celui contre qui on s'en était servi avait été traité comme un vilain (1). D'un autre côté, il n'y avait que les vilains qui combattissent à visage découvert ; dès lors, il n'y avait qu'eux qui pussent recevoir des coups au visage. De là vint qu'un soufflet fut une injure qui devait être lavée avec le sang, parce que celui qui l'avait reçu avait été traité également comme un vilain (2).

Mais, cela admis, pourquoi tout coup porté au visage avec la main n'avait-il pas, et n'a-t-il pas encore, de nos jours, le même caractère ? Pourquoi le soufflet est-il un outrage, et non aussi le coup de poing ? — A cette question la réponse est peut-être celle-ci : La main est habituellement ouverte ; donc, frapper avec la main ouverte est le mouvement le plus naturel et celui qui répond le plus promptement à la volonté de donner un coup ; frapper après avoir fermé la main, comporte une idée subséquente et un mouvement réfléchi, calculé. D'un autre côté, le coup avec le plat ou le revers de la main sur la partie charnue du visage, sur la joue, suffit pour produire l'effet qu'on veut obtenir. Est-ce, au con-

(1) Montesquieu, *Esprit des lois*, tome III, p. 178.
(2) Montesquieu, *Loc. cit.*

traire, à une partie dure, osseuse du corps que l'on destine le coup, à la tête, à la poitrine, alors la main se ferme, se rendurcit, devient en quelque sorte un instrument contondant. Par cette double raison, le soufflet est le coup habituel qu'on porte à la joue; le coup de poing est l'exception. On a donc qualifié comme outrageant le fait qui se produit le plus souvent.

Puisque cette différence entre le soufflet et le coup de poing sur la joue s'applique aussi bien au temps passé qu'à l'époque actuelle, qu'il me soit permis de raconter comment un personnage célèbre tira parti, dans un cas difficile, de cette distinction parfaitement établie. J'emprunte l'anecdote au livre de M. Antony Réal:

Le prince de Talleyrand s'étant un jour pris de querelle avec le duc d'Otrante, Fouché, celui-ci lui appliqua un vigoureux soufflet en pleine figure. « Oh! le brutal! « *quel coup de poing !...* » exclama l'ancien évêque d'Autun (1).

A côté de l'anecdote contemporaine, un fait judiciaire remontant au XIVᵉ siècle. — Dans le chapitre XII de cette étude (1ʳᵉ partie), chapitre consacré au bâton du voyageur et à celui du pèlerin, j'ai dit qu'au temps passé les pèlerinages étaient souvent ordonnés par les Cours de justice comme réparation de certains méfaits. J'en ai cité un exemple; en voici un autre que j'ai omis, et que je retrouve dans mes notes; il peut très bien reprendre ici la place que j'ai oublié de lui donner plutôt, puisqu'il s'agit d'un soufflet. L'héritier de celui qui l'avait donné fut chargé de la réparation, et voici ce qu'on trouve dans les archives de Rupelmonde:

« En 1301, l'héritier de Jehan Borluat enverra quel-
« qu'un en son nom en pélerinage à Rochemadour,

____

(1) *Histoire philosophique et anecdotique du bâton*, page 211.

« avant la Saint-Martin prochaine, pour le soufflet
« que ledit Jehan Borluat donna à Jehan de Brune (1). »

Mais reprenons l'ordre chronologique, et revenons
aux coups de bâton.

Les anciennes lois françaises les punissaient très sévèrement entre gentilshommes.

Par un règlement des Maréchaux de France, fait en
1653, au sujet des réparations d'honneur, il fut ordonné
que tout gentilhomme qui en frapperait un autre avec
un bâton, serait puni d'un an de prison, pouvant être
réduit à six mois en payant une amende de 3,000 livres,
applicable à l'hôpital le plus rapproché du lieu où le
fait s'était passé. De plus, l'agresseur devait demander
pardon *à genoux* à l'offensé, et se déclarer prêt à recevoir de lui un nombre de coups de bâton égal à celui
qu'il avait lui-même donnés.

Il y avait même des cas où l'offensé était forcé, par
une disposition du règlement que je cite, de rendre les
coups de bâton, quand même il aurait eu assez de géné-
rosité pour pardonner (2).

Voici des coups de bâton qui furent bien autrement
punis sous le règne de Louis XIII, par une autre juridiction, il est vrai, et quoique celui qui les avait donnés
fût gentilhomme, et celui qui les avait reçus roturier.

Lors des Etats qui furent tenus dans les premières
années du XVIIe siècle, un député de la noblesse du
Limousin donna des coups de bâton au lieutenant d'U-
serche, député du tiers-état de la même province. Sur
la plainte de la chambre du tiers, le roi renvoya l'affaire
au Parlement. Le clergé et la noblesse insistèrent pour
que Louis XIII s'occupât personnellement de l'affaire,

(1) Charles Desmaze : *Les Pénalités anciennes.*
(2) *Recueil concernant le Tribunal de nos Seigneurs les Maréchaux
de France*, tome Ier.

on la renvoyàt devant les Etats. Ce fut en vain, tous les officiers ayant déclaré qu'ils se regardaient comme personnellement offensés. Le Parlement condamna le gentilhomme, par contumace, à avoir la tête tranchée ; ce. qui fut exécuté par effigie (1).

Nous trouvons dans les archives du département des Bouches-du-Rhône deux documents qui nous font connaître dans une certaine mesure, ce qu'il en coûtait au XIVᵉ siècle à un roturier, pour avoir donné un coup de bâton à un individu de sa classe. Ce sont deux extraits des registres du clavaire de Tarascon :

1° De Duranto Bannerii et Bartholemea ejus uxore per dictum dominum judicem condempnatis in decem solidos, quare injuriose dictus Durantus Bannerii cum quodam baculo percussit in capite Guillelmum Marriaudi, et ipsa Bartholomea, cum dentibus ipsum Guillelmum accepit... — An. 1308, — fᵒ 12.

2° De Raymondo Stephano, de Castro Renardo condempnato per dictum dominum judicem in quadraginta solidos quare verberavit de quodam baculo Bertrandum Olivarii de Burbone. — Ibid, fᵒ 22.

1° Reçu dix sols de Durant Bannier et de sa femme Bartholomée, condamnés par le juge pour avoir : Durant, frappé à la tête, avec un bâton, Guillaume Marriaud et sa femme, pour avoir mordu ledit Guillaume. — An. 1308, fᵒ 12.

2° Reçu quarante sols de Raymond Etienne, de Châteaurenard, condamné par le juge pour avoir frappé avec un bâton Bertrand Olivari de Boulbon.— An. 1308, fᵒ 22.

. Dans notre ancienne juridiction, la peine de la fustigation était de deux sortes, l'une infamante et l'autre regardée comme une simple correction. La première était appliquée par les mains du bourreau qui, armé

(1) *Histoire de la mère et du fils: Marie de Médicis et Louis XIII*, par Mézeray, tome I, p. 311.

d'une poignée de verges, conduisait par les rues le patient nu jusqu'à la ceinture, et lui appliquait, à chaque place publique, le nombre de coups indiqués par la sentence de condamnation. Cette peine était appliquée aux blasphémateurs, par l'édit de saint Louis de 1264, aux braconniers, aux vagabonds appelés cagnardiers, lorsqu'ils étaient trouvés couchés, la nuit, sous les ponts ; c'était aussi l'accessoire de beaucoup de peines plus fortes, telles que le pilori, le carcan, la marque, les galères.

La seconde sorte de fustigation n'entraînait pas, comme la première, l'infamie, et on l'appelait la fustigation *à la custode*. Elle se donnait dans la cour de la prison par la main du geôlier ou du questionnaire (1) ; de là le proverbe : *Donner le fouet sous la custode*, c'est-à-dire réprimander en secret.

On trouve dans l'ouvrage de M. Desmaze, que j'ai déjà cité, une pièce indiquant ce qu'on payait au bourreau pour avoir fustigé un condamné sur les places publiques, l'avoir mené sur le pilori et lui avoir coupé le poing. Cette pièce émane du parlement de Toulouse et porte la date du 17 juin 1510.

La Cour de Tholouse a ordonné et ordonne à Pierre Potier, receveur des gaiges, exploits en amendes d'icelle, que des deniers de sa recepte, il baille et délivre à Bernard Gasquet, maistre d'œuvre de la haute justice de Tholouze, *trente sols tournois* (environ sept francs de notre monnaie) pour avoir battu et fustigé par les carrefours accoutumez de la dicte ville et mené sur le pillori, puis coupé le poingt droit (lequel il a porté à Montaudran) à Jehan Valete, condempné par arrest de lacdite Cour, et par rapportant ces présentes, avec quittance du dit paiement (2).

La fustigation a existé dans les armées françaises,

<hr>

(1) *Dictionnaire universel du XIX siècle*, au mot *fustigation*.
(2) Charles Desmaze : *Les Pénalités Anciennes*. P. 103.

comme pénalité, jusqu'à la fin du siècle dernier. Ce fut, dans l'origine, une réminiscence de ce qui avait lieu dans les armées romaines, et aussi une conséquence naturelle du régime féodal. Les seigneurs accoutumés, dans leurs terres, à tenir toujours le bâton levé sur leurs vassaux, en usaient de même quand ils les traînaient à l'armée. Les fustigations infligées dans l'infanterie s'exécutaient au son d'une batterie de tambours que les soldats appelaient par dérision *le rigodon*. Celui qui avait été condamné à cette peine passait entre deux rangs de soldats armés de baguettes d'osier avec lesquelles ils le frappaient sur les épaules nues. En termes de pénalité militaire, on disait : *Faire passer un soldat par les verges*.

Sous le règne de Henri IV et sous celui de Louis XIII, la hampe de la hallebarde servait à punir les simples infractions commises par les fantassins, tandis que le cavalier était frappé avec le plat du sabre. Il en était ainsi, dit l'ordonnance de ce temps, parce que les cavaliers sont pour la plupart gentilshommes. Cette distinction fut maintenue par la pénalité de 1727.

Un demi-siècle après, en 1776, le Ministre de la Guerre, le comte de Saint-Germain, publia une ordonnance pour étendre aux soldats de toutes armes la punition disciplinaire des coups de plat de sabre. Le texte de cette ordonnance disait : « L'intention de Sa « Majesté est que les peines légères qui jusqu'à présent « ont été punies par la prison, ne le soient plus doré- « navant que par des coups de plat de sabre. »

Cette disposition réglementaire souleva dans toute l'armée une très grande irritation, et le Ministre fut obligé de donner sa démission. On ne comprend pas aisément le sentiment qui se produisit à cet égard : Cette punition des coups de plat de sabre n'était, disait-on,

qu'une bastonnade déguisée. Mais la disposition dont il
s'agit ne créait pas une innovation ; la peine des coups
de plat de sabre existait déjà ; seulement elle n'était
appliquée qu'aux cavaliers et on l'étendait aux fantassins. Dès lors, il y avait là un principe d'égalité qui
aurait dû, semble–t–il, valoir un tout autre accueil à la
mesure dont nous parlons. En effet, puisque, d'après la
règle en vigueur alors, le fantassin était battu avec du
bois, et le cavalier ne l'était qu'avec de l'acier, parce
qu'il était noble ou présumé tel, faire disparaitre ce
privilége, étendre aux fantassins la peine des coups de
sabre, c'était leur dire en quelque sorte : « Vous aussi
« vous êtes gentilshommes. »

Indépendamment du fâcheux effet que l'ordonnance
dont il s'agit produisit dans l'armée, l'opinion publique
s'en occupa beaucoup et s'en émut. Il circula une pièce
de vers, manuscrite et anonyme, sous ce titre : *Requête
des soldats français à la Reine, sur la discipline établie
par la nouvelle ordonnance.* Plus tard, elle fut imprimée
dans les mémoires de l'époque qui en critiquèrent la
longueur et le style ampoulé (1).

Le baron de Grimm, né en Allemagne et jugeant les
choses au point de vue de sa nationalité, écrivait à ce
sujet dans sa correspondance : « Quand Sa Majesté
« aurait condamné toute son armée à être pendue, il
« eût été difficile au poëte de trouver un ton plus lamen-
« table et plus désespéré. Comment une punition mili-
« taire reçue dans tout le reste de l'Europe peut-elle
« être regardée, en France, comme la flétrissure la
« plus humiliante (2) ? »

Ne pourrait–on pas à cette réflexion ajouter celle-ci ?
En France, en fait des choses et des hommes, il suffit

---

(1) *Correspondance de Grim.* 2ᵐᵉ édition. Tome 9. Page 251.
(2) *Mémoires de Bachaumont.* Tome 9. Page 239.

souvent d'un mot heureux ou malheureux, pour leur assurer un grand succès ou produire un effet tout contraire. Dans la circonstance dont nous parlons, ce mot fatidique fut celui-ci que dit un grenadier ou qu'on lui fit dire : « Je n'aime du sabre que le tranchant. » Le mot fut trouvé sublime et répété avec enthousiasme.

Le chroniquer que nous avons déjà cité, le baron de Grimm, rapporte un autre mot sur le même sujet, mais énoncé à un point de vue tout différent.

Dans une réunion d'officiers, et à l'occasion de l'ordonnance dite des coups de sabre, une discussion s'était élevée sur les avantages et les inconvénients des punitions corporelles pour les militaires. Chacun avait émis son opinion dans l'un ou l'autre sens. Un des assistants avait seul gardé le silence. C'etait ce qu'on appelait alors un officier de fortune qui avait acquis une grande expérience dans tous les grades par où il avait passé. Ses camarades le pressèrent de donner son avis. « Messieurs, « dit-il alors, vous penserez là-dessus comme il vous « plaira. Pour moi, j'ai reçu beaucoup de coups de « bâton ; j'en ai fait donner beaucoup et je m'en suis « toujours bien trouvé (1). »

Le mot a été prêté à divers personnages, notamment au feld-maréchal Colloredo qui l'aurait prononcé, dans ces derniers temps, lorsqu'il s'est agi d'abolir la schlague en Autriche. En ce cas, ce ne serait qu'une réminiscence, le mot remonte à un siècle, à l'année 1776.

Nos soldats, assurément, auraient fait à la branche de laurier du comte J. de Maistre, le même accueil qu'aux coups de plat de sabre du comte de Saint-Germain, si *les Soirées de Saint-Pétersbourg* eussent déjà vu le jour à cette époque, et s'il eût été question d'appliquer à

(1) *Correspondance de Grimm. Loc. Cit.* Page 251.

l'armée française ce qui avait été proposé pour l'armée russe. Dans le septième de ses entretiens dont la guerre fait le sujet, M. de Maistre fait dire à l'un des interlocuteurs :

Qu'il voudrait présenter au czar le plan d'une vaste serre à établir dans la capitale et destinée exclusivement à produire le laurier nécessaire pour fournir *des baguettes de discipline* à tous les sous-officiers de l'armée russe. Cette serre aurait été sous l'inspection d'un officier-général qui aurait porté le titre de *haut inspecteur de la serre aux lauriers*. Les arbustes n'auraient été soignés, coupés et travaillés que par de vieux invalides d'une réputation sans tache. Le modèle des baguettes, toutes rigoureusement semblabl s, aurait été déposé au Ministère de la Guerre dans un étui de vermeil ; chaque baguette aurait été suspendue à la boutonnière des sous-officiers par un ruban de St-Georges (1).

M. J. de Maistre s'était évidemment inspiré de ce qui avait lieu dans les armées romaines et du cep de vigne que chaque centurion portait constamment à sa ceinture, cep qui était à la fois le signe de son autorité et l'instrument des punitions corporelles non capitales (2).

VII.

Jusqu'ici nous avons exposé ce qui tient à la bastonnade et à la fustigation dans l'ordre civil et l'ordre militaire. Nous allons en parler maintenant au point de vue religieux, en y ajoutant ce qui concerne la flagellation.

Disons tout d'abord que, malgré l'assimilation qu'on fait souvent à cet égard, il existait entre la bastonnade, la fustigation et la flagellation des différences qu'il ne faut pas oublier de signaler.

Bastonnade et fustigation sont à peu synonymes. *Fustiger*, c'est frapper avec un bâton ou avec des ver-

---

(1) J. de Maistre. *Les Soirées de Saint-Pétersbourg*, *septième entretien*.

(2) Voir, pour la bastonnade chez les Romains, le chap. précéd.

ges. Par extension, il signifie aussi donner des coups de fouet, en y ajoutant une idée d'autorité ou de violence.

Fustigation vient du mot latin *fustis*, qui signifie bâton. Les dictionnaires latins citent comme exemple cette phrase de Cicéron : *Fustem alicui impingere*, donner des coups de bâton à quelqu'un.

Fouetter, d'après son étymologie, devrait signifier uniquement battre à coups de fouet ; mais, en fait, il se dit, quel que soit l'instrument dont on se sert, dès qu'on frappe à nu sur une partie du corps, pour infliger une correction, un châtiment.

Quelle est l'étymologie du mot *fouet?* On en donne plusieurs. De ce que l'on prononce *foué* ou *foua*, quelques-uns prétendent que le mot *fouet* vient de *fou*, hêtre. Il désignerait ainsi, à proprement parler, une petite branche de hêtre.

D'autres soutiennent que le mot *fouet* est le masculin de *fouée*, faisceau de branches, fagot destiné au feu.

D'après une troisième opinion, il faut rapporter le mot *fouet*, au latin *fustis*, bâton, d'où un diminutif : *fustetus*, qui a directement fourni *fouet*.

Flagellation vient aussi d'un mot latin : *flagellum*, qui signifie *fouet*. Pour flageller, on n'employait pas de bâton, mais les verges ou les cordes. D'après la loi romaine, on flagellait d'abord ceux que l'on devait crucifier. C'est ainsi que Pilate infligea ce supplice à Notre Seigneur Jésus-Christ, avant de lui faire subir celui de la croix.

Ce fut en mémoire de la flagellation de notre Sauveur, qu'au XIII° siècle, un dominicain nommé Rainer, institua une confrérie dont les membres parcouraient les rues, le corps nu jusqu'à la ceinture, portant d'une main une croix et de l'autre un fouet, avec lequel ils se flagellaient entre eux. L'existence de cette confrérie, dite des *flagellants*, ne dépassa pas le XIVe siècle. Mais, depuis comme avant cette époque, un grand nombre de chrétiens regardant cette douloureuse correction comme un moyen de perfection, s'y sont condamnés de leur propre mouvement. On cite notamment saint Louis : « Tous les vendredis, le roi Louis IX, dit Joinville, se « faisait battre les épaules, par son prêtre, de cinq ou « six chaînettes de fer que, pour cet effet, on portait « emmy ses besoignes de nuict (1). »

Montaigne cite Foulques, comte d'Anjou, « qui alla « jusqu'en Jérusalem pour, là, se faire fouetter à deux « de ses valets, la corde au col, devant le sépulcre de « Notre-Seigneur (2). »

D'un autre côté, l'histoire nous apprend que d'autres grands personnages, des rois. mêmes, ne se sont pas condamnés volontairement et par mortification à la peine de la flagellation, mais qu'ils l'ont subie comme la peine ecclésiastique la plus solennelle.

Le prince Raymond VI, comte de Toulouse, excommunié par Innocent III comme suspect d'hérésie, fut fouetté de verges publiquement, à la porte de Saint-Gilles, à Valence, d'après le jugement et par les mains de Milon, légat du Pape.

Louis VIII, le fils et le successeur de Philippe-Auguste, condamné ecclésiastiquement pour avoir continué de prétendre à la couronne d'Angleterre après que le Pape la lui eut ôtée, se présenta, nu-pieds, en chemise, à la porte de l'église de Notre-Dame, à Paris, avec des verges, pour être fouetté par les chanoines ; mais il ne le fut que sur le dos de ses chapelains.

Henri IV, en 1595, après qu'il eut abjuré l'hérésie, reçut publiquement à Rome, du Pape Clément VIII,

(1) *Mémoires*, t. I, pag. 54 et 55.
(2) *Essais*, chap. 40, pag. 63.

l'absolution et les coups de verges pénitentiels sur les épaules de ses deux ambassadeurs, du Perron et d'Ossa. Les réformés dirent, à cette occasion, que celui pour qui *Paris valait bien une messe*, avait trouvé que *la France valait bien une gaulade* (1).

Voici maintenant une royauté acquise, au prix, non pas de quelques coups de verges plus ou moins directement reçus, mais d'une rude flagellation personnellement et longuement subie.

Les sauvages de Cayenne font subir à ceux d'entr'eux qui veulent être élus chefs de la tribu une épreuve fort curieuse. Le compétiteur est enfermé dans une prison pendant plusieurs semaines, durant lesquelles on le fait jeûner. Puis, chaque chef vient, à son tour, lui donner trois grands coups d'une espèce de *fouet*, fait avec des nervures de palmier, cela afin d'éprouver son courage et de lui montrer les tourments auxquels il serait exposé s'il tombait entre les mains de ses ennemis. Ce traitement recommence deux fois par jour, pendant six semaines de suite ; si bien, qu'au bout de ce temps, le corps du candidat n'est plus qu'une plaie. S'il n'a pas, pendant tout ce temps, donné signe de douleur ni d'impatience, il est élu chef de la tribu (2).

Revenons à la fustigation appliquée par les lois religieuses.

Il paraît, d'après divers ouvrages, que cette peine fut d'abord en usage dans les monastères orientaux, d'où elle passa dans les règles de saint Benoît, de saint Colomban, de saint Césaire d'Arles et de saint Cassien, abbé de Saint-Victor de Marseille. Elle remonterait aux Ve et VIe siècles de l'ère chrétienne.

(1) Lanjuinais. *La Bastonnade et la Flagellation pénales*, pag. 51 et 52.

(2) *Dictionnaire universel du XIVe siècle*, au mot *Bastonnade*.

Voici un document curieux qui prouve qu'elle était encore appliquée à la fin du XVIIIᵉ siècle.

Le 24 novembre 1778, le tribunal général de l'Inquisition, en Espagne, tint une séance secrète dans laquelle comparut, comme accusé d'hérésie, un sieur Paul Olivadès, prêtre-assistant de Séville. Ayant été déclaré hérétique dans toutes les formes, il fut condamné :

A la confiscation de tous ses biens.

A huit ans de clôture dans un couvent.

Il fut déchu de tous ses titres et charges, et déclaré incapable d'en posséder jamais aucun à l'avenir.

Défense lui fut faite de monter à cheval, d'user de vêtements de soie ct de velours ; et ordre lui fut donné de ne s'habiller qu'en drap jaune, du plus commun.

On fit faire à Olivadès une abjuration solennelle, à la suite de laquelle il fut absous de l'excommunication et réconcilié suivant les formalités prescrites par les saints Canons. A cet effet, quatre prêtres en surplis, chacun armé d'une poignée de verges, se présentèrent devant le condamné dont les épaules mises à nu reçurent la flagellation pendant tout le temps que dura le *Miserere*, récité par l'assistance (1).

Retournons en arrière. Nous avons déjà dit que la peine de la flagellation était en usage dès le Vᵉ siècle dans divers monastères et notamment dans celui de Saint-Victor, à Marseille, que Jean Cassien y fonda en 410. Il parait que pour ce couvent il y avait verges et verges, de même qu'il y a fagots et fagots. Le religieux chargé de l'aumônerie avait pour devoir de fournir des verges de la Nerthe (localité près de Marseille). *Virgas Nerthæ pro regularite disciplinæ et ad vapulandos pueros*

(1) *Mémoires de Bachaumont*, année 1778.

scholæ ; des verges de la Nerthe pour la régularité de la discipline et pour fouetter les enfants de l'école (1).

VIII.

Cette dernière phrase m'amène à parler d'un châtiment fort en usage autrefois dans les colléges dirigés par les corporations religieuses : jésuites et oratoriens, même dans ceux de l'Université. Dans ces derniers, on appelait ce châtiment le *fouet*, dans les autres la *fessée.* Citons à ce sujet ce que dit le comte de Lanjuinais : « La maison des frères des écoles chrétiennes de Saint-« Yon était renommée, avant 1789, pour les flagella-« tions qu'on y administrait aux jeunes gens renfer-« més par *lettres de petit cachet.*

« Les bons frères s'y acquittaient sévèrement de « leurs fonctions. La tradition conserve encore le sou-« venir de leur patois ridicule et celui de leurs formu-« les préliminaires. Après avoir salué méthodiquement « le jeune captif et déposé leurs chapeaux à grands « bords rabattus, ils s'armaient du redoutable martinet « et prononçaient, avec l'accent du pays, la formule « solennelle : *Il faut, monsieur, que je vous fessissions,* « *et que si vous regimbissiez je recommencissions* (2). »

Dans les colléges de l'Université de Paris, il y avait des correcteurs et garde-verges, dont les fonctions étaient à la.nomination du roi (3), et sujettes à la *paulette* (4).

(1) Stat. capit., 1531.

(2) Lanjuinais, *loc. cit.*

(3) *Mémoires de Garasse,* p. 118.

(4) Pcur augmenter les revenus de l'État, Rosny, surintendant des finances, s'avisa d'assurer les offices de judicature et de finance à la veuve et aux héritiers de ceux qui les possédaient, moyennant que ceux-ci payassent, tous les ans, le soixantième denier du prix auquel leur charge était évaluée; faute de quoi, elle retournerait par la mort au profit du roi. Ce droit fut appelé le *droit mensuel* ; mais le peuple l'appela *Paulette,* du nom d'un sieur Paulet qui l'acquitta le premier.

Rabelais nous a conservé le souvenir de l'un de ces correcteurs et garde-verges de l'Université de Paris, Tempeste, qui était, dit-il, « un grand fouetteur d'escholiers au collége de Montaigu. »

Que les fonctions de ces correcteurs fussent en France à la nomination du roi, on peut l'admettre ; mais on ne peut partager l'opinion de l'auteur d'un article inséré dans la *Revue des questions historiques*, et qui est ainsi conçu :

Dans les registres tenus par trois abbés du XIVe sièle, en Angleterre : Guillaume Walingforde, Gutllaume Albon et Jean Wethmanstive, on trouve des détails curieux sur la fondation d'une école établie à Saint-Atbans sous le règne d'Edouard II. Le programme des études suivies dans cette école y est soigneusement décrit, ainsi que les fonctions des différents maîtres, leurs titres et leurs priviléges. Après le principal, vient le *bacularius*, qui aurait obtenu son grade à la suite d'un concours. Comme à cette époque, les punitions corporelles se pratiquaient en Angleterre aussi bien qu'aujourd'hui, n'est-il pas très-probable que le mot latin *Baculus* , bâton, expiique le terme de *bacularius* (1).

Je l'avoue, malgré mon désir, bien naturel du reste, d'étendre autant que possible l'application du mot *bâton*, *baculus*, comme expression et comme fait, je ne puis partager l'opinion qui précède. Il m'est impossible d'admettre que le dignitaire dont il est fait mention dans le document dont il s'agit, dignitaire venant après le principal de l'école de Saint-Albans, ayant *obtenu son grade au concours*, grade désigné par l'expression d *bacularius*, ne fût autre chose que le fouetteur des enfants de cette école.

Il y avait autrefois, dans l'ordre religieux, des bacheliers d'église ; c'étaient des ecclésiastiques d'un ordre

____

(1) *Revue des questions historiques*, t. XVI, p. 242.

inférieur aux chanoines, des *bacularii;* et l'on conçoit très-bien que le second dignitaire de l'école de Saint-Albans fût un de ces ecclésiastiques, un *bacularius,* ayant obtenu ce grade au concours.

Puisque nous parlons des punitions corporelles appliquées aux écoles, citons ce qui fut fait à l'égard d'un maître d'école connu par la sévérité de ses corrections. Il fut élevé à une dignité qui comportait des armoiries. On imagina celle-ci pour lui : un arbre, avec cette devise : *Virga fuit* (1).

IX.

Ce n'étaient pas seulement de jeunes écoliers — *pueri scholæ* — qui, sous l'ancien régime, étaient soumis à la peine du fouet. Sans parler de saint Ignace de Loyola qui la subissait, à l'âge de trente-trois ans, au collége de Sainte-Barbe, à Paris, où il était entré pour recommencer ses études, rappelons qu'à la cour de France, et chez les grands seigneurs qui avaient des pages, ces jeunes gentilshommes étaient fouettés, lorsqu'ils avaient manqué à leurs devoirs, même quand ils avaient atteint l'âge de l'adolescence et combattu déjà dans les armées. Si, par exemple, ils avaient tué un ennemi avec leur javelot, ils devaient, sous peine du fouet, rapporter cette arme pour justifier qu'ils ne l'avaient pas perdue (1).

A quelque chose parfois malheur est bon. Voici sur la peine du fouet un détail curieux :

D'après Monteil, une attestation notariée qu'un page attaché à une grande maison y avait eu le fouet, était

---

(1) Voir un article intitulé : *Des Devises,* dans la *Revue archéologique,* t. VIII, p. 540.

(2) Lanjuinais, *loc. cit.,* p. 73.
Biographie universelle de Michaud, au mot Mergey.

une preuve de noblesse au XVIe siècle. Montcil cite à
cet égard le passage suivant d'un manuscrit en sa possession intitulé : *Enquête de noblesse du 10 décembre
1543, par Pierre de Masparaulte* :

« Quant les enffans des bonnes maisons sont pages
« ès grosses maisons, on ne les appelle que par le nom
« de leurs maisons. Par quoy, on n'appeloyt le dict
« jeune fils que Masparaulte, et lui ai baillé souventef-
« foys, moi déposant, la discipline, par le commande-
« ment du dict seigneur de Grammont (1). »

Voici un fait de gourmandise commis par un page et
qui fut suivi d'une atrocité sans exemple.

Tournefort, parlant dans sa relation du prix que les
Turcs attachent aux melons et aux concombres, rapporte
que les pages du palais n'osent plus entrer dans les
jardins du grand seigneur où on les cultive, depuis que
Mahomet II en fit éventrer jusqu'à sept pour découvrir
celui qui avait mangé un de ses légumes favoris (2).

Après avoir parlé des pages des grandes maisons de
France qui étaient soumis à la peine du fouet, remon-
tons plus haut et voyons l'héritier même de la couronne
subissant cette correction. Citons la lettre que le bon
roi Henri IV écrivait, le 14 novembre 1607, à Mme de
Montglat, gouvernante des enfants de France :

Madame de Monglat, je me plains de vous de ce que vous ne
m'aviez pas mandé que vous aviez fouetté mon fils ; car je veulx
et vous commande de le fouetter toutes les fois qu'il fera l'opi-
niastre ou qnelque chose de mal, saichant bien par moy-mesme
qu'il n'y a rien au monde qui lui fâce plus de profit que cela ; ce
que je recognois par expérience m'avoit profité. Car estant de
son age, j'ai esté fort fouetté. C'est pourquoi je veulx que vous

______

(1) *Histoire des Français des divers États*, t. VI, p. 369 ; et aux
notes, p. 616, note 36.

(2) Pitton de Tournefort. *Relation d'un voyage du Levant* fait
par ordre du roi, année 1717.

le faciez. — A Dieu, madame de Montglat; ce xiiij novembre, à Fontainebleau (1).

Il existe une étude dramatique intitulée *le Fouet de nos pères* que l'auteur (Rœderer) a insérée dans ses comédies historiques (1820, 2 vol. in-8°). C'est une composition dans le genre de *la Jacquerie*, de Mérimée, et des *Etats de Blois*, de Vitet.

La scène se passe sous Louis XI. Charles VIII n'est pas encore né, et le duc d'Orléans, qui sera plus tard Louis XII, est l'héritier présomptif de la couronne. Il vient d'entrer dans sa septième année, et de passer des mains des femmes dans celles des hommes. Louis était, disent ses historiens, un enfant fort éveillé et fort indocile. Il ne souffrait ni punition, ni réprimande, et sa mère était obligée de le faire souvent châtier. Celui de ses officiers qu'elle chargeait de cette commission ne manquait jamais de se masquer et de se déguiser, de manière qu'il ne pût être soupçonné, pour ne pas encourir la haine de l'enfant et devenir l'objet de sa rancune.

Dans la pièce dont nous parlons, Louis a été fiancé à Jeanne, fille de Louis XI, à laquelle il écrit pour lui annoncer qu'il lui portera des bonbons, et par la même occasion, il lui parle du trône qu'ils sont destinés à partager. Cette lettre est interceptée et portée à Louis XI, à qui ces idées de son héritier présomptif déplaisent fort.

— « Qu'on lui donne le fouet, dit-il, afin de lui « rappeler qu'il n'est encore qu'un enfant. »

Cet ordre devient une affaire très sérieuse. On ne veut pas désobéir au roi régnant, et l'on craint de s'exposer au ressentiment du roi futur. Les hommes prétendent que la correction doit être administrée par les femmes, et celles-ci par les hommes. Le gouverneur

(1) *Lettres de Henri IV*, publiées par M. Berger de Xivrey, t. XII. Collection des documents inédits de l'histoire de France.

s'en décharge sur le précepteur ecclésiastique et celui-ci sur le précepteur militaire. Ce dernier répond qu'il n'est pas gentilhomme et qu'au gouverneur seul il appartient de porter la main sur le prince.

Enfin, Louis XI, auquel la reine vient de confier qu'elle est enceinte, finit par accorder son pardon.

Rien de plus curieux et de plus piquant que cet intérieur de cour. Les personnages ont une physionomie plaisante sans cesser d'être vraie.

X.

Ce n'est pas de nos jours seulement qu'a été hautement désapprouvé l'usage — n'existant plus du reste maintenant — des corrections corporelles dans les maisons d'éducation.

Quintilien, qui vivait au premier siècle de notre ère, et que Martial a nommé *vagæ moderator summe juventæ*, le grand gouverneur de la jeunesse, Quintilien a écrit ceci :

Cœdi discentes, quanquam receptum sit, minime velim. Primum quia diforme atque servile est; deindé, quod si cui tam est mens illiberalis, ut objurgatione non corrigatur, is etiam ad plagas, ut pessima quæque mancipia durabitur. — Quoique cela soit admis, je ne veux pas qu'on batte les écoliers, d'abord parce que c'est un moyen malséant et servile, ensuite parce que si un enfant est assez mal doué pour qu'il soit insensible aux réprimandes, il s'habituera aux coups comme font les esclaves de la pire espece (1).

Martial, dont nous venons de rapporter l'estime qu'il avait pour Quintilien, Martial dont la sensibilité n'était pas précisément la qualité dominante, écrivait ceci dans l'une de ses épigrammes à un maître d'école :

> Cirrata loris horridis Scythæ pellis,
> Quà vapulavit Marsyas Celœneus,

(1) *Instit. Orator.*, lib. I, cap. 3.

> Ferulœ que tristes, sceptra pœdagogorum
> Cessent, et jdus dormiant in octobres :
> Æstate pueri si valent, satis discunt.

Ces courroies découpées dans un cuir Schytie, ces lanières qui ont déchiré le dos du Célénien Marsyas, ces tristes férules, sceptres des pédants, qui font verser tant de larmes, laissez-les dormir jusqu'aux ides d'octobre; si tes enfants se portent bien l'été, c'est tout ce qu'il faut pour leur éducation (1).

Rollin qui, on le sait, s'est beaucoup inspiré des idées de Quintilien dans ce qui a trait à l'éducation de la jeunesse, Rollin n'allait pas jusqu'à prohiber les punitions corporelles, comme le rhéteur romain, mais il recommandait de les réserver pour les cas très graves.

« On ne doit fouetter les écoliers, écrivait-il dans
« son *Traité des études*, que pour des faits qui leur eus-
« sent mérité d'être punis corporellement, s'ils eussent
« été des hommes. »

Et dans un autre passage du même ouvrage :

« Le châtiment des verges, qui est la dernière extré-
« mité par rapport à des enfants, ne doit être employé
« que contre l'opiniâtreté dans le mal, opiniâtreté bien
« marquée (2). »

Voici, d'un autre côté, ce qu'écrivait Montaigne dans ses *Essais*, si justement appelés les-rudiments de la raison :

Au demourant, cette institution se doibt conduire par une sévère doulceur, non comme il se faict : au lieu de convier les enfants aux lettres, on ne leur présente, à la vérité, que horreur et cruauté. Ostez moi la violence et la force : il n'est rien, à mon advis, qui abastardisse et estourdisse si fort une nature bien née. Si vous avez envie qu'il craigne la honte et le chastiement, ne l'y endurcissez pas. Endurcissez le à la sueur et au froid, au vent, au soleil et aux hasards qu'il lui fault mespriser :

(1) *Epigrammes de Martial.* Liv. X. — *Epigr.* LXII.
(2) *Traité des études.* Tome IV.

ostez lui toute molesse et délicatesse au vestir et coucher, au manger et au boire; accoustumez le à tout : que ce ne soit pas un beau garson et dameret, mais un garson vert et vigoureux. Enfant, homme, vieil, i'ai touiours creu et iugé de mesme. Mais, entre aultres choses, cette police de la plus part de nos colleges m'a tousiours despleu : on eust failly, à l'adventure, moins dommageablement s'inclinant vers l'indulgence. C'est une vraie geaule de ieunesse captive : on la rend desbauchée, l'en punissant avant qu'elle le soit. Arrivez y sur le poinct de leur office, vous n'oyez que cris, et d'enfants suppliciez, et de maistres enyvrez en lenr cholere. Quelle manière pour esveiller l'appetit, envers leur leçon, à ces tendres ames et craintifves, de les y guider d'une trongne effroyable, les mains armées de fouet! Inique et pernicieuse forme! ioinct, ce que Quintillien en a très bien remarqué, que cette impérieuse auctorité tire des suittes périlleuses, et nommeement à nostre façon de chastiement. Combien leurs classes seroient plus decémment ionchees de fleurs et de feuillees, que de tronçons d'osier sanglants (1).

Nous avons dit, au commencement de ce chapitre (§ V), qu'une opinion s'était récemment manifestée en Allemagne et en Angleterre, opinion réclamant le rétablissement des punitions corporelles dans l'ordre civil et dans l'ordre militaire, là où elles ont été supprimées, et leur extension là où elles existent encore. Le motif donné, c'est d'une part la recrudescence des délits contre les personnes, et de l'autre, les manquements plus graves et plus fréquents à la discipline militaire. Je voudrais ajouter qu'aucune pensée de ce genre ne s'est manifestée de nos jours en France, si le hasard n'avait fait tomber sous mes yeux un document où elle est, sinon formellement exprimée, du moins très-clairement indiquée. C'est le discours prononcé par le maire de Largentière (Ardèche) à la distribution des prix, aux élèves du collége de cette ville, au mois d'août 1872.

Le fonctionnaire que nous venons de désigner avait

(1) *Essais de Michel Montaigne.* Liv. Ier, p. 261.

pris un texte fort approprié aux circonstances que nous traversons : la nécessité d'améliorer l'éducation de la jeunesse, comme le plus sûr moyen de réparer, dans l'avenir, les désastres qui se sont récemment abattus sur la France ; et pour obtenir ce résultat, l'indication des réformes à opérer soit dans l'éducation morale, soit dans l'éducation physique. Traitant le premier de ces points, M. le maire de Largentière a rappelé que les enfants étaient traités autrefois avec une sévérité qui n'excluait pas l'affection ; que, dressés au respect dès l'âge le plus tendre, ils observaient toute leur vie la plus grande soumission à l'égard de leurs parents, qui n'avaient pas à se reprocher de les avoir amollis par de continuelles gâteries. Mais, au lieu d'analyser, je cite : « Les lits, « ajoutait M. le maire de Largentière, n'étaient pas « garnis de plumes, et le sucre ne faisait pas comme « aujourd'hui partie essentielle de l'éducation. *Le fouet,* « *en revanche, jouait un rôle important* On connaît les « recommandations du bon roi Henri IV à la gouver- « nante de son jeune fils, le dauphin : « Ne lui épargnez « pas le fouet, disait-il, car rien, je le reconnais, ne m'a « été plus profitable dans mon enfance. « Voilà com- « ment on élevait alors les futurs roi de France eux- « mêmes. Ce régime était rude, c'est vrai, mais il for- « mait des hommes, et il nous en faut à l'heure qu'il est. »

En l'année 1872, signaler publiquement les heureux résultats du fouet de l'ancien régime, c'est, il faut le reconnaître, avoir le courage de son opinion ; et, de plus, cette opinion la proclamer, en s'adressant à des collégiens, le jour de la plus grande solennité scolaire, c'est attaquer, comme on le dit, le taureau par les cornes. Quoi qu'il en soit, le journal auquel j'emprunte ces détails — le *Bas-Vivarais* — ne mentionne pas que le passage que je viens de rapporter ait provoqué le moindre applaudissement. Même silence pour la fin du discours qui, au demeurant, était fort bien écrit et contenait d'excellentes leçons, dictées par un esprit élevé et une âme essentiellement honnête.

Nous pensons, toutefois, que l'érudition de M. le maire de Largentière aurait été mieux inspirée si, au lieu rappeler la lettre de Henri IV à la gouvernante du dauphin, lettre que nous avons dû citer en entier au point de vue de notre travail historique, il avait reproduit le passage de Montaigne que nous avons placé à la suite de l'autre document, passage qui n'est autre chose que la théorie de ce qu'ont traduit en pratique les nouvelles dispositions sur le service militaire : « Si vous « avez envie que l'enfant craigne la honte et le chastie- « ment, ne l'y endurcissez pas : endurcissez le à la « sueur, au froid, au vent, au soleil et aux hasards « qu'il lui faut mespriser : ostez lui toute délicatesse au « vestir et coucher, au manger et au boire ; accoustumez « le à tout : que ce ne soit pas un beau garson et da- « meret, mais un garson vert et vigoureux. »

XI.

La fustigation avait lieu autrefois d'une manière cruelle, on le sait, dans nos colonies. La condition d'esclave y était aussi mauvaise que celle de la brute. Aussi, disait-on d'un charretier qui écorchait ses chevaux à coups de fouet : *Prend-il donc ces animaux pour des nègres ?*

Les choses étaient allées si loin, qu'en 1784 un magistrat de Port-au-Prince en fit un rapport au ministre. A la suite de cette généreuse initiative, intervint, à la date du 17 décembre de cette même année, une ordonnance du roi portant :

Tous propriétaires, procureurs et économes-gérants, convain-

cus d'avoir fait donner plus de cinquante coups de fouet à leurs esclaves, seront à l'avenir condamnés en 2,000 livres d'amende
pour la première fois, et, en cas de récidive, déclarés incapables
de posséder des esclaves et renvoyés en France. Outre les peines
ci-dessus, ils seront notés d'infamie, lorsqu'ils auront fait mutiler
des esclaves, et encourront la peine de mort chaque fois qu'ils en
auront fait périr de leur autorité, pour quelque cause que ce
soit.

Veut Sa Majesté qu'ils soient esdits cas poursuivis comme
meurtriers.

La fustigation a existé longtemps au nombre des peines édictées par le code de justice maritime. On l'appliquait au moyen de cordes goudronnées appelées *garcettes*. J'emprunte à des mémoires que j'ai cités souvent
déjà la relation d'une vengeance terrible à laquelle
donna lieu l'application de la peine des garcettes.

Un lieutenant de vaisseau, de la frégate la *Flèche*, mécontent
d'un matelot, décide qu'on lui donne sur-le-champ cent coups
de garcettes, et impatient de voir exécuter son ordre, veut que
ce soit le maître d'équipage même qui le remplisse. Celui-ci
s'excuse d'exercer une fonction réservée au prévôt, et refuse
absolument malgré l'insistance de l'officier. Celui-ci, furieux,
fait amarrer sur un canon ce maître d'équipage et lui fait infliger
le châtiment ordonné pour le matelot.

Le maître d'équipage, désolé d'avoir subi cet affront, s'emplit
un jour les poches de boulets, et saisissant à l'improviste le
lieutenant à brasse-corps : « J.. f......, lui dit-il, tu m'as
« déshonoré ; tu me forces de chercher la mort ; mais je ferai
« un exemple éclatant sur toi. » En même temps, il se pré-
cipite avec lui dans la mer, et les deux corps, au moyen du
poids énorme dont s'était chargé cet officier marinier, s'enfon-
cent bientôt dans la mer. En vain on met en panne, on arme le
canot et la chaloupe, on n'aperçoit aucun vestige des cadavres.

Les punitions corporelles ont été supprimées pour la
marine en 1848. Avant cette époque, la punition des
garcettes n'était pas épargnée aux mousses. Il existait
parmi les matelots cette croyance singulière qu'il suffi-

sait de fustiger un mousse pour se procurer un temps favorable. En pareil cas, la sentence était signifiée au mousse dans les termes suivants :

> Douze bons coups sur ton derrière,
> Nous donneront bon vent d'arrière.

La peine de la bastonnade tend à disparaître dans nos colonies avec l'esclavage des nègres ; cependant, malgré la surveillance des autorités, des faits on ne peut plus regrettables se produisent quelquefois. On cite le contre-maître d'une habitation qui stimulait l'activité des ouvriers placés sous ses ordres en leur appliquant des coups d'un bâton brûlant (1).

Ceci est odieux, voici qui était surtout ridicule :

Lorsque le fameux Toussaint Louverture administrait à sa manière l'île de Saint-Domingue au nom de la République française, il décréta que, pour châtier à l'avenir les citoyens paresseux, on se servirait d'un bâton tricolore.

La bastonnade a existé dans les bagnes jusqu'à l'époque de leur suppression. Ce châtiment y résumait, à quelques exceptions près, presque toute la collection des peines. Le forçat voleur, faussaire, faux-monnayeur ne courait d'autre risque que de se voir étendu sur le *banc de justice* et frappé par un bras vigoureux d'un nombre de coups de garcettes qui variait de dix à cent. A moins qu'il ne jouât du couteau contre son gardien ou qu'il ne le jetât à la mer, il rachetait tous les crimes par la fustigation.

(1) Voir le *Bulletin de la Société de géographie*, du mois de février 1874.

On peut en juger par l'extrait suivant du code pénal des chiourmes :

Sera puni de la bastonnade :

Le forçat qui aura limé ses fers ou employé un moyen quelconque pour s'évader ;

Le forçat sur lequel il sera trouvé des objets de travestissement ;

Le forçat qui volera une valeur au-dessous de 5 francs ;

Le forçat qui s'enivrera ;

Le forçat qui jouera des jeux de hasard ;

Le forçat qui fumera dans le port ou dans sa localité ;

Le forçat qui vendra ou dégradera ses effets ;

Le forçat qui écrira sans permission ;

Le forçat sur lequel il sera trouvé une somme au-dessus de 10 francs ;

Le forçat qui battra son camarade ;

Le forçat qui refusera de travailler ou commettra un acte d'insubordination (1).

Nous venons de parler longuement de la bastonnade, soit dans les temps anciens, soit dans les temps modernes, et cela seulement en ce qui a trait aux personnes, disons quelques mots en ce qui concerne les choses.

Xerxès ayant vu ses vaisseaux dispersés par les vents sur l'Hellespont, fit fouetter la mer avec des chaînes de fer.

Sextus, qui se trouvait chez les Gabiens, ayant envoyé un messager à son père Tarquin, septième et dernier roi de Rome, pour savoir quelle conduite il devait tenir, celui-ci ne fit aucune réponse, mais il mena le messager de son fils dans son jardin et abattit avec son bâton les têtes de pavot qui s'élevaient au-dessus des autres. Sextus était digne de comprendre la pensée de son père ; il accusa les principaux d'entre les Gabiens d'avoir conspiré contre ses jours et les fit mettre à mort.

(1) *Les Bagnes*, par Maurice Alhoy, pages 176 et 180.

Voici maintenant une autre bastonnade qui n'a rien de commun avec une ridicule colère, ni avec une astu-, cieuse politique. Elle se pratique encore de nos jours, produit d'excellents résultats et pourrait s'appeler la *bastonnade agricole.*

Il est des plantes pernicieuses pour la destruction desquelles l'emploi de la faux ne suffit pas ; telles sont notamment la fougère et le chardon. L'arrachage est plus efficace ; mais il arrive souvent qu'on ne l'exécute pas si complètement, qu'une partie de la racine ne demeure engagée dans la terre. Or, le moindre tronçon suffit pour faire repousser la plante avec une force de végétation et une persistance décourageantes. On a eu dès lors l'idée d'employer la bastonnade. Mais il ne faut pas attendre que la plante ait pris son entier développement, ni que les feuilles et la tige soient séchées et durcies, Quand elle est encore herbacée, et que les feuilles commencent à s'ouvrir, le bâton la déchire plus aisément. S'il pleut au moment de l'opération ou quelque temps après, ces lambeaux déchirés pourrissent et ne repoussent plus. Il faut répéter l'opération plusieurs fois pour la fatiguer et l'épuiser.

Un des avantages de la bastonnade agricole est d'épargner le temps des bons ouvriers, tels que les faucheurs, temps précieux et toujours chèrement payé, et d'y substituer le travail des vieillards et des enfants.

Ajoutons qu'en horticulture, fouetté se dit des fleurs et des fruits marqués de petites raies comme produites par des coups de fouet ; c'est ainsi qu'on dit une tulipe fouettée, une pêche fouettée.

Terminons en disant que, sous l'ancien régime, la fustigation atteignait même ce qui semblait tout à fait en dehors de ses coups : la pensée. Les cours de justice en ordonnant la destruction de tel ou tel livre, stipulaient qu'il serait d'abord fustigé et lacéré, puis brûlé par la main du bourreau.

Un arrêt de ce genre fut rendu par le parlement de Paris, le 13 mars 1626, contre un livre paru l'année précédente, dont l'auteur était un jésuite nommé Antoine Santarelli et qui avait pour titre : *Traclatus moralis de hæresi, schismate, apostasia, etc.*

Le P. Garasse, autre jésuite, aux curieux mémoires duquel nous avons déjà fait un emprunt, ajoute que plusieurs conseillers, qui restèrent en minorité, avaient opiné pour que la fustigation, la lacération et la destruction par le feu du livre dont il s'agit eussent lieu dans la basse-cour de la maison professe de la Compagnie, tous les Pères jésuites appelés et présents autour du feu qui devait s'y faire (1).

(1) *Mémoires* de Garasse François, de la Compagnie de Jésus, p. 202.

CHAPITRE III.

Le Bâton dans le ménage.

J'ai dit au début de cette étude que la monographie du bâton qui en fait l'objet, était, suivant le point de vue où l'on se plaçait, sérieuse ou légère, triste ou comique. J'ai ajouté : je puiserai à toutes les sources, et je ferai des emprunts aux moindres opuscules, non moins qu'aux recueils encyclopédiques, à l'in-18 aussi bien qu'à l'in-folio.

Le titre qu'on vient de lire : *Le Bâton dans le ménage,* dit suffisamment que ce chapitre rentre dans le côté léger de mon sujet, et indique le caractère des documents dont je dois me servir.

Ce n'est pas le lieu, en effet, de faire ici œuvre de jurisconsulte, et de disserter sur les actes de violence, qui peuvent, aux termes de l'article 231 du Code Civil, amener, comme sévices et injures graves, la séparation de corps entre époux. Ce dont il s'agit, c'est de ce qui « entre gens qui s'aiment, ne fait — au dire de Sga-« narelle — que ragaillardir l'affection. »

Je viens de citer *le Médecin malgré lui* (acte 1er, scène III). A cette charmante *farce,* puisque c'est le nom qu'on donne aux pièces que Molière nous a laissées dans ce genre, je ne ferai pas d'autre emprunt, au point de vue de mon sujet. Le moyen que Sganarelle emploie

pour imposer silence à sa femme, la vengeance qu'en
tire celle-ci, et ce qu'il en coûte à M. Robert pour avoir
mis son doigt entre l'arbre et l'écorce.... tout cela est
trop connu pour en parler, si ce n'est pour dire une fois
encore, que rien n'est plus spirituel, plus gai, plus comique, plus naturel, plus vrai en un mot. — Un détail
seulement : *Le Médecin malgré lui* eut, auprès des contemporains, le succès que la postérité a si hautement ra-
tifié. C'est ce qu'attestent, d'une manière spirituelle, les
vers suivants qu'un poète du temps, Subligny, composa
sur cette pièce :

> Molière, dit-on, ne l'appelle
> Qu'une petite bagatelle.
> Mais cette bagatelle est d'un esprit si fin,
> Que s'il faut que je vous le die,
> L'estime qu'on en fait est une maladie
> Qui fait que, dans Paris, tout court au médecin.

Quoi qu'il en soit, ne voulant pas renoncer aux élé-
ments si précieux pour mon sujet que renferme notre
littérature dramatique, je remonterai à une époque plus
reculée que celle de Molière, et ce sera dans des pièces
d'une date antérieure aux siennes et par conséquent
beaucoup moins connues, que je montrerai le bâton
fonctionnant sous le toit conjugal. D'un côté du toit
conjugal, devrais-je dire, car on trouve très-souvent
le bâton entre les mains du mari, mais on ne le voit
que rarement dans celles de la femme.

I.

Le moyen-âge, dans ses *farces, moralités, sollies, ser-
mons joyeux*, nous a laissé de nombreux exemples de
femmes ramenées à leurs devoirs par la correction maritale. Je choisis comme présentant le plus de verve, de

gaieté, de franchise d'allures, l'une des pièces contenues, avec soixante-trois autres, dans ce volume devenu célèbre, à si juste titre, qui fut trouvé en 1845 dans un grenier en Allemagne, et dont le *Bristish Museum* a fait l'acquisition. Ce volume à forme d'agenda est, selon toute probabilité, l'œuvre de quelque Allemand amateur de théâtre, venu en France à l'époque où la littérature du moyen-âge était encore en grande faveur. Il collectionna et réunit ces soixante-quatre pièces imprimées séparément en caractères gothiques à Paris, à Lyon et à Rouen.

C'est par la reproduction de ces pièces sans date, sans nom d'auteur, mais dans l'ordre qu'elles occupent dans le recueil de Londres, que M. Viollet-Leduc a commencé son recueil intitulé : *Ancien Théâtre Français*, dont elles forment les trois premiers volumes.

La pièce que j'ai choisie comme type, s'appelle : *La farce nouvelle fort joyeuse du pont-aux-asnes*.

Ce titre demande une explication. Où est *le pont aux asnes* ? A Paris, sur la Seine ; il sert de communication d'une rive à l'autre du petit bras de ce fleuve sur lesquelles s'élèvent les divers bàtiments de L'Hôtel-Dieu. Construit au commencement du XVIIe siècle, il s'appela d'abord *le Pont au double*. Ce nom lui vint de ce qu'en y passant, on était tenu de payer un double tournois qui équivalait à deux deniers.

Plus tard, il fut appelé *le Pont aux asnes* (ânes). Les bestiaux qui allaient paître sur les bords de la Seine et dans les prairies sur lesquelles on a construit l'Entrepôt passaient sur ce pont. De là vint qu'on le nomma *le Pont aux ânes*. D'un autre côté, comme l'accotement de ce pont était assez escarpé, les malheureux ânes qui l'escaladaient difficilement recevaient bon nombre de coups de trique. Cette circonstance nous amène naturellement, du titre de la pièce dont il s'agit, à la pièce elle-même.

Quatre personnages y figurent : le *Mary*, la *Femme*, *Messire Domine de **** (1) et le *Boscheron*.

L'entrée de ces personnages n'est pas plus indiquée que leur sortie. Il en est de même des changements de lieu. La pièce est vraiment machinée d'un seul morceau.

Le mari commence. Il revient du travail, il a faim et demande à sa femme de lui servir à dîner ; celle-ci répond qu'elle n'a rien de prêt et que son mari n'a qu'à mettre le pot au feu. — Le mari réplique que c'est office de femme et invite la sienne à le servir :

> Ainsi en ce point le ferez
> Ou bien batue vous serez.

LA FEMME.

Je feray, ta fiebvre quartaine.

Sans prendre garde à cette réponse de sa revêche moitié, le mari fait un exposé dogmatique des obligations dont les femmes sont tenues :

> Femmes doibvent couvrir la table,
> Mettre dessus linge honorable ;
> Aux gens de bien s'on les admeine
> Monstrer un semblant amyable
> Et faire chère convenable.

LA FEMME.

Et ilz font, ta fiebvre quartaine.

LE MARY.

> Femmes doibvent pour leur honneur
> Tenir leurs barons en doulceur.

(1) L'auteur des *Récréations philologiques* traduit ce nom par le *docteur du jour* (diei), c'est-à-dire le docteur à la mode.

LA FEMME.

> Et esse ton oppinion ?
> Me veulx-tu pugnir de tel sorte ?
> Ce sera quand je seray morte,
> Doncques que je t'obéiray ;
> Car tant que l'âme du corps me parte
> Un pas pour toi ne passeray.

Cependant la querelle n'a pas fait oublier au mari qu'il n'a pas dîné, et il insiste de nouveau pour qu'on le serve. Refus persistant de la femme, nouvel échange d'invectives et de menaces. Sur ce, intervient une espèce de docteur parlant moitié français, moitié italien, messire Domine de... et que le mari consulte en lui exposant son cas :

> Hélas ! c'est à nostre maison
> Un dyable, Monsieur, un dyable ;
> Par ma foy, il est veritable ;
> Je suis mort si n'est conjuré ;
> C'est ma femme, elle a juré
> L'ennemi, le pape et le roy,
> Qu'el ne fera jamais pour moy
> Un pas quelque petit qui soit ;
> Et que je serve tort ou droit,
> Et que je bate et que je vanes.

MESSIRE DOMINE DE...

> Vade, tenès le pont aux asnes.

Le mari continue la nomenclature des griefs qu'il impute à sa femme, et Messire Domine de... ne lui répond jamais que :

> Vade, tenès le pont aux asnes.

Soit, s'écrie enfin le mari :

> Je vray voir que ces asnes font,
> Et c'on leur fait dessus ce pont.

Acte IIe ou du moins IIe tableau, lirait-on ici dans une pièce moderne : *le pont aux ânes, le mari, un bûcheron conduisant une ânesse qui refuse d'avancer*. Rien de cela dans *la farce* dont nous rendons compte, et immédiatement après les deux vers ci-dessus transcrits, on lit :

LE BOSCHERON.

Sus, Nolly, sus, tire avant, tire.
Hury, ho ! le dyable y ait part,
Tant tu me donnes de martyre ;
Sus, Nolly, sus, tire avant, tire.
Et da, hay, de par Nostre Dame,
Sus, Nolly, si te metray paistre.

LE MARY.

El ne faits non plus pour son maistre,
Que ma femme ferait pour moy.

LE BOSCHERON *(il frappe)*.

Hay, de par le dyable, hay !
Tout aussi bien vous irez.
Puisque j'ai ce baston de houx,
Je vous frotteray les costez ;
Trottez, Nolly, trottez, trottez,
Vous avez trouvé vostre maistre.

LE MARY.

Vertubieu ! comme vous frottez.
Et ne faut-il que boys de haistre
Pour frotter les costez de sa femme?
Sça par le saint jour de Dieu, not dame,
Vous vous sentirez de la feste ;
Par mon serment, je suis bien beste,
Voilà le propre enseignement,
Et j'ai bien pou d'entendement,
Dont le sage homme me parla,
Han, Saint-Jourd'hui, esse cela ?
J'en auray tantost raison.

Ce tantôt, c'est tout de suite. Le temps de passer d'une rime à l'autre, et nous voilà de nouveau sous le toit conjugal. Le mari qui connaît une bonne recette et la manière de s'en servir, a hâte de la mettre en pratique : C'est dans la même tirade et après le vers :

> J'en auray tantost la raison.

qu'il continue :

> Ça, ça, qui est en ma maison ?
> Que je soye servy à soupper.

LA FEMME.

> Et qui a vous a fait tant truper ?

LE MARY.

> Dya, j'ay esté au pont aux asnes.
> Où j'ay aprins un tour de maistre.
> Sus, tost, qu'on vous voye entremettre
> De me servir à l'oiel et au doy.
> Despechez-vous.

LA FEMME.

> Par le vray Dieu qui me fist naistre
> Je mourroys plus tost. A quel propos ?

LE MARY

> Et pour ce gros baston de haistre
> Dont je vous casseray les os.

Aussitôt dit, aussitôt fait ; le bâton entre en scène à son tour, il commence à jouer son rôle, et dame Niche de s'écrier :

> Hélas ! hélas ! les rains, le dos !
> Au meurdre, sur ce traistre Ganes !

Le mari veut bien cependant expliquer à sa femme cette nouvelle méthode d'exercer l'autorité conjugale.

> Dya, j'ay esté au pont aux asnes
> Je seay comme il faut les conduire.

LA FEMME.

Hélas ! je suis morte, Johannes.

LE MARY.

Trottez, vieille, trottez, trottez
Et servez quand il est besoing.

LA FEMME.

Hélas ! espargnez mes costez.

LE MARY.

Trottez, vieille, trottez, trottez.

LA FEMME.

Vos chausses seront descrotez
Et si vous chaufferay le baing.

LE MARY.

Trottez, vieille, trottez, trottez
Et servez quand il est besoing.

La leçon est donnée, et c'est le moment d'en tirer la
conclusion, de chanter le vaudeville final, dirait-on,
pour une pièce de nos jours. Chacun des deux acteurs
adresse donc son couplet au public de son sexe. — La
femme d'abord :

Nobles dames qui avez soing,
Vous povez par cecy noter,
Le pont aux asnes est tesmoing !
Besoing fait la vieille trotter.

LE MARY.

Adieu, Seigneurs, et près et loing
Qu'il vous a pleu nous escouter.
Le pont aux asnes est tesmoing !
Besoing fait la vieille trotter.

II.

Si maintenant nous franchissons un grand intervalle dans l'histoire de notre Théâtre National, si nous passons du XVIe au XVIIe siècle, et de l'époque des sotties et des farces à celle de la comédie, nous trouverons dans une pièce appartenant à ce dernier genre, la même donnée, le même moyen d'action que dans le *Pont aux asnes*. Cette comédie est de 1664. Elle a pour titre *Le Sot vangé* (sic). L'auteur est Raymond Poisson, le chef d'une famille féconde en auteurs — acteurs de mérite comme lui et qui a fourni, sous ce titre, *La famille Poisson*, le sujet d'une charmante comédie à l'un des derniers représentants de la grande école du Théâtre-Français : Samson. *Consilio manu que* aurait pu prendre celui-ci pour devise. Professeur au Conservatoire, où il a formé les plus brillants elèves, Mlle Rachel notamment, non moins habile dans la théorie que dans la pratique de son art, il a écrit, outre diverses pièces en prose et en vers restées à la scène, un *Art théâtral* en plusieurs chants, œuvre non moins remarquable par la forme que par le fond.

Je reviens au *Sot vangé*. La pièce est en un acte, en vers de huit syllabes. C'est encore une femme que son mari ramène à ses devoirs par l'emploi du bâton qu'un voisin lui conseille. Il y a dans cette comédie de la naïveté, du naturel, mais ce n'est déjà plus le naturel primesautier du *Pont aux asnes*; et ce n'est point encore, quoiqu'il n'y ait que cinq ans d'intervalle entre la comédie de Poisson et la comédie de Molière, ce n'est point encore, il s'en faut de beaucoup, le naturel du *Médecin malgré lui*, ce naturel, fruit sans doute, de la réflexion, de l'étude et de l'art, mais d'un art si parfait qu'on le croit venu d'abondance et d'un seul jet.

Lubin, *le Sot vangé*, expose à son voisin Ragot les mo-

tifs de plaintes qu'il a contre sa femme Lubine et termine ainsi ses doléances :

> Mais le plus grand défaut qu'elle a,
> Au moins le plus insupportable,
> C'est qu'elle me bat comme un diable ;
> Car les coups me rendent la peau
> Plus noire que votre chapeau.

Là dessus, Ragot raconte à Lubin ce qui suit :

SCÈNE X

> Sache qu'étant aux Antipodes,
> L'on me fit présent d'un trésor,
> Qui vaut plus d'un million d'or ;
> Et si ce n'est qu'une racine,
> Laquelle mise sur l'échine
> D'une femme, fût-ce un Démon,
> La rend plus douce qu'un mouton.

LUBIN.

> Peste ! l'admirable racine !
> D'où peut venir son origine ?

RAGOT

> Du pied d'un arbre que j'ai veu,
> Qu'avoit planté Lusses-tu-cru,
> A ce qu'on dit, et puis fit Gilles.

LUBIN

> Peste, il était des plus habiles
> Ce bois a cette faculté ?

RAGOT

> Si ta femme en avait tâté....

LUBIN.

> Vraiment, je veux bien qu'elle en tâte.

RAGOT.

Tu la battras donc comme plâtre ;
Et ensuite tu lui feras
Faire tout ce que tu voudras.
Elle viendra dans sa colère
Te traiter comme à l'ordinaire :
Comme elle prendra son haut ton,
Tu tiendras ferme ce bâton,
Qui vaut mieux que deux vertes gaules.
Tu lui sangleras les épaules
Seulement de quinze ou vingt coups ;
Tu la verras à tes genoux,
Plus souple, plus obéissante,
Qu'une jeune et neuve servante,
Te dire en larmes : Je promets
De n'aimer que toi, désormais
De ne plus souffrir le compère.

LUBIN.

Ce serait bien là mon affaire ;
Mais l'homme qui l'avait trouvé
Ce bâton.....

RAGOT.

   L'avait éprouvé.
Ne connaissais-tu pas ma femme ?

LUBIN.

Oui, c'était une bonne lamme. ·

RAGOT.

Trois coups la rendirent d'abord
Plus douce qu'un enfant qui dort.
Mais il faut dedans ta mémoire
Mettre quatre mots de grimoire,
Et les dire ; autrement, ma foi,
Les coups retourneraient sur toi.

LUBIN.

Ah ! je veux donc bien les apprendre,
Avant que de rien entreprendre.

RAGOT.

Oui, car il les faut prononcer
Auparavant que commencer.

. . . .

Voici les mots, retiens-les bien....

LUBIN.

Et je cesserai d'être esclave !

RAGOT.

Tasse Rouzi Friou Titave.

Grande difficulté pour Lubin d'apprendre ces quatre mots. Ah ! s'écrie-t-il :

Le langage est bien incommode
Dedans la ville d'Antipode !

Enfin, il parvient à retenir la formule sacramentelle, grâce à la complaisance de son voisin Ragot qui lui en fait répéter les termes les uns après les autres. Il possède la recette, il s'en sert dès la scène suivante :

SCÉNE XI.

LUBIN. — LUBINE.

LUBINE.

Que fais-tu donc là, chien d'yvrogne ?

LUBIN.

Tasse Rouzi Friou... J'y fais...
Il ne m'en souviendra jamais.
Voisin !...

LUBINE.

Dis, sot, est-ce pour rire?

LUBIN.

Il s'en est allé sans rien dire ;

Elle a raison, faute d'un mot
Je ne suis encore qu'un sot.
Il rimail, ce me semble à cave :
Tasse Rouzi Friou Titave ;
Bon, je l'ai retrouvé sans vous.

LUBINE.

Il faut le mettre au rang des fous.

LUBIN.

Des fous ! pas tant fou que l'on pense.
Allons, fais-moi la révérence
Et quelque joly compliment.

LUBINE.

Il a perdu le jugement ;
Comme ce coquin fait le grave !

LUBIN.

Tasse Rouzi Friou Titave (il frappe).

LUBINE.

J'y vais; ne me frappe donc pas.

LUBIN.

La révérence... bas... plus bas ;
Ma foy, cette racine est drôle !
Allons, qu'on joue un autre rôle.

LUBINE.

D'où peut venir cet enragé ?
Dis donc, que diable as-tu mangé ?

LUBIN.

Ah ! coquine, tu m'injuries *(il la frappe).*

LUBINE.

Mon mignon, quitte ces furies.

LUBIN.

Mon mignon ! Ité ! mon chien de cœur,
D'où diable me vient cet honneur ?

Crois-tu parler à ton compère
Tasse Rouzi Friou... J'espère
Te reconnaître quelque jour (*il la frappe*).

LUBINE.

Hélas ! pardon, mon cher amour,
Que veux-tu ? d'où vient ta colère ?

LUBIN.

Va mettre dehors le compère,
Et ne le regarde jamais.
Va vite et reviens : désormais
Je suis le mary de ma femme,
Tasse Rouzi Friou... mon âme. (1)

III.

Les femmes battues ainsi par leurs maris, crient, appellent au secours ; là-dessus, les voisins accourent,
interviennent et le remède, par suite d'insuffisance de
la dose, n'a pas toute son efficacité. Voici un moyen
ingénieux imaginé par un mari du bon vieux temps pour
obvier à ces inconvénients. J'ai trouvé cette recette dans
l'Histoire des livres populaires, de Charles Nisard, qui
lui-même la cite d'après Guillaume Bouchet (XXVIIe
sérée, T. 11, p. 473).

Voici, dit ce dernier, une tragédie qui se joue tous les ans,
la vigile des Roys, qu'on fait le Roy-boit, entre un mari et une
femme. Les joueurs, va il dire, sont un homme et une femme
mariez ensemble il y a longtemps. La femme est une diablesse,
le mary est un bon homme qui ne luy fait rien, ne demandant
que patience. De la battre, il n'ose, tant elle crie : Au meurtre, à
l'ayde ! le bourreau me tue !... Tellement qu'en la voulant battre,
il a esté lui-même en grand danger de l'estre par les femmes qui
venoyent au secours, l'oyant despiteusement crier.
Parquoy il s'advisa que, sans danger, il la pourrait battre le

(1) *Les Œuvres de M. Poisson.* — 3ᵉ *édition, Lyon,* 1685. — *Le
Sot vangé,* comédie.

jour qu'on crie : le Roy-boit. Premièrement, les voisins ne viendront point au secours, crie tant qu'elle voudra, car ils penseront qu'on crie : le Roy-boit ; et tant plus elle criera, tant plus on estimera qu'on célèbre la feste des Roys. Secondement, les voisins n'en entendront rien, à cause du bruit que chacun fait en sa maison, en criant : le Roy-boit. En l'assurance de tout cela, ce mary ne faut point tous les ans, à ce jour-là, de payer à sa femme, les arrérages de toute l'année.

Guillaume Bouchet ajoute que c'est là ce qui a donné lieu à l'annotation : *Bon battre sa femme* qu'il a vue sur un almanach de son temps, inscrite à la veille de la fête des Rois, avec un bâton pour signe ; comme à d'autres jours, celles-ci : *Bon couper du bois, Bon se purger*, ayant pour signe, la première, une hache, et la seconde une pilule (1).

Voici maintenant, de date récente, et imaginée par un mari non moins ingénieux que celui dont il vient d'être parlé. — Voici, dis-je, une autre correction conjugale, administrée annuellement aussi, non pas à jour fixe, mais à époque fixe, à l'époque des fêtes de Pâques.

Un homme étant à confesse, dit, entre autres péchés dont il s'accusa, qu'il venait d'accabler sa femme de coups de bâton. — « Pour quel motif ? » demanda le confesseur. — « Je ne vais jamais à confesse. répondit « le pénitent, que je ne fasse de même. — Mais pour« quoi donc ? -- Voici : Je ne vais à confesse qu'une « fois l'an, comme l'ordonne notre sainte mère l'Eglise. « J'ai une très-mauvaise mémoire et je ne me souvien« drais d'aucun de mes péchés, si je ne battais ma « femme, car à mesure qu'elle se sent frappée, elle me « reproche tout ce que j'ai fait de mal en ma vie,

(1) *Histoire des livres populaires ou de la littérature du colportage*, par Charles Nisard. Paris 1864. Tome 1. p. 72.

— 84 —

« et parce moyen, je me ressouviens de tous mes
péchés (1).

Un autre mari ne choisissait pas, de préférence, tel
ou tel jour, telle ou telle époque de l'année, comme *bon
pour battre sa femme*. Il la battait tous les jours, et ne
renonça qu'à grand peine à cette habitude :

> Jean s'accusait un jour d'avoir battu sa femme.
> — Combien de fois, mon fils ? lui dit son confesseur.
> — Tous les matins.— Comment, tous les matins ? Infâme !
> D'un semblable péché sentez-vous la noirceur !
> Sachez qu'il peut sur vous faire tomber la foudre !
> Battre sa femme ainsi ! — Mon père, je vous crois,
> Et je vous fais serment, si vous voulez m'absoudre,
> De la battre demain pour la dernière fois.

Revenons, pour quelques instants, à la comédie du
Sot Vangé. Je ne veux pas omettre une double remarque
qui se rapporte à cette pièce et rentre dans mon sujet.

On a vu que Ragot, le voisin de Lubin, indique à ce
dernier que le bâton avec lequel il rendra sa femme souple et obéissante, provient d'un arbre planté par
Lustrucu. Ce personnage auquel l'imagerie populaire a
fait autrefois une grande célébrité, personnifiait une
satire contre le beau sexe. C'était un forgeron magique
apparaissant vers la fin du règne de Louis XIII, à l'époque de la domination des Précieuses, et qui avait pour
spécialité de redresser, à coup de marteaux, comme
s'exprime un auteur du temps, « les testes des femmes
« acariastres, criardes, diablesses, enragées, fantasques,
« glorieuses, hargneuses, insupportables, sottes, tes-
« tues, volontares,... le tout à prix raisonnable et sans
« mal ni douleur. »

(1) *Dictionnaire encyclopédique d'anecdotes*, par E. Guérard. Paris, 1872.

Maître Lustrucu traçait, à sa façon, la route à Molière par cette protestation narquoise du bon sens gaulois, contre les raffinements de la galanterie à la mode. Mais Lustrucu trouva à qui parler. Les champions du beau sexe se levèrent en masse contre le brutal forgeron. On se servit pour le perdre de ce qui l'avait rendu célèbre, de l'imagerie populaire. Des séries d'estampes vengeresses le représentèrent massacré par les femmes, comme Orphée par les Ménades furieuses de ses mépris.

Mais Raymond Poisson écrivant sa comédie du *Sot Vangé* en 1661, c'est-à-dire à une époque où le prestige de Lustrucu était encore entier, devait nécessairement faire intervenir ce personnage là où il s'agissait de corriger une femme dont le caractère laissait autant à désirer que celui de Lubine.

On a remarqué sans doute que Raymond Poisson désignant l'individu qui a planté l'arbre d'où provient la précieuse racine l'appelle *L'eusses-tu-cru.* Cette circonstance confirme l'opinion émise par M. Littré, à savoir que le nom de Lustrucu provient de la phrase *L'eusses-tu-cru,* traditionnelle dans la bouche des niais de notre ancien théâtre.

Les élucubrations les plus étranges donnent quelquefois naissance à des idées fort sages et fort judicieuses. La comédie du *Sot Vangé* en offre un exemple. On se rappelle qu'à la scène X, Ragot prévient Lubin que les coups de bâton qu'il doit administrer à sa femme n'auront d'efficacité qu'autant qu'il prononcera, tout premièrement, les quatre mots : *Tasse, Rouzi, Friou, Tilave.* La chose se passe ainsi. Je n'ai pas besoin de dire que ces mots n'ont aucune espèce de signification. C'est la fantaisie de l'auteur qui les a choisis. Or, en 1713, parut à Paris un livre ayant pour titre *le Supplément de Tasse,*

Rouzi, Friou, Titave. C'était là un titre singulier, pour ne rien dire de plus. Comment peut-il y avoir un supplément, là où il n'y a rien ? Et quel pouvait être, dans tous les cas, ce supplément ?

L'auteur, qui ne s'est pas fait connaître, du reste, s'est empressé de répondre, dans la préface de son livre, à ces questions que le public devait nécessairement se poser. Il analyse la comédie du *Sot Vangé*, en cite les scènes X et XI, et ajoute :

Pour rendre une femme douce, sage, fidèle à ses obligations, ne pourrait-on pas trouver un expédient moins violent et plus digne de la société conjugale que des coups de bâton ? J'ai cherché des voyes plus douces, plus judicieuses pour réduire les femmes à la raison, si elles s'en sont écartées, ou pour les y maintenir , si jusqu'à présent elles ont suivi exactement ses règles. Ce sont ces voyes plus judicieuses et plus douces que j'appelle le supplément de *Tasse, Rouzi, Friou, Titave.* A ces quatre mots qui ne signifient rien, j'en substitue quatre autres qui signifient beaucoup, ce sont ceux-ci : *Am. Com. Pa. Rel.* Le premier signifie *amour*, le second *complaisance*, le troisième *patience* et le quatrième *religion.*

Chacun de ces mots fournit à l'auteur le texte d'un chapitre, et il arrive à cette conclusion que la pratique des qualités qu'ils désignent est le moyen le plus sûr d'assurer aux époux une félicité parfaite.

A la suite des scènes que nous avons empruntées à la farce du *Pont aux Asnes,* — XVIme siècle, — et à la comédie du *Sot vangé* — XVIIme siècle, — plaçons une autre citation tirée d'une comédie représentée au commencement du XVIIIme siècle, et qui a pour titre *le Jaloux désabusé.* Elle est de Campistron à qui elle valut un triomphe dans le genre comique, à la suite de ceux qu'il avait obtenus déjà dans la tragédie. Cette pièce est cependant un peu froide, mais elle est conduite avec art, et les caractères, de même que le style, ne sont pas sans mérite.

Dans le *Jaloux désabusé*, qui est en cinq actes et en vers, on voit encore un mari qui a motif de se plaindre de sa femme ; mais le temps a marché, les mœurs ne sont plus les mêmes, et d'ailleurs ici les époux appartiennent à une autre classe que ceux du *Pont aux Asnes* et du *Sot vangé*. Aussi nous ne verrons plus le bâton paraître en scène et y remplir hardiment son rôle. Ce n'est plus à cet égard qu'un souvenir rappelé, qu'un regret exprimé douloureusement.

Dorante — *le Jaloux désabusé* — raconte, acte III, scène IV, à Dubois, son secrétaire, la souffrance qu'il a éprouvée en voyant à table, la persistance qu'a mise sa femme à faire l'aimable avec l'un des convives.

DORANTE.

Je n'en puis plus ; je souffre une peine effroyable,
Dubois.

DUBOIS.

D'où venez-vous, Monsieur ?

DORANTE.

Je sors de table,
Je viens de la quitter, sans avoir rien mangé.

DUBOIS.

Vous trouveriez-vous mal?

DORANTE.

Je suis plus qu'enragé ;
Ma femme m'assassine et met tout en usage
Pour me faire crever de dépit et de rage.
. . . .

DUBOIS.

Cela n'est pas plaisant.

DORANTE.

J'en suis inconsolable.
J'ai manqué trente fois à renverser la table.
Pour punir l'infidèle et pour me contenter,
S'il m'eût été permis de la bien souffleter,
Quelle eût été ma joie !

DUBOIS.

Ah ! c'en est trop.

DORANTE.

Ma bile
M'inspirait cet éclat flatteur autant qu'utile,
Les mains me démangeaient... Mais j'ai craint les brocards
Qu'on m'aurait aussitôt jetés de toutes parts !...

(A part).

Que vous êtes heureux, vous en qui la nature
Agit sans aucun art et règne toute pure ;
Qui, bravant le public et le qu'en-dira-t-on,
Expliquez vos chagrins à bons coups de bâton.
Et que l'usage, enfin, sans crainte d'aucun blâme,
Autorisa toujours à battre votre femme ;
Gens du peuple, artisans, porte-faix et vilains,
Vous de qui la vengeance est toujours dans vos mains !

Encore deux citations poétiques sur le bâton dans le ménage, mais celles-ci plus courtes que les précédentes : un couplet et une strophe. Voici celle que l'on trouve dans le *Grand Testament de Taste vin roy des pions*, pièce du XVme siècle.

Taste vin s'est décidé à faire son testament dans lequel on lit cette clause :

Ung bon gros baston de pommier,
Lequel en mon poing je pourtoye,
Rude, fort noilleux et entier,
Où tout yvre me foustenoye,

> Je le donne et si l'ottroye
> A ceulx qui ont femmes noyseuses,
> Et veulx que si bien on l'employe
> Qu'on les face de corps boiteuses (1).

La plus célèbre des chansons faites sur le fameux refrain *don daine don don*, daterait de 1687, suivant La Monnoye dans son *Glossaire Bourguignon*, où il en cite ce couplet :

> Si ta femme est méchante,
> Apprends-lui la chanson.
> Voici comme on la chante
> Avec un bon baston :
> Flon flon, larira don daine,
> Flon flon, larira don don.

IV.

Jusqu'ici nous avons traité notre sujet en fait ; maintenant, un mot en droit.

Une loi du moyen-âge, rapportée par Beaumanoir, disait : Un mari a le droit de battre sa femme, pourvu que ce soit modérément.

De là ce proverbe : *Il faut battre sa femme, mais il ne faut pas l'assommer*, proverbe mis en vers par le chevalier de Cailly et adressé à un mari dont la violence dépassait les bornes :

> Battre ta femme de la sorte,
> Sous les pieds, la laisser pour morte,
> Et d'un bruit scandaleux tes voisins alarmer !
> Tu vas passer pour un infâme,
> Compère, l'on sait bien qu'il faut battre sa femme,
> Mais il ne faut pas l'assommer.

(1) *Recueil de poésies françaises des XV* et *XVI* siècles, morales, facétieuses, historiques*, réunies et annotées par Anatole de Montaiglon. Paris, Jannet, 1855, t. 3. p. 79.

Citons aussi cette ancienne coutume de Normandie qui portait : « Aucun n'est tenu à peine pour *simple bateure* qu'il a faite à son servant, ne à son filz, ne à sa fille, ne à sa femme ; car l'on doit entendre qu'il le fait pour les chastier (1). »

D'un autre côté, si la Sagesse des Nations n'autorise pas les maris à assommer leurs femmes, elle leur conseille, — comme très-avantageuse et produisant tout l'effet qu'on peut en désirer, — la correction géminée.

> Qui bat sa femme, il la fait braire ;
> Qui la rebat, il la fait taire.

Tel est le proverbe que Guillaume Bouchet, déjà cité par nous, rappelle dans ses *Sérées* (2).

Mais voici qui a un tout autre caractère, et qu'on se refuserait à croire, si un document authentique ne l'établissait pas.

Un seigneur de Beaujeu, du nom d'Humbert, désirait voir se former une agglomération d'habitants, une commune, dans un vaste domaine dont il était propriétaire. A quel moyen, pense-t-on, qu'il eut recours pour attirer des immigrants ? Il promit aux maris toute licence de battre leurs femmes jusqu'à *effusion de sang*. Le fait se trouve relaté dans l'un des mémoires dressés en 1697, par les intendants sur les coutumes de leurs provinces, le mémoire de M. d'Herbigny (3).

Dans un autre ordre d'idées, on est allé plus loin. D'aucuns ont prétendu que les coups portés au sexe faible par le sexe fort, n'étaient pas pour celui-ci l'exercice d'un droit plus ou moins étendu, suivant le temps et les

(1) Dans Lacurne.
(2) *Sérées de Guillaume Bouchet.* Rouen, 1635, p. 131.
(3) Voir *l'Annuaire bulletin de la Société de l'Histoire de France.* 1878. p. 168.

lieux, mais, d'une manière générale, la manifestation la plus certaine d'une vive tendresse et d'une profonde affection.

Ce qui a été dit de plus complet, je me garderai bien d'ajouter : de plus concluant à cet égard, se trouve dans le volume de ses Mémoires que l'Académie des Sciences, inscriptions, belles-lettres et beaux-arts de Troyes, publia en 1744.

L'une des dissertations contenues dans ce volume porte cette épigraphe tirée d'Ovide :

..... *Ira mistus abundat amor.*

Elle commence ainsi :

Battre ce qu'on aime est l'effet le plus naturel de tout sentiment d'affection ; aimer et battre ne sont qu'une même chose.

Développant son assertion, l'auteur ajoute :

Depuis qu'on a réfléchi sur l'amour, on est universellement convenu que les querelles des amans sont une des armes les plus puissantes de ce dieu. Mais si de simples querelles produisent de si bons effets, combien doivent-elles en produire de meilleurs quand elles sont portées jusqu'aux coups ! .

Plus une femme est d'abord révoltée dans l'instant qu'on la bat, plus elle est agréablement surprise quand elle reconnaît autant de preuves d'amour dans les mauvais traitements qu'elle a reçus. Plus elle regardait avec horreur le furieux qui la frappait, plus elle est profondément attendrie quand elle ne voit plus en lui qu'un adorateur jaloux.

A l'appui de sa thèse, l'académicien de Troyes cite un passage des dialogues de Lucien :

Gorgias, amoureux de Chrysis, était dans l'habitude de la battre. Celle-ci, ignorant ce qui lui était avantageux, se plaignit de ce traitement à son amie Ampelis. Voici ce que lui répondit cette dernière : « O ma chère Chrysis, les assiduités, les serments, les larmes ne sont que les symptômes d'un amour naissant ;

mais battre ce qu'on aime, lui donner des soufflets, lui arracher les cheveux, ou déchirer sa robe, voilà les preuves d'un grand amour. Quiconque n'est ni jaloux ni colère ne mérite pas le titre d'amant. Puisque le tien t'a donné des soufflets, il est jaloux, il t'aime. Tu n'as donc rien à désirer, sinon qu'il te continue le même traitement. »

L'auteur ajoute une autre considération.

Autant, dit-il, il sied à un homme sans amour de conserver une âme égale, autant cette égalité serait-elle déplacée de la part d'un homme violemment épris.

Le trouble, l'inquiétude, l'emportement, la fureur, voilà les qualités qui conviennent à son âme. Plus il extravague, plus il a l'esprit de son état, plus il a de titres pour plaire. Quelle femme un peu délicate serait flattée d'un hommage où la raison dominerait ? C'est pour cela qu'on a dit anciennement qu'il n'était pas permis, même aux dieux, d'être amoureux et sages. C'est aussi ce qui a fait dire à l'auteur des *Réflexions morales*, qui connaissait bien le cœur et le monde, qu'un honnête homme ne peut être amoureux comme un sot, mais qu'il peut l'être comme un fou.

Cette dissertation, qui ne contient pas moins de cent pages d'impression, dénote chez celui qui l'a écrite beaucoup de ressources dans l'esprit et une connaissance peu ordinaire des auteurs grecs et latins, surtout de ceux, parmi ces derniers, que l'auteur appelle : « les poètes galants. » Horace, Ovide, Catulle, Tibulle, Properce.

Ce n'est certes pas dans cette catégorie qu'il faut ranger Juvénal qui, s'adressant à un ami marié depuis peu, lui dit :

> Ferre potes dominam, salvis tot retibus ullam,
> Cum pateant altæ caligantes que fenestræ,
> Cum tibi vicinum se præbeat Emilius pons ? (1)

Quoi ! tu supporteras un maître, lorsque tu as à ta disposition tant de cordes neuves, lorsque ta maison est percée de croisées si hautes et que le pont Emilien est dans ton voisinage ?

(1) Satire VI. *Les Femmes*. Vers 31, 32, 33.

Pour que le factum que nous venons de citer et le livre dont il fait partie soient appréciés à leur juste valeur, pour que le lecteur ne tombe pas à cet égard dans la même méprise que plusieurs personnes ont commise, je dois expliquer ce qu'était en réalité l'Académie des sciences, inscriptions, belles-lettres et beaux-arts de Troyes. — Voici ce qu'en dit M. Charles Nisard dans son *Histoire des Livres Populaires :*

En 1742, quelques jeunes gens de Troyes ayant de l'esprit, de la gaieté et un certain goût pour les lettres, formèrent le projet de se réunir, chaque semaine, chez l'un d'eux et de se constituer en société. Ils se prirent d'abord au sérieux, considérant plutôt l'utilité de la littérature que leur propre amusement. Mais ils se ravisèrent bientôt, et résolurent de ne traiter que des sujets légers, facétieux, pour ne pas dire davantage. Le plus illustre des membres de cette Académie, qui n'en comptait que sept, fut l'avocat Grosley, né à Troyes. Elle n'eut pas du reste une longue durée ; elle tint sa séance d'ouverture le 13 juillet 1742, et fut dissoute en janvier 1745. Une année auparavant, elle avait publié un volume de ses Mémoires (1).

La dissertation dont nous venons de parler est attribuée à Grosley, que Sainte-Beuve appelle le *dernier des malins d'autrefois*, dans son *Tableau de la poésie française au XVIme siècle* (2).

Une circonstance curieuse est celle-ci : Longtemps encore après que les membres de l'Académie de Troyes eurent changé d'avis et abandonné le *sévère pour le plaisant*, ils continuèrent à passer pour ce qu'ils avaient résolu d'être en premier lieu. Aux détails que nous venons de lui emprunter, M. Charles Nisard ajoute celui-ci : Peu de temps avant la publication de son *Histoire des Livres Populaires*, parue en 1864, il a vu portés

(1) Loc. cit. Tome Ier, p. 358.
(2) Page 482.

dans un catalogue *les Mémoires de l'Académie de Troyes*, au titre des Sociétés savantes, entre l'*Histoire Littéraire de la France* et les *Mémoires de l'Académie Celtique* (1).

La pensée qu'au XVIIIme siècle l'académicien de Troyes a développée en une prose assez prolixe, le poète Béranger l'a condensée, de nos jours, dans le refrain d'une de ses chansons intitulée : *le Bon Ménage* :

> Commissaire !
> Commissaire !
> Colin bat sa ménagère ;
> Commissaire !
> Laissez faire :
> Pour l'amour
> C'est un beau jour.

Et plus brièvement encore, le Grand Frédéric, dans cet aphorisme trivial mais imagé : « Les femmes sont comme les côtelettes : plus on les bat et plus elles sont tendres. »

A la suite des citations qui précèdent, on peut en placer d'autres pour établir que les femmes acceptent la correction maritale dans certains cas, et comprennent même qu'elle n'est pas incompatible avec l'affection.

La soubrette d'une des comédies de Voltaire, intitulée : l'*Enfant Prodigue*. dit en exprimant son opinion sur le mariage :

> J'épouserais plutôt un vieux soldat
> Qui jure, boit, bat sa femme et qui l'aime,
> Qu'un jeune fat enivré de lui-même (2).

Dans son livre sur *l'Amour*, M. Michelet suppose qu'une épouse coupable demande en grâce à être battue. « Dans le cas, dit-il, d'un grand désespoir qui mettrait en

(1) Loc. cit. Tome I, p. 359.
(2) Acte I. Scène 3.

« péril sa vie, si elle prie, supplie, on peut lui accorder
« une légère souffrance du corps qui diminuera celle
« de l'âme. »

On sait le rôle que le bâton joue en Russie. Tout pouvoir social ou domestique s'y fait respecter par des coups. « Tout le monde en donne, dit M. Léouzon-Le-« Duc, le père bat son fils, le mari sa femme, le sei-« gneur territorial ses paysans, sans qu'il en résulte de « l'aigreur ou de la rancune (1). »

Cela s'explique aisément, du reste, par ce qu'Oléarius dit des Moscovites dans ses voyages : « Ils sont « endurcis aux coups par suite de la coutume qu'ont les « jeunes gens de se divertir, les jours de fête, à grands « coups de poing et de bâton, sans qu'ils s'en fâ-« chent (2). »

C'est bien le cas d'appliquer le proverbe : « Chacun prend son plaisir où il le trouve. »

Ajoutons que l'habitude, parmi les gens du peuple, est de pendre un fouet au lit conjugal.

Voici, à ce propos, une anecdote russe tout à fait caractéristique :

Une femme s'était persuadée que son mari ne l'aimait pas, bien qu'elle ne reçût de lui que de bons traitements. Celui-ci lui demanda un jour ce qui pouvait donner lieu chez elle à une pareille idée : « Comment ! dit-elle, puis-je croire que vous m'aimez; depuis que nous sommes mariés, vous ne m'avez jamais battue. » Le mari, fort surpris de cette déclaration, lui promit d'accéder à ce qu'elle désirait. Il le fit ; et les deux époux commencèrent une vie plus douce qu'auparavant (3).

(1) *La Russie Contemporaine.* P. 301.
(2) Tome I, p. 218.
(3) *Dictionnaire Encyclopédique d'anecdotes*, par Guérard. Tome I, page 40.

En Australie, ce serait mieux encore. D'après un colon de ce pays dont les notes m'ont été communiquées, une volée de coups de bâton équivaudrait à ce qu'est une déclaration chez les nations civilisées. Un insulaire a-t-il fait choix d'une jeune fille de sa tribu pour en faire sa femme, il l'aborde, un bâton à la main, et la frappe à coups redoublés jusqu'à ce qu'elle se décide à entrer dans sa hutte ; puis le mariage a lieu suivant l'usage du pays.

Dans l'ordre d'idées dont nous nous occupons, Martine, du *Médecin malgré lui*, ne peut pas nous fournir un argument. Elle veut bien que son mari la batte, et affirme qu'il lui plaît d'être battue ; mais ce n'est qu'à M. Robert qu'elle dit cela et d'ailleurs, n'en pense pas un mot. Dès que Sganarelle à qui elle a feint de pardonner s'est éloigné, « ces coups de bâton lui reviennent « au cœur. » et elle imagine le tour que l'on sait, pour se venger de son mari :

Que la vengeance est douce à l'esprit d'une femme (1) !

Puisque nous sommes revenu sur *le Médecin malgre lui*, sur Sganarelle, Martine et M. Robert, plaçons ici un curieux rapprochement.

L'opposition de Martine à ce qu'on empêche son mari de la battre, et la leçon que reçoit ce voisin venant « se fourrer où il n'a que faire, » tout cela existerait, point par point, paraît-il, dans le ménage des moineaux francs, au dire de Toussenel, l'ingénieux auteur du *Monde des Oiseaux*.

Voici ce qu'il raconte d'une manière charmante : « Madame est d'humeur exigeante, dit-il, et houspille

(1) Corneille. *Cinna.*

« souvent Monsieur. Mais ces querelles durent peu, et
« malheur, en tout cas, à l'officieux voisin qui s'avise
« de s'interposer entre les parties belligérantes pour
« mettre le holà ! Car, nos deux époux se raccommodent
« aussitôt, et profitent de la circonstance pour tomber
« à grands coups de bec sur l'intrus et pour lui appren-
« dre à se mêler de ce qui le regarde. »

Une anecdote pour en finir sur ce point :

Bautru, contemporain de Molière et l'un des premiers
membres de l'Académie française, fut plus avisé que
M. Robert. On vint l'avertir qu'un de ses voisins se
battait avec sa femme et le prier d'aller mettre le holà :
il accourut, les regarda faire un moment, puis se retira
en disant : « *Quod Deus junxit, homo non separet. —
L'homme ne doit pas séparer ce que Dieu a uni.*

V.

Il y avait cependant jadis dans divers pays, et en outre de l'action de l'autorité, il y avait, disons-nous, pour
les querelles dans les ménages et pour les mauvais traitements d'époux à époux, une intervention qui, si elle
n'était pas sanctionnée par la loi, était du moins recon-
nue et admise par l'usage.

Ainsi, dans le Wurtemberg, les paysans choisissaient
parmi eux un homme respectable, auquel on décernait
la fonction de *datte*, mot qui signifie *père*. Celui-ci
choisissait, à son tour, deux individus qui lui parais-
saient propres à l'aider dans ses fonctions ; il les chargeait de se mettre au courant de ce qui se passait dans
l'intérieur des ménages. Après s'être bien assuré qu'il
régnait de la mésintelligence entre tel époux et telle
épouse, le *datte*, accompagné de ses deux acolytes, se
rendait, pendant la nuit, devant la demeure du couple

désuni ; il frappait à la porte ; on demandait : Qui est là ? il répondait d'une voix sombre : C'est le *datte*. Après quoi, il se retirait. S il apprenait que les époux continuaient à faire mauvais ménage malgré son premier avertissement, il retournait frapper de nouveau comme la première fois. Mais à la troisième, il entrait inopinément dans la maison et châtiait les coupables à coups de bâton.

Les *dattes* ayant abusé de leur pouvoir, le gouvernement fut obligé d'abolir cet usage (1).

Dans le Midi de la France, à la même époque, au moyen-âge, l'intervention dont nous parlons, appartenait à une abbaye appelée *Maugouvert* en Provence et en Vivarais, et *Bongouvert* en Dauphiné. Sous un nom diamétralement opposé, ces deux abbayes avaient été fondées dans le même esprit et poursuivaient le même but. Elles s'étaient donné pour mission d'exercer la police des ménages, de veiller au bon gouvernement et à la paix du foyer, de réprimer publiquement, mais *en toute modestie et joyeuseté*, les atteintes portées à l'autorité maritale. Le règlement du *charivari* et des *paillades* rentrait dans leurs attributions.

On trouve dans *la Bourgeoisie de Grenoble*, comédie de Jean Millet, poète grenoblois du XVIme siècle, quelques vers indiquant que l'abbaye de *Bongouvert* et celle de *Maugouvert* remplissaient les mêmes fonctions.

> No maria nou dou contre louz ordinayro,
> Chacun s'en mocquariet, et lou taborineyro
> De la grande abbai de Bon et Maugouuert,
> Fariet chey le mayson de dret ou de travers....

Nous marier nous deux, contre les (usages) ordinaires, chacun s'en moquerait, et les tambourineurs (les joueurs de son-

(1) *Magasin pittoresque*. Année 1835, p. 219.

nettes, poêles à frire, chaudrons, etc.) de la grande abbaye de *Bon* et *Malgouvert*, feraient cheoir les maisons à droite ou à gauche, etc.

Les sociétés dont nous parlons étaient placées sous le patronage de saint Pichon « un saint, dit M. Vaschalde, « que l'on chercherait en vain dans le martyrologe, « mais dont le nom seul, si on en consulte l'étymologie, « indique l'origine, saint Pichon ainsi appelé du mot « roman *pica*, qui signifie : battre frapper ». Quant à l'effigie qui ornait la bannière abbatiale, en voici la description que M. Vaschalde emprunte à un mémoire sur la ville de Romans : « Une troupe joyeuse établie vers « le milieu du XVe siècle, et soumise à un règlement « déposé aux archives de la commune, traça au carre- « four Tortorel, sur une muraille et dans l'angle que « forment deux maisons voisines, une figure colossale, « portant une mitre sur la tête, un bâton recourbé d'une « main, une quenouille de l'autre. C'était là le grand « saint Pichon, inquisiteur des mariages mal assortis, « vengeur de l'autorité maritale outragée (1).

Le plus grand outrage qui pût être porté à cette autorité, c'est que la femme eût battu son mari. Voici le châtiment qu'on infligeait à celui qui avait subi un pareil traitement. On le faisait monter sur un âne, tenant une quenouille d'une main et de l'autre la queue de l'animal pour bride. Puis on le faisait promener dans toute la commune. Si le mari s'était caché, on prenait le plus proche voisin, et on le plaçait sur l'âne de la manière qu'on vient de dire, comme pour le punir d'avoir permis autour de son habitation, qu'une femme s'écartât du respect dû à son époux. Si enfin, on ne trouvait ni le mari ni le voisin, on mettait sur l'âne un mannequin de paille ; de

(1) Henri Vaschalde. *Notice sur les sociétés, corporations et ordres du Vivarais.*

là le nom de *paillade* donné à cette burlesque promenade.

Cet usage est attesté, pour Lyon, par deux récits de ces chevauchées, l'un de 1566, l'autre de 1578. La dernière édition qui en ait été donnée porte ce titre : *Recueil des chevauchées de l'asne faites en 1566 et 1578, augmenté d'une complainte du temps, par les maris battus par leurs femmes* (1).

On lit dans la *Statistique du département du Lot* que ce même usage existe encore de nos jours (2).

Dans l'ancienne province de Bourgogne, la promenade sur l'âne avec les accessoires sus-indiqués, était aussi la punition infligée aux maris qui avaient battu leurs femmes avec excès. C'est au mois de mai qu'elle avait lieu. On en trouve la preuve dans un poème latin qu'un conseiller au Parlement de Dijon publia en 1571, sous ce titre : *De festivitate quœ fit maio mense in duros maritos qui truci animo uxoribus plagas infligunt.*

Quant à la punition légale, lorsque le mari ne s'était pas borné à une *simple bateure*, mais s'était livré à des violences graves, en voici deux exemples que j'emprunte aux archives de la Cour des Comptes de Provence.

Le registre du clavaire d'Apt de l'année 1376 porte :

Mathieu Pel pour avoir soufflelé sa femme de manière qu'il la fit sauter de l'escalier : dix sols d'amende.

Et celui de l'année 1418.

Antoine Gaufridi pour avoir battu cruellement sa femme et l'avoir traînée par les bras et la tête jusqu'à la fontaine de Saignon : seize sols huit deniers d'amende (3).

Valeur relative de cette époque à la nôtre : dans le

(1) Voir le *théâtre de Guignol* Tome 2, p. 180.
(2) Tome premier, page 901-183.
(3) Aux archives départementales des Bouches-du-Rhône. B. 1691.

premier cas, vingt francs, et dans le second, trente-deux francs.

Comme dernier détail sur ce point, ajoutons qu'au temps passé, certaines femmes avaient *le droit* de battre leurs maris. C'était toute femme noble ayant épousé un roturier. Il lui était permis de battre son mari à coups de verge, s'il n'était pas soumis. Le fait est attesté par de véridiques historiens, notamment Monteil, qui a si bien connu les usages de notre nation.

VI.

On le sait, la ressource à laquelle le sexe faible a le plus volontiers et le plus heureusement recours, c'est la force d'inertie. On le sait également, ce qui est chez lui une grande qualité : la persévérance, dégénère souvent en un grand défaut : l'obstination. C'est là ce qui excite le plus vivement l'irritation des maris et les pousse, dans certaines classes, à maltraiter leurs femmes. Ce défaut devait être un des premiers mis en scène ; et, en effet, le recueil des *farces* de l'ancien théâtre français en contient une sous ce titre : *L'obstination des femmes*. Il s'agit, dans cette pièce, d'une querelle entre époux, pour savoir quel est l'oiseau qu'ils mettront dans une cage qu'ils viennent d'acheter. L'un veut que ce soit une pie, l'autre un coucou. Cette querelle tient plus de deux cents vers ; et c'est la femme qui a le dernier mot ; car, comme le dit l'auteur :

Femmes n'ont jamais le bec clos.

Et même, quand il y a pour elles impossibilité de l'ouvrir, elles trouvent encore moyen de soutenir leur dire. De là vient un conte populaire que Montaigne rapporte dans ses *Essais*. Mais avant de le lui emprunter, citons ce proverbe :

La langue des femmes ne se tait pas, même lorsqu'elle est coupée, exacte traduction de ce texte latin : *Lingua mulierum nequidem excisa silet*, qu'ont employé quelques écrivains du moyen-âge. Dans ce même ordre d'idées, les Allemands disent d'une manière très originale : *A femme morte il faut tuer la langue en particulier (Einer todten frau der muss man die Zunge besonders todt schlagen).*

Voyons maintenant ce que dit Montaigne. D'après lui, l'opiniâtreté des femmes est surtout remarquable en Gascogne. « A ce point, qu'on les eust plustot fait mor- « dre dans le fer chauld, que desmordre une opinion « qu'elles eussent conceue en cholère ; elles s'exaspè- « rent à l'encontre des coups et de la contraincte. » A ce propos, Montaigne rapporte le conte d'une femme qui « pour auculne correction et bastonnade ne cessait d'ap- « peler son mary *pouilleux*, et qui, précipitée dans l'eau, « haulsoit encore, en s'estouffant, les mains, et faisait « au-dessus de sa teste signe de tuer des poux (1). »

Ce conte est du reste populaire dans tout le midi de la France. Le prince des félibres, Frédéric Mistral, l'a ri- mé en charmants vers provençaux, et lui a donné un dénouement heureux, tandis que le silence de Montaigne sur ce point peut faire supposer un dénouement contraire.

Dans la pièce de vers de Mistral, un berger se que- relle avec sa femme qui le traite de pouilleux et récidive malgré un soufflet qu'elle reçoit. Alors le mari :

> A la brasseto arrapado, au traïau
> L'estaco lèu en despiè dis arpiado
> Et dins lou pous la davalo, enrabiado.
> . . . .

(1) *Essais de Montaigne.* Livre II, chap. XXXII, page 27. Paris, édition Lefèvre. 1818.

Lou diras maï ? O! s'esgargamelavo.
Jusqu'i boutéu, jusqu'is anco pamens,
Jusqu'au mentoun l'aigo l'emmantelavo.
. . . .
Lou diras maï? — Pesouious! — Ben, tè! resto!
Et l'ome, autant coumo elo entestardi,
L'enfounso avau 'mé d'aigo sus la testo. . .
. . . .
. . . . . Qu'au tron vous a pas di
Qu'en barboutant la negadisso asounglo
Si man en l'èr e noun pouden bandi
Lou mot fatau, cachavo entre sis ounglo !
Per aquéu cop, lou pastre boun diablas,
De maï lucha, ma fisto, fugué las,
E digué sebo, e la tiré dou las (1).

« Alors le mari la saisit à bras le corps, l'attache à la corde, et
« en dépit des coups de griffes, descend l'enragée dans le puits.
« — Le répéteras-tu ? — Oui ! s'égosillait-elle. Cependant l'eau
« l'enveloppait jusqu'aux mollets, jusqu'aux hanches, jusqu'au
« menton. — Le répèteras-tu ? — Pouilleux ! — Eh bien !
« tiens; reste ! Et l'homme aussi obstiné qu'elle, la plongea au
« fond avec de l'eau par dessus la tête..... Le croira t-on, vrai
« Dieu ! En barbottant, la noyée réunit ses mains en l'air, et ne
« pouvant lancer le mot fatal, elle écrasait entre ses ongles.
« Pour le coup, le berger, bon diable au fond, se lassa de lutter
« davantage, il céda et la tira du puits. »

En terminant sa pièce, Mistral nous apprend qu'on
donne le sobriquet de *cacho-pesou*, *écrase-poux*, aux
femmes obstinées qui répliquent jusqu'au dernier mot :

Rebecallero enjusqu'à la darriero.

A cette image saisissante dont s'est servi le conte gascon et provençal pour mettre en relief un des défauts les
plus ordinaires chez la femme-épouse, opposons une

(1) *Lis Isclo d'or — Li conte*, p. 302.

autre image non moins saisissante ; celle-ci, fournie par l'histoire, et tout à l'honneur de la femme-mère.

Au passage de la Bérésina, on vit des femmes, au milieu des glaçons, avec leurs enfants dans les bras, les élevant à mesure qu'elles s'enfonçaient. Déjà submergées, leurs bras roidis les tenaient encore au-dessus d'elles, dans le suprême espoir qu'on pourrait peut-être les sauver (1).

Ce trait, emprunté à l'histoire contemporaine, me sert de transition pour arriver à la partie moderne de mon sujet, si je puis m'exprimer ainsi. On comprend qu'elle ne peut pas être longue.

Voici d'abord une anecdote qui date du règne de Louis-Philippe. Il s'agit d'une provocation publique adressée aux maris pour battre leurs femmes et du châtiment qu'elle attira à son auteur.

C'était un de ces industriels ambulants si nombreux dans les rues de la capitale, et qui par un cri particulier appellent l'attention du public sur leur marchandise. Celui-ci avait l'habitude de parcourir le quartier des Halles, portant sous le bras un énorme paquet de joncs longs et minces, et de crier : « Allons ! Mesdames, « battez vos meubles ! Allons, Messieurs, battez vos « habits ! battez vos femmes, pour un sou. » — Un jour les dames de la Halle, à bout de patience, se donnent le mot, et au moment où notre marchand s'approche, poussant, sans défiance, son cri provocateur, bon nombre d'entre elles se jettent sur lui, s'arment chacune d'un jonc et le fustigent, comme les dames de la Halle savent fustiger, quand elles s'en mêlent.

La leçon avait été rude ; le pauvre homme ne voulait pas en recevoir une seconde. Mais que faire, hélas !

(1) Ségur. *Histoire de Napoléon.*

— Renoncer à son cri-annonce ? Il l'avait noté, étudié, appris avec tant de soins ! Depuis bien des années, il le poussait, ou pour mieux dire, son gosier le poussait machinalement, mille et mille fois, chaque jour ! Changer de quartier, s'expatrier !... On tient à ses habitudes, à ses clients. Notre marchand de joncs fit ce qu'on fait souvent en pareil cas : la part du feu.

Il ne changea pas de quartier, mais il changea son annonce, en procédant par suppression. Il continua à crier : « Allons, Mesdames, battez vos meubles ! Allons, « Messieurs, battez vos habits, battez vos ! ! ! ! ! » Mais là, il s'arrêtait ; le mot malencontreux était remplacé par ce que l'on appelle en musique un silence, une pause ; puis il reprenait son onomatopée.

Cette réticence fut remarquée, on en demanda la cause, on rit beaucoup quand on la connut, la popularité du marchand devint très-grande, la vente de ces joncs aussi. Le proverbe dit vrai : *A quelque chose malheur est bon.*

VII

Au commencement de ce chapitre, nous avons emprunté au répertoire de notre ancien théâtre quelques scènes écrites pour démontrer l'efficacité de l'emploi du bâton dans le ménage. Maintenant nous allons établir, à l'aide d'autres emprunts, que, de nos jours, la même démonstration a lieu encore au théâtre. Seulement ici, ce mot ne désigne pas ces vastes et magnifiques monuments consacrés, à grands frais, aux représentations dramatiques. Il s'agit de cette petite baraque construite avec quatre montants de bois blanc que recouvre une étoffe de couleur éclatante, — baraque mobile, s'établissant, de loin en loin, et pour quelques moments, sur la voie publique. — *Le Castelet*, en un mot, pour parler la langue du métier (1), où Polichinelle et Guignol bâtonnent si lestement leurs femmes, d'abord, Rosette et Madelon, et en font ensuite autant à tous ceux qui paraissent en scène.

Né, on le sait, sur les bords de la Saône, Guignol n'a pas la même gaieté, la même verve que Polichinelle auquel l'Italie, on le sait aussi, a donné le jour. Mais, au point de vue spécial où je me place, la correction que le canut lyonnais inflige à sa revêche moitié a quelque chose de plus vrai, de plus pratique. Dans ce cas, en effet, Guignol emploie ordinairement le manche à balai qui est bien plus *ménage*, si je puis m'exprimer ainsi, qu'un bâton de toute autre espèce.

Voici, du reste, en remontant bien haut, au XIIme siècle, une scène conjugale dans laquelle figure le manche à balai, scène digne de figurer dans le répertoire d'un théâtre de marionnettes ou d'ombres chinoises. Ce n'est rien moins cependant, qu'un des épisodes d'un poème en grec vulgaire contenant deux cent soixante-quinze vers et adressé à l'empereur Jean Commène. L'auteur, Théodore Prodrome, poète famélique et très-malheureux en ménage, raconte, pour exciter l'intérêt de l'empereur, les mauvais traitements que lui fait subir sa femme, et ceci entre autres :

Je prends précipitamment le manche à balai, priant et disant : Vierge immaculée, contenez ma femme, Christ, arrêtez-la, de peur qu'elle ne me joue un tour et ne m'arrache mon bâton, ne m'en frappe et ne m'éborgne, si le diable l'y pousse.

Mais, Empereur couronné par Dieu, cette femme n'eut rien de plus pressé que de rentrer, de fermer la porte, me laissant dehors.

Dans mon indignation, je saisis le manche à balai, et je me mis à frapper à la porte avec violence. Ayant trouvé un trou, j'y

(1) De l'italien : *Il Castello.*

introduisis le bout de mon manche à balai. Mais ma femme bondit, l'empoigne, le tire en dedans et moi en dehors. Me voyant le plus fort et s'apercevant que je l'amenais vers moi, elle lâche le manche à balai, entr'ouvre la porte, et, moi, je m'étale soudain de tout mon long par terre (1).

Mais revenons à Guignol et à son répertoire. Nous y trouvons matière à un curieux rapprochement et la justification de ce que nous avons avancé tout à l'heure, à savoir : qu'un théâtre populaire, s'il en est, nous donne aujourd'hui, sous une forme également vive, originale, saisissante, la même leçon de politique conjugale que donnait à nos pères le théâtre du moyen-âge.

La principale donnée de la farce du *Pont aux Asnes* et de la comédie du *Sot Vangé*, dont nous avons cité divers passages au commencement de ce chapitre, cette donnée de l'efficacité de la bastonnade dans le ménage se trouve exactement reproduite dans l'une des pièces du théâtre de Guignol intitulée : *la Racine Merveilleuse*.

Puisque nous parlons de reproduction, n'oublions pas de dire que l'auteur inconnu du *Pont aux Asnes* a pris l'idée de sa *farce* dans l'une des nouvelles du *Décameron* de Boccace. Là, c'est Salomon lui-même qui, consulté par un mari sur le moyen de faire obéir sa femme, l'envoie à un pont qu'il lui désigne. Le mari y trouve un muletier qui ne peut faire franchir ce pont à un de ses mulets récalcitrants qu'en l'accablant de coups de bâton. La leçon est comprise facilement, mise en pratique sous le toit conjugal et donne un excellent résultat.

De cette recette si simple, à la portée de tout le monde, est venu le proverbe : C'est le pont aux ânes, pour dire : rien de plus facile.

Voyons maintenant ce qu'il en est de *la Racine Merveilleuse*.

(1) *Revue Archéologique*. 16ᵐᵉ année. 29ᵐᵉ volume. pag. 255-257.

Comme Lubin du *Sot Vangé*, Guignol a une femme qui a interverti les rôles. C'est lui qui s'occupe du ménage, et défense lui est faite de sortir de la maison, même pour aller voir ses amis ; son ancien patron, instruit de ce qu'il en est, lui fait remettre une racine merveilleuse qu'il a apportée d'Amérique et qui rend « douces comme des agneaux les femmes les plus mé-« chantes. »

Gnafron, le camarade et le cousin de Guignol, en lui remettant cette racine qui n'est autre qu'un bâton, lui déclare qu'il ne faut s'en servir qu'en prononçant une formule appropriée à la circonstance. Ce n'est plus, comme dans le *Sot Vangé : Tasse, Rouzi, Friou, Titave*, ces quatre mots vides de sens ; ce sont trois phrases qui constituent chacune un avertissement progressif :

1° Femme, connais-tu la racine d'Amérique ?

2° Femme, voici la racine d'Amérique.

3° Femme, prends un peu de la racine d'Amérique.

Et après ce troisième avertissement, les coups de bâton.

De même que dans le *Sot Vangé*, il y a une répétition entre Ragot et Lubin, il y en a une aussi dans la *Racine Merveilleuse* entre Gnafron et Guignol, mais bien autrement comique que l'autre.

Dans la scène VI, vient la mise en pratique. Madelon, la femme de Guignol le trouve à la rue :

Est-ce que ta place est-ici ? Ton ouvrage n'est pas fait, bien sûr... A la maison ! vite !

GUIGNOL.

Je voulais aller me promener.

MADELON.

Te promener ! Sans moi ? Où as-tu pris la permission ?

GUIGNOL.

Femme, connais-tu la racine d'Amérique ?

MADELON.

Qué que c'est que cette mère Ique ? Dis-lui donc qu'elle vienne me parler ici.

GUIGNOL.

Femme, voilà la racine d'Amérique !

MADELON.

Ah ! scélérat ! Te me menaces *(elle lui donne un soufflet)*.

GUIGNOL.

Femme, prends un peu de racine d'Amérique ! *(Il lui donne des coups de bâton)*.

MADELON.

Aïe ! aie ! Je me trouve mal, mes nerfes, mes nerfes !. .

Guignol ne se laisse pas attendrir, il continue à frapper ; la racine d'Amérique produit son effet.

MADELON.

Assez! assez! mon chéri, mon Benjamin!... Je te laisserai sortir.. . . . .
Mon bijou... Je ferai le ménage.... Tu seras content. . . .
. . . .

En rapprochant cette scène de la scène VI du *Sot Vangé*, le lecteur se convaincra de la similitude des situations et du moyen mis en œuvre. Mais le dénoûment de la *Racine Merveilleuse* est bien supérieur à celui de la comédie de Poisson. Le trait final est heureux. Madelon reproche à M. Mouton, le patron de Guignol, de lui avoir changé son mari.

MOUTON.

Ne vous en plaignez pas, Madame Guignol ; rien ne va droit dans un ménage, quand ce n'est pas le maître qui commande... Et puis, croyez moi, votre mari ne fera jamais mieux vos volontés que lorsqu'il croira faire les siennes (1).

(1) Théâtre Lyonnais de Guignol. IIme série. Lyon. Scheuring, éditeur. 1870.

C'est fort bien parler, assurément ; mais c'eût été mieux encore, si M. Mouton avait rappelé à Madame Guignol ce que dit la Sagesse des nations : *La femme ne doit pas apporter de tête dans le ménage.* Vieux proverbe dans lequel le mot *tête* est pris pour entêtement et qui répond à cette maxime latine du moyen âge : *Mulier non debet esse proprii capitis*, la femme ne doit pas avoir une tête à elle, c'est-à-dire ne doit pas agir d'après sa propre tête.

CHAPITRE IV.

Le Bâton au Théâtre.

———

Déjà — au chapitre précédent — nous avons parlé du rôle que le bâton joue au Théâtre ; mais nous ne l'avons fait que d'une manière sommaire et toute spéciale. Nous avons analysé quelques pièces anciennes où il est démontré, suivant les mœurs du temps, qu'un moyen infaillible pour un mari de réformer le mauvais caractère de sa femme, c'est de la bâtonner rudement.

Dans ce chapitre, nous traiterons, à un point de vue général, le sujet indiqué par son titre : *Le bâton au Théâtre*, c'est-à-dire le bâton mêlé plus ou moins directement à l'action dramatique, quel qu'en soit le caractère et parfois même amenant le dénouement.

I.

C'est dans les comédies de Molière que nous allons, tout premièrement, faire nos recherches. — Le bâton y joue, en effet, un grand rôle, tantôt entre les mains et souvent aussi sur le dos de ces personnages artificieux, de ces maîtres fourbes qui, dans le théâtre de l'antiquité, avaient nom : Dave ou Chrysale, et qui dans le nôtre, s'appellent : Mascarille, Scapin, Sbrigani, Crispin, Figaro et Frontin, en dernier lieu.

Mais, avant d'entrer en matière, consignons une remarque importante.

—

On le sait, Molière n'a abordé la scène qu'après des études longues et variées ; il connaissait tout ce qu'on avait fait avant lui. Par suite, ses commentateurs ont constaté dans son œuvre des imitations, des emprunts, des réminiscences. Mais, comme l'un d'eux le remarque très-judicieusement, « ces imitations ne sont « en quelque sorte que l'aliment de la pensée qui « reste spontanée et originale, saisissante de vie propre « et de victorieuse personnalité. Imiter ainsi, c'est « autant que créer ; et, quoiqu'il doive à autrui, le « mérite de Molière n'est diminué en rien (1). »

Pour préciser ce qu'il y a à dire de ces imitations, au point de vue de notre sujet, ajoutons que Molière n'a pas emprunté au théâtre antique seulement le fonctionnement du bâton dans la comédie, mais qu'à cet égard, il s'est inspiré aussi de différentes formes de l'art dramatique au moyen-âge : *mystères*, *soties*, *moralités*, *farces*, et enfin des jeux de scène, des intrigues et du dialogue de la comédie italienne.

Nous avons, dans le chapitre précédent, inséré quelques passages de l'une de ces *farces* où le bâton joue le principal rôle : le *Pont-aux-Asnes*. A ce même titre, nous pouvons citer, de la même époque, XV⁰ siècle, la *farce* du *Pasté* et de la *Tarte*.

Les *mystères* et les *farces* n'étaient pas joués seulement à Paris par les confrères de la Passion et les clercs de la Basoche ; il y avait aussi, en province, des représentations données par des troupes ambulantes de jongleurs et de bateleurs. Dans le *Mystère de Saint-Christophe*, par Antoine Chevalet (1527), un de ces bateleurs nommé Mauloué, énumérant tout ce qu'il porte ou mène

<hr>

(1) *Œuvres de Molière avec commentaires de L. Molland. Notice préliminaire sur l'Etourdi.*

pour ses « montres et batelages », cite d'abord les bâtons :

> Bastons, bacins, soufflets, timbale,
> Les gobelets, la noix de gallo,
> Le singe, la chèvre, le chien
> Et l'ours.....

Voyons maintenant ce que notre grand poète a emprunté à la littérature dramatique italienne, pour le rôle du bâton. Ici, Molière ne fut pas obligé de consulter des livres ou des répertoires, il n'eut qu'à voir et à observer.

Lorsqu'après d'assez longues courses en province, avec sa troupe qui s'appelait l'*Illustre-Théâtre*, Molière revint à Paris en 1658, il obtint pour elle le titre de « Troupe de Monsieur, frère unique du Roi » et l'autorisation de jouer alternativement avec la troupe italienne du sieur Torelli, sur le théâtre du Petit-Bourbon, puis trois ans après, sur le théâtre du Palais-Royal. Molière eut donc toute facilité pour recevoir des acteurs italiens, surtout de ceux qui jouaient la *Comedia dell' arte* et s'appelaient les *Gelosi* (jaloux de plaire); l'enseignement qu'ils pouvaient donner : les jeux de physionomies, les postures, les gestes et — pour préciser, au point de vue de notre sujet — les bastonnades. — Elles étaient si peu ménagées, qu'un auteur du temps a écrit, en parlant de ces acteurs « qu'ils donnaient « autant de soufflets et de coups de bâton qu'ils débi- « taient de paroles. »

Du reste, ils ne faisaient en cela que suivre les indications de leur chef, Flaminio Scala, comme on va le voir.

Par opposition à la comédie régulière, écrite en vers ou en prose, la *comedia dell' arte*, la comédie de l'art, était improvisée par les acteurs, quant au dialogue, sur un canevas plus ou moins développé qu'on affichait dans les coulisses et qu'ils pouvaient consulter, avant d'entrer en scène. Ces canevas, manuscrits d'abord, furent imprimés plus tard par les soins de Flaminio Scala qui, plaçant, en tête du recueil, la liste des accessoires nécessaires, des « robbe per la comedia » inscrit tout d'abord : « des bâtons pour bâtonner, — *bastoni da bastonare*, — beaucoup de lanternes, une chatte et un coq vivants, des costumes de notaire, de pèlerin, etc., etc, (1). »

A ces détails ajoutons celui-ci. La tradition prétend que le jeune Jean-Baptiste Poquelin avant de s'engager, sous le nom de Molière, dans la troupe de l'*Illustre Théâtre*, prit des leçons d'un des meilleurs acteurs de la troupe des *Gelosi*, de Fiurelli, excellent mime et gymnaste de premier ordre, qui jouait alors le personnage de Scaramouche et à quatre-vingt-trois ans donnait encore un soufflet avec le pied (2).

La tradition s'appuye, à cet égard, sur ce quatrain placé au-dessous du portrait de Fiurelli :

> Cet illustre comédien
> De son art traça la carrière ;
> Il fut le maître de Molière,
> Et la nature fut le sien (3).

Nous venons d'indiquer sommairement les sources où Molière a dû puiser pour mettre le bâton en scène ; voyons maintenant, et sommairement aussi, comment il a mis en œuvre ses observations.

Les pièces dans lesquelles le bâton joue un rôle plus ou moins important, sont, en suivant l'ordre chronolo-

---

(1) *Molière et la Comédie italienne*, par L. Molland, p. 64.
(2) *Molière et la Comédie italienne*, par L. Molland, p. 27.
(3) *Œuvres de Molière avec commentaires*, par L. Moland, p. XLI.

gique : *L'Etourdi, le Mariage Forcé, le Médecin malgré lui, les Fourberies de Scapin.*

L'Etourdi, on le sait, fut d'abord joué à Lyon en 1653, par Molière et par la troupe dont il était le directeur. Cette pièce, qu'on peut regarder comme sa première comédie et son véritable début, ne fut représentée à Paris qu'en 1658. Elle y obtint le même succès qu'elle avait eu à Lyon et à Béziers, pendant la tenue des Etats-Généraux du Languedoc, en 1654. C'est au personnage de Mascarille que Molière dut ses premiers triomphes. Il était difficile, en effet, d'imaginer un rôle qui convînt mieux à celui qui possédait au plus haut degré, le *vis comica,* comme auteur et comme acteur. Quelle verve ! quelle gaieté ! Que de ressources dans l'esprit de ce valet qui conduit l'action ! Qu'il a raison de s'écrier :

> J'ai des ressorts tout prêts pour diverses machines ;
> Et quand ce stratagème à nos vœux manquerait,
> Ce qu'il ne ferait pas, un autre le ferait.
>
> *Acte Ier, scène X^e.*

Quelques commentateurs de Molière ont précisément critiqué cette multiplicité de stratagèmes, de ruses, de combinaisons, de menées inventés coup sur coup par l'habileté du valet et détruits tour à tour par l'étourderie du maître, double répétition qui dégénérerait en monotonie, n'étaient la vivacité du dialogue et la chaleur des tirades. Mais ce qui n'a motivé qu'éloges et admiration, c'est l'incident des scènes VIIe et VIIIe du IVe acte.

Trufaldin, dans la maison duquel se trouve Célie, la belle esclave que Lélie et Léandre se disputent l'un à l'autre, Trufaldin, disons-nous, a découvert la supercherie du premier qui s'est introduit chez lui sous un déguisement. Il en avertit Mascarille et ajoute :

> .... d'un chêne grand et fort,
> Dont plus de deux cents ans ont déjà fait le sort,

Je viens de détacher une branche admirable,
Choisie expressément de grosseur raisonnable,
Dont j'ai fait sur le champ, avec beaucoup d'ardeur,
(Il montre son bras)
Un bâton à peu près... — oui, de cette grandeur,
Moins gros par l'un des bouts, mais plus que trente gaules,
Propre, comme je pense, à rosser les épaules ;
Car il est bien en main, vert, noueux et massif.

On le voit, si le directeur de la troupe des *Gelosi*,
Flaminio Scala, a pris soin de placer en première ligne,
sur la liste des *robbe per la comedia*, les bâtons pour
bâtonner, *bastoni da bastonare*, le directeur de la troupe
du Palais-Bourbon, Molière a fait mieux. Dans sa première comédie, il a donné une description du *bâton
pour bâtonner* qui ne laisse rien à désirer, une description dans laquelle on dirait vraiment qu'il s'est complu.
Quant à l'emploi, il vient immédiatement. A cette question de Mascarille :

Mais pour qui, je vous prie, un tel préparatif ?

Trufaldin répond :

Pour toi premièrement, puis pour ce bon apôtre
Qui veut m'en donner d'une et m'en jouer d'une autre,
Pour cet Arménien, ce marchand déguisé,
Introduit sous l'appât d'un conte supposé.

Mascarille de nier effrontément qu'il ait pris aucune
part à ce que son maître a pu faire ; et alors Trufaldin :

Veux-tu me faire voir que tu dis vérité ?
Qu'à le chasser mon bras soit du tien assisté ;
Donnons-en à ce fourbe et du long et du large,
Et de tout crime, après, mon esprit te décharge.

Mascarille accepte la proposition avec empressement.

Il y trouve son compte de tout point. Eviter la bastonnade que Trufaldin lui destinait, rendre à son maître
une partie des coups qu'il en a reçus en mainte occasion, le punir enfin de son étourderie, de sa maladresse
qui rendent inutile toute la peine qu'il prend pour servir
ses intérêts. Aussi répond-il à Trufaldin :

> Oui-dà, très-volontiers ; je l'épousterai bien
> Et par là vous verrez que je n'y trempe en rien.
>> *(A part).*
> Ah ! vous serez rossé, Monsieur de l'Arménie
> Qui toujours gâtez tout.

A la scène VIIIe, les choses se passent comme elles
ont été convenues. Trufaldin n'a pas plutôt porté le
premier coup à Lélie, que Mascarille se met de la partie :

> TRUFALDIN *(bat Lélie).*
> Vidons, vidons sur l'heure (1).
>> LÉLIE *(à Mascarille qui le bat aussi).*
>> Ah ! coquin !
>> MASCARILLE.
>> C'est ainsi
> Que les fourbes....
>> LÉLIE.
> Bourreau !
>> MASCARILLE.
>> Sont ajustés ici
> Gardez-moi bien cela.
>> LÉLIE.
>> Quoi donc ! je serais homme.
> MASCARILLE *(le battant toujours et le chassant).*
> Tirez, tirez (2), vous dis-je, ou bien je vous assomme.

(1) *Vidons sur l'heure* pour *vidons ces lieux sur l'heure.*
(2) *Tirez* pour *retirez-vous, tirez-vous d'ici.*

Puis, quand il est seul avec son maître, il lui explique qu'il n'a agi de la sorte que dans son intérêt, pour détourner les soupçons de Trufaldin et pouvoir rester momentanément au service de ce vieillard.

> Par là j'empêche au moins que de cet artifice
> Je ne sois soupçonné d'être auteur ou complice
> . . . .
> Enfin, la chose est faite, et si j'ai votre foi
> Qu'on ne vous verra point vouloir venger sur moi,
> Soit ou directement, ou par quelque autre voie,
> Les coups sur votre râble assénés avec joie,
> Je vous promets, aidé par le poste où je suis,
> De contenter vos vœux avant qu'il soit deux nuits.

Au sujet de la double bastonnade qu'il vient de recevoir, Lélie adresse-t-il à Mascarille cette observation qui rappelle l'anecdote bien connue sur Turenne et son valet de chambre :

> Tu devais donc pour toi frapper plus doucement.

Mascarille de répondre :

> Quelque sot. Trufaldin lorgnait exactement.

Ainsi, l'effronté valet s'est arrangé de telle sorte que son maître bâtonné par lui est encore forcé d'en avoir de la reconnaissance, même pour la rudesse des coups, parce que le jeu a été mieux joué et que ses intérêts en ont été d'autant mieux sauvegardés.

Nous le répétons : c'est là un trait du plus haut comique et du meilleur aloi. Il devient bien légitime, à ce moment, l'accès d'orgueil que Mascarille a déjà ressenti et exprimé dans la scène XIe du IIme acte :

> Après ce rare exploit, je veux que l'on s'apprête
> A me peindre en héros, un laurier sur la tête,
> Et qu'au bas du portrait on mette en lettres d'or :
> *Vivat Mascarillus fourbum imperator.*

Le rôle du bâton est plus important encore dans *le Mariage forcé* que dans *l'Etourdi*. Cette fois, il amène le dénouement ; ce mariage conclu par force, c'est lui qui en est l'auteur. Mais avant d'arriver à ce point, voyons le bâton fonctionner admirablement au début de la pièce.

Dans la scène VI*, Molière adresse plus particulièrement les coups de sa raillerie à l'aristotélisme, à ses formules puériles, à son esprit d'exclusion et d'intolérance que personnifie le philosophe Pancrace. C'était de bonne guerre contre l'Université de cette époque qui cherchait par tous les moyens à empêcher l'adoption des nouvelles doctrines, et appelait même le Parlement à la défense de ses vieilles méthodes, de ses vieilles autorités. Il y avait, en outre, un précieux élément comique dans le verbiage scientifique que les pédants de l'école avaient conservé, quoiqu'il fût passé de mode partout ailleurs. Molière en a tiré un admirable parti, puisqu'il provoque la plus franche gaieté, de nos jours encore, avec des formules scolastiques qui ont perdu depuis longtemps toute signification et toute actualité.

Dans la scène VIII*, Molière imitant Rabelais, mais surpassant son modèle, s'attaque à l'exagération du pyrrhonisme personnifié par le philosophe Marphurius. Sganarelle, voulant avoir l'avis de Pancrace sur son projet de mariage, n'a rien pu obtenir de ce philosophe qui, au lieu de l'écouter, n'a cessé lui-même de parler. Il va alors consulter Marphurius, et celui ci ne répond que par des doutes et des incertitudes.

SGANARELLE.

Seigneur docteur, j'aurais besoin de votre conseil, sur une petite affaire dont il s'agit, et je suis venu ici pour cela.

MARPHURIUS.

Seigneur Sganarelle, changez, s'il vous plaît, cette façon de

parler. Notre philosophie ordonne de ne point énoncer de proposition décisive, de parler de tout avec incertitude, de suspen-
dre toujours son jugement. Par cette raison, vous ne devez pas
dire : je suis venu, mais : il me semble que je suis venu.

SGANARELLE.

Laisssons ces subtilités, je vous prie, et parlons de mon
affaire. Je viens vons dire que j'ai envie de me marier.

MARPHURIUS.

Je n'en sais rien.

SGANARELLE.

Je vous le dis.

MARPHURIUS.

Il se peut faire.

SGANARELLE.

La fille que je veux prendre est fort jeune et fort belle.

MARPHURIUS.

Il n'est pas impossible.

SGANARELLE.

Ferai-je bien ou mal de l'épouser ?

MARPHURIUS.

L'un ou l'autre.

Fatigué de n'obtenir que de pareilles réponses, Sganarelle applique des coups de bâton à Marphurius qui
s'écrie :

Ah ! ah ! ah !

SGANARELLE.

Te voilà payé de ton galimatias, et me voilà content.

MARPHURIUS.

Comment ! quelle insolence ! m'outrager de la sorte ! avoir eu
l'audace de battre un philosophe comme moi !

SGANARELLE.

Corrigez, s'il vous plaît, cette manière de parler. Il faut douter de toute chose ; et vous ne devez pas dire que je vous ai
battu, mais qu'il vous semble que je vous ai battu.

Voilà qui est d'un comique parfait ; et d'un autre côté il n'était pas possible à Molière de donner, sous une forme plus saisissante, la leçon qu'il a en vue. *L'argumentum baculinum*, l'argument du bâton devient un excellent argument *ad hominem*, et amène bien vite à se démentir, le philosophe appliquant à la réalité pratique un doute qui n'a de sens qu'au point de vue théorique et spéculatif.

Arrivons au dénouement. Sganarelle a entendu une conversation très-explicite entre Dorimène, la jeune fille qu'il voulait épouser et Lycaste son amant. Par suite, il renonce à son projet et le déclare au père de Dorimène, en lui donnant pour dernière raison : « qu'il veut « imiter son père et tous ceux de sa race qui ne se sont « jamais voulu marier. »

Sganarelle trouve que le père a été très-raisonnable, et il s'applaudit de s'être tiré de cette affaire. Mais il a compté sans un frère, Alcidas, qui intervient et lui présentant deux épées lui dit du ton le plus doucereux

Monsieur, prenez la peine de choisir de ces deux épées celle que vous voulez.

SGANARELLE.

De ces deux épées ? à quoi bon ?

ALCIDAS (*du même ton*).

Monsieur, comme vous refusez d'épouser ma sœur, après la parole donnée, je crois que vous ne trouverez pas mauvais le petit compliment que je viens vous faire. D'autres gens feraient du bruit et s'emporteraient contre vous ; mais nous sommes personnes à traiter les choses dans la douceur ; et je viens vous dire civilement qu'il faut, si vous le trouvez bon, que nous nous coupions la gorge ensemble.

SGANARELLE.

Je suis votre valet ; je n'ai point de gorge à me couper.

ALCIDAS.

Dépêchons, Monsieur ; j'ai une petite affaire qui m'attend.

SGANARELLE.

Je ne veux point de cela, vous dis-je.

ALCIDAS.

Vous ne voulez pas vous battre ?

SGANARELLE.

Nenni, ma foi.

ALCIDAS.

Tout de bon ?

SGANARELLE.

Tout de bon.

ALCIDAS (*après lui avoir donné des coups de bâton*).

Au moins, Monsieur, vous voyez que je fais les choses dans l'ordre. Vous nous manquez de parole, je me veux battre avec vous ; vous refusez de vous battre, je vous donne des coups de bâton ; tout cela est dans les formes, et vous êtes trop honnête homme pour ne pas approuver mon procédé.

(*Il lui présente encore les deux épées*).

Allons, Monsieur, faites les choses galamment et sans vous faire tirer l'oreille.

SGANARELLE.

Encore ?

ALCIDAS.

Monsieur, je ne contrains personne, mais il faut que vous vous battiez, ou que vous épousiez ma sœur.

SGANARELLE.

Monsieur, je ne puis faire ni l'un ni l'autre, je vous assure.

ALCIDAS.

Avec votre permission donc....

(*Il lui donne encore des coups de bâton*).

SGANARELLE.

Ah ! ah ! ah !

ALCIDAS.

Monsieur, j'ai tous les regrets du monde d'être obligé d'en

user ainsi avec vous ; mais je ne cesserai point, s'il vous plaît,
que vous n'ayez promis de vous battre ou d'épouser ma sœur.

(Il lève le bâton).

SGANARELLE.

Hé bien ! j'épouserai, j'épouserai !

C'est le mot de la fin. Bâtonné deux fois, menacé de
l'être une troisième, Sganarelle se rend. J'épouserai !
s'écrie-t-il à deux reprises ; ce cri justifie le titre de la
pièce, c'est bien *le Mariage forcé*, et, comme nous l'avons
dit déjà, l'auteur de ce mariage, c'est le bâton.

A la suite de cette scène, il y en a une encore, la dernière,
dans laquelle figurent Sganarelle, Dorimène, Alcantor
son père, et son frère Alcidas. Ce dernier déclare
que Sganarelle a voulu faire les choses « de bonne
grâce » et qu'on peut lui donner sa sœur. Là-dessus,
Alcantor met la main de Dorimène dans celle de Sganarelle
et s'écrie : « Loué soit le ciel ! m'en voilà
« déchargé ; et c'est vous désormais que regarde le
« soin de sa conduite. Allons nous réjouir et célébrer
« cet heureux mariage. » Quant à Sganarelle, il ne
profère pas un seul mot. Ce silence, comme le remarquent
les commentateurs de Molière, est un coup de
maître, et prouve que le froid d'une situation peut
quelquefois servir à dénouer une pièce, autant que le
feu d'une action.

Ces mêmes commentateurs citent deux anecdotes qui,
d'après eux, n'auraient pas été peut-être étrangères au
dénouement de la pièce dont nous nous occupons. La
première est relative au chevalier de Grammont. Pendant
son séjour en Angleterre, ce héros de boudoirs fit
une cour assidue à Mlle Hamilton, sœur de son futur
historiographe. Rappelé de son exil, il crut que son
retour en France était un prétexte suffisant pour ne pas
tenir les promesses qu'il avait données. Il prit donc la

poste et se mit à courir sur la route de Douvres. Les deux frères de la belle abandonnée l'y joignirent, et du plus loin qu'ils l'aperçurent, lui crièrent : « Cheva- « lier de Grammont, n'avez-vous rien oublié à Lon- « dres ? — Pardonnez-moi, Messieurs, leur répondit « le fuyard, j'ai oublié d épouser votre sœur, et j'y re- « tourne avec vous pour terminer cette affaire. »

L'autre anecdote fait connaître un personnage his- torique qui pourrait avoir été l'original du frère de Dorimène, d'Alcidas, ce spadassin au ton si doucereux, aux formes si polies. C'était un certain marquis de La Trousse dont Mme de Motteville parle dans les termes suivants :

Ce marquis était estimé brave, et si civil, que, même quand il se battait en duel, ce qui lui arrivait souvent, il faisait des compliments à celui contre lequel il avait affaire. Lorsqu'il lui donnait de bons coups d'épée, il lui disait qu'il en était fâché, et parmi ces douceurs, il donnait la mort aussi hardiment et avec autant de rudesse que le plus brutal de tous les hommes.

Nous venons de voir un Sganarelle contraint, de par le bâton, à prendre femme ; voici un autre Sganarelle devenant, de par le bâton aussi, *médecin malgré lui.*

Au chapitre précédent, nous avons mis en relief ce qui a trait, dans cette comédie, à la correction admi- nistrée par Sganarelle à Martine sa femme. — Voyons, maintenant ce qu'amène la vengeance de celle-ci.

Rien de plus gai, de plus spirituel que la scène VIe du premier acte dans laquelle Valère et Lucas, mis au fait par Martine, essayent de faire avouer à Sganarelle qu'il est médecin.

L'un de ces domestiques de Géronte dit à Sganarelle :

Je savons ce que je savons.

SGANARELLE.

Que me voulez-vous dire ? pour qui me prenez-vous ?

VALÈRE.

Pour ce que vous êtes, pour un grand médecin.

SGANARELLE.

Médecin vous-même ; je ne le suis point et je ne l'ai jamais. été.

Ainsi Sganarelle, non-seulement n'accepte pas la qualification qu'on lui donne, mais il la repousse comme une grosse injure. Il n'est pas facile de le faire changer d'avis. Lorsque Valère et Lucas, sur sa dénégation persistante d'être médecin, en viennent aux « fâcheuses extrémités » qu'ils voulaient éviter et prennent chacun un bâton et le frappent, il s'écrie :

Ah ! ah ! ah ! Messieurs, je suis tout ce qu'il vous plaira.

Ainsi, il fait d'abord une réponse évasive ; puis il affirme de nouveau qu'il n'est pas médecin. Il faut que Valère et Lucas lui appliquent encore des coups :

Ah ! ah ! s'écrie-t-il alors, hé bien, Messieurs, oui, puisque vous le voulez, je suis médecin, je suis médecin.

Ce cri répond à celui que pousse l'autre Sganarelle bâtonné par Alcidas, dans le *Mariage forcé :*

Hé bien ! j'épouserai, j'épouserai.

Pour le Sganarelle dont nous nous occupons en ce moment, l'effet de cette seconde bastonnade est complet et définitif. Le voilà médecin, de par le bâton, comme nous l'avons dit, et il l'est, pour tout le monde, de la manière la plus gaie, la plus spirituelle. Il l'est pour Valère et Lucas, pour la nourrice Jacqueline, pour Thibaut et Perrin, pour Lucinde et surtout pour Gé-ronte. Présenté à celui-ci qu'il croit un confrère, il apprend le contraire ; le père de Lucinde n'est pas médecin.... Eh bien ! il faut qu'il le devienne, absolument comme lui-même l'est devenu.

SGANARELLE (*à Géronte*).

Monsieur le médecin ayant appris....

GÉRONTE.

A qui parlez-vous, de grâce ?

SGANARELLE.

A vous.

GÉRONTE.

Je ne suis pas médecin !

SGANARELLE.

Vous n'êtes pas médecin ?

GÉRONTE.

Non vraiment.

SGANARELLE.

Tout de bon ?

GÉRONTE.

Tout de bon.

SGANARELLE (*prend un bâton et frappe Géronte*)

Ah ! ah ! ah !

SGANARELLE.

Vous êtes médecin, maintenant, je n'ai jamais eu d'autres licences.

Acte IIe, scène IIIe.

C'est là un des traits les plus piquants de cette pièce, dont la donnée et l'intrigue sont fort simples, mais dans laquelle abondent les situations plaisantes et les mots comiques.

Dans les *Fourberies de Scapin*, le bâton ne fonctionne qu'une seule fois, il reste étranger à l'action et au dénouement ; mais quelle bonne place il occupe dans les tours pendables que ce maître fripon imagine avec tant de facilité et exécute avec tant de verve ! On comprend que nous voulons parler de la scène IIe du

III° acte. Scapin bâtonne à son aise Géronte qu'il a enveloppé dans un sac, laissant croire que les coups de bâton portés par des tiers c'est lui-même qui les reçoit, en un mot, que le battant est le battu.

Nous avons dit que l'emploi fréquent du bâton avait été emprunté par Molière au répertoire du théâtre italien où la bastonnade était traditionnelle et, en quelque sorte, inséparable de l'action. Il n'en est pas de même pour celle dont nous nous occupons en ce moment, elle a été empruntée à une farce française. Cette scène qui a motivé de la part de Boileau un jugement si sévère :

> C'est par là que Molière illustrant ses écrits,
> Peut-être de son art eût remporté le prix,
> Si moins ami du peuple, en ces doctes peintures
> Il n'eût point fait souvent grimacer ses figures,
> Quitté, pour le bouffon, l'agréable et le fin,
> Et sans honte à Térence allié Tabarin ;
> Dans ce sac ridicule où Scapin s'enveloppe,
> Je ne reconnais plus l'auteur du *Misanthrope*.
>
> *L'Art poétique*, Chant. III.

Cette scène, disons-nous, ce sac notamment, ont été pris par Molière dans l'une des farces d'un bouffon nommé Tabarin faisant partie de la troupe de Mondor, fameux charlatan qui vendait du baume, à Paris, sur la place Dauphine, au commencement du XVII° siècle.

Mais voici un emprunt plus heureux et auquel peut s'appliquer en toute vérité le mot si connu de Molière à propos des imitations qu'il se permettait.

Sganarelle du *Médecin malgré lui*, après s'être servi d'un bâton pour faire Géronte médecin, s'en excuse avec malice :

Je suis fâché...

GÉRONTE.

Cela n'est rien.

SGANARELLE.

Des coups de bâton...

GÉRONTE.

Il n'y a pas de mal.

SGANARELLE.

Que j'ai eu l'honneur de vous donner.

GÉRONTE.

Ne parlons plus de cela.

Acte IIe, scène IIIe.

Même situation dans la dernière scène des *Fourberies de Scapin*, et plus comique encore par l'insistance de celui-ci :

SCAPIN (à Géronte).

C'est vous, Monsieur, que j'ai le plus offensé par les coups de bâton que....

GÉRONTE.

Ne parle point davantage ; je te pardonne aussi.

SCAPIN.

Ç'a été une témérité bien grande à moi que les coups de bâton que je....

GÉRONTE.

Laissons cela.

SCAPIN.

J'ai, en mourant, une douleur inconcevable des coups de bâton que...

GÉRONTE.

Mon Dieu ! tais-toi !

SCAPIN.

Les malheureux coups de bâton que je vous....

GÉRONTE.

Tais-toi, te dis-je ; j'oublie tout.

SCAPIN.

Hélas ! quelle bonté ! mais est-ce de bon cœur, Monsieur, que vous me pardonnez ces coups de bâton que....

GÉRONTE.

Hé ! oui. Ne parlons plus de rien ; je te pardonne tout, voilà qui est fait.

Acte IIIe, scène XIVe.

A côté de ce trait comique ainsi répété par Molière, plaçons une piquante anecdote moderne. Talma, vivement blessé d'une appréciation fort injuste à son égard qu'avait émise le critique alors en vogue, Geoffroy, le prévint qu'il le souffletterait, dans le cas où il parlerait encore de lui, comme il l'avait fait, et à cette menace verbale joignit le geste menaçant. Le ministre de l'intérieur, informé de cette scène que l'offensé tâchait de tenir secrète, manda Talma près de lui et en obtint la promesse qu'il ferait des excuses à Geoffroy. Un jour, informé que le journaliste recevait un grand nombre de personnes, Talma se rend chez lui, ouvre la porte du salon et, profitant du moment de silence que cause son entrée : « M. Geoffroy, dit-il, en s'avançant vers le « maître de la maison, je viens vous demander pardon « des *soufflets que je vous ai donnés.* »

Revenons aux *Fourberies de Scapin.* Il n'y a, avonsnous dit, qu'une seule bastonnade dans cette pièce, celle que Scapin administre à Géronte ; mais, à défaut de la chose même, le nom et l'image s'y trouvent dans plusieurs scènes.

Acte Iᵉʳ, Scène Iʳᵉ. Sylvestre dit à Octave son maître, dont il craint de payer les folies : « Je vois se for- « mer de loin un nuage de coups de bâton qui crèvera « sur mes épaules. »

Acte IIIᵉ, Scène Iʳᵉ. Le même Sylvestre prévient Scapin « qu'il court risque de s'attirer une venue de « coups de bâton. »

Dans la scène du sac — Acte IIIᵉ, Scène IIᵉ — Scapin met cette menace dans la bouche de l'un de ceux qui sont censés chercher Géronte : « Si tu ne nous fais « trouver ton maître, tout-à-l'heure, nous allons faire « pleuvoir sur toi une ondée de coups de bâton. »

Dans ce même ordre d'idées, n'oublions pas de citer cette autre expression qu'on trouve dans la comédie de l'*Etourdi*, Acte IIIe, Scène IXe. Lélie, apprenant qu'on doit, à la faveur d'une mascarade, essayer d'enlever sa maîtresse, s'écrie :

> Foin ! que n'ai-je avec moi pris mon porte-respect !
> Mais vienne qui voudra contre notre personne,
> J'ai deux bons pistolets, et mon épée est bonne.

Ce porte-respect de Lélie, c'est son bâton. Des armes proprement dites dont il parle, ses pistolets et son épée, il s'en servira, s'il est personnellement et sérieusement attaqué ; mais il regrette de ne pas avoir son *porte-respect*, son bâton qui lui aurait suffi pour mettre en fuite des masques. Autrefois on disait : *Bâton porte-paix, quant à soi*.

> *Fert secum placidæ baculus pia fœdera pacis.*

Nous venons de citer un passage de l'*Etourdi* à la suite d'autres passages des *Fourberies de Scapin*. A l'occasion de ce rapprochement, remarquons que la marche de cette seconde pièce est aussi vive que celle de la première, de telle sorte que la dernière période de la carrière de Molière, 1671, vient se rattacher à son commencement, 1653.

Quant aux noms de ces deux maîtres fourbes, Mascarille et Scapin, en voici l'étymologie : Mascarille vient de l'espagnol *mascara*, masque ; *mascarilla*, petit masque. A ce sujet, les auteurs de l'*Histoire du Théâtre Français* (1) font remarquer que Molière joua d'abord ce rôle avec un masque.

Scapin vient de *scapare*, s'enfuir, s'échapper, à cause de la dextérité avec laquelle ce personnage savait se tirer des positions les plus difficiles.

Dans la dernière comédie de Molière, *le Malade imaginaire*, le bâton joue aussi un rôle, mais d'une manière plus incidente encore, plus distincte de l'action principale que dans les *Fourberies de Scapin*. C'est même en quelque sorte en dehors de la pièce, dans l'intermède qui existe entre le premier acte et le deuxième, et l'un des meilleurs que Molière ait composés. On sait ce qui s'y passe : Polichinelle, désirant chanter au clair de la lune, est dérangé, d'abord par des violons, puis par des archers qui veulent l'arrêter pour tapage nocturne. Il les effraye en appelant à son aide toute une bande de valets imaginaires ; mais bientôt on le saisit et on parle de le conduire en prison.

POLICHINELLE (*aux archers*).

Hé ! n'est-il rien, Messieurs, qui soit capable d'attendrir vos âmes ?

LES ARCHERS.

Il est aisé de nous toucher,
Et nous sommes humains plus qu'on ne saurait croire :
Donnez-nous seulement six pistoles pour boire,
Nous allons vous lâcher.

POLICHINELLE.

Hélas ! Messieurs, je vous assure que je n'ai pas un sol sur moi.

LES ARCHERS.

Au défaut de six pistoles,
Choisissez donc, sans façon,
D'avoir trente croquignoles
Ou douze coups de bâton.

POLICHINELLE.

Si c'est une nécessité, et qu'il faille en passer par là, je choisis les croquignoles.

(1) Tome IX, p. 234.

LES ARCHERS.

Allons, préparez-vous,
Et comptez bien les coups.

Mais à la quinzième croquignole :

POLICHINELLE.

Ah! messieurs, ma pauvre tête n'en peut plus, et vous venez
de me la rendre comme une pomme cuite. J'aime encore mieux
les coups de bâton.

LES ARCHERS.

Soit. Puisque le bâton est pour vous plus charmant,
Vous aurez contentement.

POLICHINELLE (*au sixième coup de bâton*).

Ah! ah! ah! je n'y saurais plus résister. Tenez, messieurs,
voilà six pistoles que je vous donne.

LES ARCHERS.

Ah! l'honnête homme! ah! l'âme noble et belle!
Adieu, seigneur, adieu, seigneur Polichinelle.

On l'a compris, ce Polichinelle n'est pas celui que l'on
connaît généralement, et qui au lieu d'être bâtonné par
les hommes de la police, les bâtonne au contraire ainsi
que leur chef, le commissaire. Le Polichinelle de cet
intermède est un personnage emprunté par Molière à la
troupe italienne des Gelosi; c'est un vieil usurier que
peint suffisamment l'option qu'il fait dans l'alternative
où il se trouve placé. L'autre Polichinelle est le type
populaire du théâtre des marionnettes; à ce titre nous
lui consacrerons les dernières pages de ce chapitre.
Mais achevons la partie que nous avons commencé de
traiter.

Dans les diverses comédies que nous venons d'étudier,
on a vu le bâton lié plus ou moins étroitement au sujet.
Il n'en est pas ainsi pour les autres pièces de Molière;

si le bâton n'y figure pas en action, c'est en nom du moins qu'il y figure. Ne frappant pas, il menace, et l'on peut dire que, dans les rapports de maître à valet, surtout, il est *prima ratio*, quand il n'est pas *ultima*. Indiquons quelques exemples.

Dans *le Dépit amoureux*, Eraste, irrité contre Mascarille qui lui annonce le mariage de Lucile, auquel il ne veut pas croire, s'écrie :

> Cette audace
> Mériterait cent coups de bâton sur la place.

Acte I, scène IV*.

Au III* acte de la même pièce, Mascarille rend compte à Albert, père de Lucile, de ce qui s'est passé entre celle-ci et son maître Valère ; Albert s'emporte contre lui ; il insiste :

> Voulez-vous deux témoins qui me justifieront ?

ALBERT.

> Veux-tu deux de mes gens qui te bâtonneront ?

A lire avec attention ce que Molière a écrit à ce sujet, on peut croire que de son temps les coups de bâton étaient, en quelque sorte, la monnaie courante pour les valets.

Ainsi, dans la scène *du Dépit amoureux* que nous avons déjà citée, la IV* du I*r acte, Eraste, exaspéré de plus en plus, tire son épée, et menaçant Mascarille, pour qu'il parle franchement :

> Veux-tu dire ? Voici,
> Sans marchander, de quoi te délier la langue.

MASCARILLE.

> Elle ira faire encor quelque sotte harangue.
> Hé ! de grâce, plutôt, si vous le trouvez bon,
> Donnez-moi vitement quelques coups de bâton,
> Et me laissez tirer mes chausses sans murmure.

Dans l'*Avare*, maître Jacques, arrivant au moment où Harpagon va bâtonner Cléante son fils, s'écrie en s'adressant au premier :

Hé quoi ! à votre fils ! encore passe pour moi.

Acte IV, scène IV.

Maître Jacques semble ne pouvoir admettre l'idée d'un coup de bâton donné dans la maison, sur un autre dos que le sien.

Du reste, l'emploi du bâton était, paraît-il, d'une manière générale, si habituel au temps où Molière écrivait, que dans le *Misanthrope*, lorsqu'Alceste reproche sa coquetterie à Célimène, celle-ci, femme du grand monde, recevant chez elle la meilleure société, emploie, sans hésiter, dans sa réponse, une image où figure le bâton :

ALCESTE.

. . . . Votre humeur, Madame,
Ouvre au premier venu trop d'accès dans votre âme ;
Vous avez trop d'amants qu'on voit vous obséder,
Et mon cœur de cela ne peut s'accommoder.

CÉLIMÈNE.

Des amants que je fais un rendez-vous coupable ?
Puis-je empêcher les gens de me trouver aimable ?
Et lorsque pour me voir ils font de doux efforts,
Dois-je prendre un bâton pour les mettre dehors ?

ALCESTE.

Non, ce n'est pas, Madame, un bâton qu'il faut prendre,
Mais un cœur à leurs vœux moins facile et moins tendre.

Le *Misanthrope. Acte II*, *scène I*.

En dehors des comédies de Molière, les pièces de théâtre dans lesquelles le bâton joue un rôle un peu marqué ne sont pas nombreuses. On peut citer, par ordre de date, *le Jaloux invisible* de Brécourt, *un Tour de Colalto* de Dumolard et Moreau, et *le Tricorne enchanté* de Théophile Gautier.

Dans le *Jaloux invisible*, comédie en trois actes, en vers, jouée en 1666, à l'hôtel de Bourgogne, on a persuadé à Carizel, le héros de la pièce, qu'il peut se rendre invisible en mettant un certain bonnet sur sa tête. Des laquais viennent pour le battre, il se coiffe à l'instant de son bonnet et se promène fièrement, bravant les coups. Les laquais le bâtonnent à outrance, et lui de s'écrier :

Les pauvres sots ! frapper un homme sans le voir !
Ils sont bien attrappés ! Hay, hay, hay, ouf la peste !

Et puis, quand on l'a laissé seul, les os rompus :

Quoi, morbleu ! sans me voir, on me bat, on m'assomme !
C'est le diable ! A tâtons m'avoir si bien battu !
Et qu'auraient-ils donc fait, les chiens, s'ils m'eussent vu ?

Le vaudeville intitulé : *un Tour de Colalto* est d'une facture fort simple, mais on y remarque un dialogue plein de gaieté et des couplets spirituels ; le bâton n'y joue qu'un rôle assez effacé. Colalto a fait une comédie qu'il veut dédier au duc Alfiéri, son compatriote, dans l'espoir d'en tirer une bonne somme. Il se présente donc chez le duc, mais ne peut pénétrer jusqu'à lui. Le suisse, le valet de chambre et l'intendant de ce seigneur s'y opposent, l'un après l'autre. Colalto comprend qu'il faut composer avec eux et promet à chacun, en particulier, de lui donner le tiers de la somme qu'il recevra. A ce prix, il entre et prie le duc de lui faire donner cent cinquante coups de bâton en retour de la dédicace de sa comédie. Le duc croit que Colalto est devenu fou, mais celui-ci lui explique la promesse qu'il a faite pour pouvoir arriver jusqu'à lui. Grande colère du duc qui veut d'abord chasser les trois fripons, mais finit par leur faire grâce et s'acquitte envers Colalto en dotant généreusement sa fille.

Ce Colalto, du reste, n'est pas un personnage imaginaire ; c'était un acteur de la Comédie Italienne où il jouait les rôles de Pantalon dans des pièces qu'il composait pour la plupart.

Joué, pour la première fois, en 1845, au théâtre des Variétés, le *Tricorne enchanté*, de Théophile Gautier, obtint un grand succès. Cette pièce, que l'auteur a désignée sous cette appellation humoristique : *Bastonnade en un acte, en vers*, est imitée *des Fourberies de Scapin* et du *Jaloux invisible*. Ici le bâtonné est un Géronte, tuteur hors d'âge, amoureux et jaloux ; jaloux de Valère son neveu, amoureux d'Inez sa pupille, avare en outre, comme de raison. Un valet de la bonne école, Frontin, propose à ce Géronte l'achat d'un chapeau qui le rendra invisible dès qu'il le placera sur sa tête. Frontin accepte l'offre de cent écus que lui fait Géronte. Celui-ci veut, avant de donner l'argent, essayer le chapeau ; il le met donc, disant :

(A part).

. . . . Je vais prendre ma course,
Et j'aurai le chapeau, sans qu'il m'en coûte un sou.
Il ne me verra pas.

Frontin, qui a compris son dessein, le bâtonne rudement ; puis, pour rompre le charme, fait tomber le chapeau et s'excuse de ce qu'ayant frappé au hasard, il a peut-être atteint Géronte. Celui-ci, d'une crédulité peu commune, donne les cent écus et n'est détrompé qu'à la fin de la pièce par d'autres coups que lui donne son propre valet Champagne :

GÉRONTE.
Tu ne peux pas me voir, car je suis invisible,
En vertu d'un chapeau magique.

CHAMPAGNE.

C'est possible,
Mais voici votre dos...

(Il lui donne un coup).

Ai-je bien attrapé ?

GÉRONTE.

Très-bien.

CHAMPAGNE.

Votre gros ventre...

GÉRONTE.

Oh !

CHAMPAGNE.

Me suis-je trompé ?

GÉRONTE.

Non pas.

CHAMPAGNE.

Ce coup de pied, ce n'est pas votre tête
Qui le reçoit ?

GÉRONTE.

Oh ! non ! Grands Dieux ! Ai-je été bête !
Je suis dupé, volé, joué comme un enfant !

Dans la dernière scène, Géronte, après avoir maugréé de nouveau, ajoute :

Mais je suis un Géronte, il faut jouer mon rôle...
Je pardonne !

Repris en décembre 1872, le *Tricorne enchanté* n'eut pas le succès qu'il avait obtenu, lors de la première représentation en 1845. Dans leur compte-rendu, les critiques des grands journaux de la capitale ont reconnu, en constatant le fait, qu'il devait en être ainsi, malgré la fermeté du style et la précision du vers comique. Comparant le pastiche au modèle :

Dans les *Fourberies de Scapin*, ont-ils dit, Géronte est caché dans un sac, quand le maître fripon s'escrime sur lui, à coups de gaule ; il ne peut pas voir Scapin qui, d'ailleurs, contrefait sa voix ; la scène de Molière n'a donc rien de *matériellement* impossible. Cela suffit pour que le public s'y prête et s'en amuse.

Dans le *Tricorne enchanté*, il ne saurait, quelque complaisance qu'il y mette, conserver la moindre illusion sur la réalité et la possibilité du fait. La stupidité de Géronte dépasse les limites de la bêtise humaine. Sa crédulité, à force d'être inacceptable, cesse d'être comique (1).

II.

De Molière à Brioché la distance est infinie ; il y a loin du théâtre des Variétés au théâtre des Marionnettes. Cependant, il me faut franchir cette distance pour signaler le rôle joué par le bâton dans le répertoire des spectacles en plein vent, et, d'une manière si remarquable, entre les mains de Polichinelle. Mais avant de nous occuper de ce type populaire, s'il en fut, de ce premier rôle du théâtre des Marionnettes, donnons quelques détails sur ce théâtre en général.

C'est le cas de dire ici, comme dans beaucoup d'autres circonstances : *Rien de nouveau sous le soleil*. L'antiquité a connu les Marionnettes.

Athénée reproche à ses compatriotes de n'avoir pas rougi de prostituer aux marionnettes d'un certain Pothein, la scène où naguère les acteurs d'Euripide avaient déployé leur enthousiasme lyrique (2).

Le savant auteur *des Origines du théâtre antique et du théâtre moderne*, Charles Magnin, cite plusieurs autres passages qui ne laissent aucun doute sur le point dont il s'agit.

— « Sur quoi comptes-tu le plus ? demande Socrate « au bateleur Philippe.

(1) *Gazette de France*, n° du 12 décembre 1872.
(2) Athén. lib. 1, p. 19.

— « Sur les sots, répond Philippe, car ce sont eux
« qui me nourrissent, en venant, en foule, voir danser
« mes pantins. »

Platon compare nos passions aux fils qui font mouvoir
les marionnettes. — Aristote, ou l'auteur qui a écrit le
traité : *De Mundo*, donne une idée très-avantageuse du
degré de perfection qu'avaient atteint, dans l'antiquité,
les poupées à ressorts :

Quand, dit-il, ceux qui font agir et mouvoir de petites figures,
tirent le fil attaché à un de leurs membres, ce membre obéit
aussitôt. On voit leur cou fléchir, leur tête se pencher ; leurs
yeux, leurs mains, tous leurs membres semblent ceux d'une
personne vivante. Ces divers mouvements s'exécutent avec
grâce et précision.

Quant aux Romains, Charles Magnin invoque un
vers d'Horace prouvant qu'il y eut des marionnettes à
Rome comme en Grèce.

Dans la satire VIIe du livre IIe, un esclave du poète
profite de la liberté des Saturnales, pour faire la leçon à
son maître :

Je suis votre esclave, il est vrai, dit-il, mais vous l'êtes d'autres personnes qui vous mènent et vous tournent comme une
marionnette.

Tu mihi qui imperitas, aliis servis miser, atque
Duceris, ut nervis alienis mobile lignum. (Vers 55-56).

Le comte de Caylus, qui s'est occupé avec tant de
succès du matériel des arts dans l'antiquité, a fait graver
dans ses recueils plusieurs marionnettes romaines, les
unes d'ivoire, les autres de bronze. Quelques-unes de
ces pièces fort curieuses ont passé de son cabinet dans
celui des Antiques de la Bibliothèque Nationale.

L'auteur des origines du *Théâtre antique* et du
Théâtre moderne fait venir le nom de *Marionnette*,

diminutif de *Marion*, petite Marie, d'une célèbre procession en usage à Venise, et dans laquelle on finit par substituer des poupées de bois aux nobles Vénitiennes qui d'abord faisaient, sous le nom de *Maries*, l'ornement de cette antique solennité (1).

Le passage du livre intitulé *De Mundo*, que j'ai cité, et dans lequel il est fait mention de la grâce et de la précision avec lesquelles les marionnettes qu'on montrait à Athènes, du temps de Platon, exécutaient leurs mouvements, à tel point qu'on les prenait pour des êtres vivants, ce passage, dis-je, est peu connu, je crois. Mais ce qui est certain, c'est qu'il ne l'était par personne à Soleure, en Suisse, vers la fin du XVIIme siècle. Ce qui arriva dans cette ville à Brioché en donne la preuve. Ce Brioché avait établi, à l'époque dont nous parlons, aux foires Saint-Germain et Saint-Laurent, un théâtre où il faisait jouer les marionnettes, avec une adresse merveilleuse et jusqu'alors inconnue. Ce théâtre eut une très-grande vogue ; on y voyait aussi un singe très-habile dans les tours d'adresse et que le susceptible Cyrano de Bergerac tua d'un coup d'épée, le prenant pour un homme qui lui faisait la grimace (2).

Brioché, son singe appelé Fagotin et ses marionnettes iront, du reste, à la postérité, cités qu'ils sont dans les œuvres de Boileau, de Molière et de La Fontaine. — Ce dernier, dans la fable intitulée *la Cour du Lion*, parle d'une cour plénière... dont l'ouverture

> Devait être un fort grand festin,
> Suivi des tours de Fagotin (3).

(1) Pages 146-147-302.

(2) Cette anecdote fait le sujet d'un opuscule extrêmement rare, intitulé : *Grand combat de Cyrano contre le singe de Brioché.*

(3) Livre VII. Fable VIIme.

Boileau cite « *la place où Brioché préside.* » (1).
Enfin, Molière, dans le *Tartuffe* et la description que
Dorine fait à Marianne des plaisirs qu'elle trouvera dans
la petite ville où doit la conduire le mari que son père
lui destine, s'exprime ainsi :

> Là, dans le carnaval, vous pouvez espérer
> Le bal et la grand'bande, à savoir, deux musettes,
> Et parfois Fagotin et les marionnettes (2).

Ce dernier vers indique que Brioché ne donnait pas
des représentations seulement à Paris ; il entreprenait,
en effet, des tournées en province, et même en pays
étranger. Ce fut en Suisse que lui arriva la mésaventure
à laquelle j'ai fait allusion et qu'il me reste à raconter.

Arrivé à Soleure, Brioché y installe son théâtre ; le
public s'y rend. On n'avait jamais vu de marionnettes
dans cette ville ; le spectacle commence. Voilà nos
Suisses, étonnés d'abord, bientôt effrayés, et comme la
sorcellerie se mêlait en toutes choses à cette époque,
soupçonnant là-dessous quelque diablerie. Du soupçon
à la certitude, il n'y a pas loin, en pareil cas. On tient
conseil, on délibère, et on ne manque pas de conclure
que notre homme est un magicien dangereux à la tête
d'une troupe de diablotins. Bref, on le dénonce au
magistrat qui se hâte de le jeter en prison. Son procès
s'instruit, des témoins attestent avoir entendu parler,
avoir vu marcher de petites figures de bois qui ne peuvent avoir été animées que par quelque secret infernal.
On ne tient nul compte des protestations du malheureux,
qui va payer de sa vie le tort d'avoir été trop habile
dans son art. Par bonheur, un capitaine aux gardes
suisses, arrivé à Soleure pour y faire des recrues, va

(1) Epitre VII.
(2) Acte II*, scéne III*.

visiter le sorcier par curiosité. Il reconnaît Brioché qu'il avait rencontré ailleurs, et obtient son élargissement, en expliquant au magistrat le mécanisme des marionnettes (1).

Si, maintenant, nous passons du théâtre des marionnettes en général à l'acteur le plus connu de ce théâtre en plein vent, à Polichinelle, devrons-nous dire aussi qu'il remonte à l'antiquité? Aux Atellanes, par exemple, ces petites pièces d'un genre bouffon et satirique venues d'Atella, ville des Osques, et qui obtinrent un grand succès à Rome, au Vme siècle de sa fondation?

Quelques auteurs l'ont pensé; mais, d'après l'opinion la plus accréditée, Polichinelle est d'origine moderne; et cette origine est double, à la fois italienne et française; le nom serait italien et le type français.

Donnons quelques explications à cet égard, et citons diverses autorités. Voici d'abord ce que dit l'abbé Galiani.

Vers la fin du XVIme siècle, un nommé Fiorello, directeur d'une troupe ambulante, fut frappé du comique naturel d'un simple paysan de la Campanie, à la riposte vive, à la langue bien pendue, au nez gros et bourgeonnant, portant le nom de Pulcio Anello; il l'adjoignit à ses compagnons. Cet acteur si bien doué mourut en 1636.

Les comédiens de la troupe de Fiorello le remplacèrent par un de leurs camarades qui adopta le même costume et le même masque. D'autres comiques suivirent cet exemple; et c'est ainsi, sous l'abréviation du nom primitif, qu'est né le Pulcinella des troupes italiennes qui ont séjourné si longtemps en France. C'est à ces

(1) *Biographie universelle*, au mot *Brioché*.

troupes que Molière a emprunté le personnage en question, pour en faire, en francisant son nom, le Polichinelle de l'intermède du *Malade imaginaire*.

Quant à celui qui, sous cette dernière appellation, obtint sur le théâtre de Brioché un succès qui s'est prolongé jusqu'à nos jours, c'est un type entièrement national et une des créations les plus accentuées de la fantaisie française (1).

M. Magnin a émis à ce sujet une idée neuve, très-originale, et qu'à ce double titre je crois devoir reproduire en entier.

Pour dire toute ma pensée (écrit le savant auteur), Polichinelle, sous l'exagération obligée d'une loyale caricature, laisse percer le type populaire, je n'ose dire d'Henry IV, mais tout au moins de l'officier gascon imitant les allures du maître dans la salle des gardes du château de Saint-Germain ou du vieux Louvre. Quant à la bosse, on sait qu'elle a été, de temps immémorial, l'apanage du *badin ès-farces de France*. On appelait au XIIIe siècle Adam de la Halle le bossu d'Arras, non pas qu'il fût bossu, mais à cause de sa verve railleuse :

On m'appelle bochu, mais je ne le suis, mie,

comme il le dit dans sa chanson du roi de Sicile.

Et quant à la seconde bosse qui brille, par surcroît, sous son pourpoint à paillettes, elle rappelle la cuirasse luisante et bombée des gens de guerre et les ventres à la poulaine alors à la mode et qui imitaient la courbure de la cuirasse. Il faut d'ailleurs remarquer que les bosses du Polichinelle d'alors étaient bien moins proéminentes que celles du Polichinelle de nos jours, comme le prouve la gravure du tome V du *Théâtre de la foire*, p. 47, qui nous donne son portrait exact à la date de 1722.

Le chapeau même de Polichinelle, je ne parle pas de son tricorne moderne, mais du feutre à bords retroussés qu'il portait encore au XVIIe siècle, était la coiffure des cavaliers du temps, le chapeau à la Henri IV. Enfin, il n'est pas jusqu'à certains

(1) Lud. Celler. *Les Types populaires au théâtre.*

traits caractéristiques du visage, jusqu'à l'humeur hardie, joviale, amoureuse du bon drille, qui ne rappellent, en charge, les qualités avantageuses et les défauts du Béarnais (1). »

Si ce n'est vrai, c'est bien trouvé, et il faut reconnaître qu'on ne peut soutenir une opinion d'une manière plus ingénieuse.

Quoi qu'il en soit, la verve, la causticité, les saillies de Polichinelle, que les enfants ne sont pas en état de saisir, ont été appréciées et célébrées par des hommes d'un haut mérite.

Que de secrets de l'âme (a écrit Charles Nodier), que de curieuses révélations des mystères du génie et de la sensibilité, que d'observations d'une vraie et profonde philosophie il y aurait à recueillir dans la conversation de Polichinelle !

Lord Byron n'a pas dédaigné de lui adresser un sonnet où il dit :

> Triumphant Punch ! With joy i follow thee
> Thro'the glad progress of thy wanton course.

Polichinelle, on le comprend, a eu ses historiens et ses peintres. J'ai eu entre les mains un charmant petit livre imprimé à Paris en 1830 : *Polichinelle*, drame en trois actes, avec illustrations de Georges Cruiskanck. Ne pouvant rien reproduire ici de l'œuvre du dessinateur, j'emprunte du moins aux auteurs du livre le charmant portrait qu'ils donnent de leur héros, et dont chacun peut constater la parfaite ressemblance :

Polichinelle est bossu, il est même doublement bossu ; mais ces bosses, tristes infirmité pour tout autre, ne lui ôtent rien de sa grâce naturelle. Bien plus, sans elles, il plairait moins ; c'est un charme de plus ajouté à ses autres charmes. Un teint frais et rosé, deux grands yeux ronds et pleins de feu, un nez magnifi-

(1) *Histoire des Marionnettes*, p. 121

quement long et qu'une tendre sympathie rapproche du menton forment un ensemble piquant qui a mille fois plus d'attraits que la beauté froide et régulière des chefs-d'œuvre de l'art grec ; sa main et ses pieds sont à désespérer une Chinoise. Quant à ses jambes, elles ne sont pas de celles que l'on cache dans ses bottes ; leur principal attrait ne consiste pas dans l'énormité du mollet, mais bien dans l'élégante finesse de la cheville, dans la symétrie générale des proportions. Aussi, Polichinelle, qui n'est pas exempt d'une certaine coquetterie, ne paraît-il jamais sur le théâtre qu'en culottes courtes.

Les anecdotes abondent sur Polichinelle dans le livre que je viens de citer. J'en extrais les plus piquantes. Ce fut à ce personnage populaire que l'un des plus illustres chanceliers d'Angleterre, Lord Curran, dut sa haute fortune au commencement de ce siècle.

Jeune écolier peu fortuné, Curran passait un jour dans Hay-Market, à Londres, lorsqu'il rencontra une baraque où jouait Polichinelle. Fantaisie lui prit de faire lui-même le dialogue pour un instant. La permission qu'il sollicite lui est accordée :

D'abord, il s'y prit mal, puis un peu mieux, puis bien.

Et si bien, que l'auditoire fut enchanté, et la recette double de l'ordinaire. Heureux de son succès, le jeune Curran continua, pendant quinze jours, à faire Polichinelle dans Hay-Market. Puis, réfléchissant à cette facilité d'improvisation qu'il venait de découvrir en lui, il se décida à embrasser la profession d'avocat ; d'avocat distingué, il devint membre de la Chambre des Communes, et enfin sous le ministère Fox, en 1806, Lord-Chancelier d'Angleterre (1).

Vers la même époque, en France, le comte François de Neufchateau, directeur d'une de ces grandes adminis-

(1) *Polichinelle*, drame en trois actes. Préface, page 23.

trations que créa le premier Empire, voit, un jour, l'un de ses employés arriver au bureau à trois heures et demie.

— Comment donc arrivez-vous si tard, Monsieur ? interroge sévèrement M. de Neufchateau ; quelle excuse allez-vous me donner ?

— Je vais vous dire franchement la vérité, Monsieur le directeur, je suis fou de Polichinelle.....

— Vraiment, interrompt M. de Neufchateau, d'un ton plus doux.

— Oui, Monsieur, je suis passé devant son théâtre, et je ne viens que de le quitter, j'ai assisté à huit représentations !

-— Mais alors, mon cher Monsieur, comment se fait-il que je ne vous y aie pas rencontré (1) ?

Peut-être le lecteur m'a-t-il adressé le reproche de prolixité à propos des pages que je viens de consacrer aux marionnettes et à Polichinelle. Le titre de ce chapitre : *Le Bâton au théâtre*, voilà quel a été pour moi le motif déterminant ; voilà, s'il le faut, mon excuse. On a toujours dit le Théâtre des Marionnettes ; et ce n'est que dans la langue du métier qu'on appelle *le Castelet*, de l'italien *il Casteletto*, cette petite baraque où ont lieu les représentations dont nous avons parlé. Or, quel est le théâtre — puisque théâtre il y a — où le bâton joue un rôle plus important, plus répété ? N'y tient-il pas lieu des moyens et des ressources de l'art ? N'y dénoue-t-il pas toutes les péripéties ? Les bastonnades ne s'y succèdent-elles pas de scène en scène, et ici, la bastonnade n'est-elle pas la mort ? — Voyez ces cadavres gisant les uns à côté des autres ? Cette femme,

(1) *Loc. cit.*, page 25.

ce gendarme, ce commissaire, ce juge ? Et quel est l'auteur de tant de meurtres ? Voyez encore : c'est Polichinelle qui se promène triomphant, son bâton au port d'armes, et fredonne le refrain d'une chansonnette. N'y avait-il donc pas obligation pour moi de donner des détails circonstanciés sur ces victimes du bâton au théâtre et sur leur meurtrier ?

Du reste, j'aurais dû le faire, ce me semble, ne serait-ce que pour consigner ici une réflexion à laquelle la légèreté du sujet n'ôte rien de son opportunité ? N'est-il pas à regretter qu'un drame où la force l'emporte sur la loi et sur la justice ait été représenté, pendant si longtemps, sur nos places publiques, à l'adresse de l'enfance principalement, sans qu'aucune protestation ait jamais eu lieu contre un si déplorable exemple ? Il vient de s'en produire une cependant, mais ajoutons que ce n'est pas en France. Il a été annoncé récemment que l'échevin inspecteur des théâtres et des ballets à Bruxelles avait mandé le directeur du théâtre de Guignol et lui avait défendu d'administrer la bastonnade, sur la scène, aux bourgmestres, gendarmes, juges, etc., en un mot à tous les représentants de l'autorité.

« Que dirait le bon peuple à Paris (ajoute judicieu-
« sement le journal qui rapporte ce fait), si le préfet de
« police s'avisait de défendre à Guignol de rosser le
« commissaire. »

On l'a remarqué, sans doute, il n'est pas question ici de Polichinelle. C'est que le malin et méchant bossu est aujourd'hui remplacé par le canut lyonnais qui, après avoir fait son apparition à Lyon, dans les dernières années du XVIIIe siècle, est devenu, peu à peu, le principal acteur du théâtre des Marionnettes auquel il a donné son nom.

Mais ce nom, d'où lui est-il venu à lui-même ? Plusieurs opinions se sont produites à ce sujet ; la plus accréditée est celle-ci :

A l'époque que nous venons d'indiquer, les dernières années du XVIIIe siècle, un nommé Laurent Mourguet exploitait à Lyon un théâtre de marionnettes dont le principal personnage, comme de raison, était Polichinelle. Il avait pour voisin un canut de la vieille roche, fort gai et fort spirituel. Mourguet lui communiquait ses pochades, ses lazzis, et quand le vieux canut était satisfait, avait bien ri, il manifestait son contentement en ces termes. *C'est Guignolant* ! Le mot fut connu, répété ; et le public en fit celui de *Guignol*, lorsque Mourguet eut l'idée de remplacer Polichinelle comme héros de ses pièces, par le canut lyonnais avec son costume, son accent, son caractère (1).

Ajoutons que si ce costume est moins pittoresque, cet accent moins particulier, ce caractère moins gai que celui de Polichinelle, qu'en un mot, si la forme vaut moins, le fond vaut plus. Guignol, sans doute, est un peu buveur, il a mauvaise tête, il bâtonne aussi à tort et à travers, mais, du moins, il est brave, franc et dévoué.

De cette comparaison, M. Ludovic Celler conclut qu'à défaut de grandes scènes, il y a du moins une moralisation ascendante dans le théâtre des Marionnettes, « indice, dit-il, du fond d'honnêteté native qui existe « dans le petit public auquel s'adressent les produc- « tions de ces drames élémentaires (2). »

Mais voici, dans le même ordre d'idées et de faits, une moralisation plus caractérisée et qui vise plus haut que l'enfance ; c'est le théâtre des Marionnettes, en

(1) Voir : *Le Théâtre de Guignol*, 2 vol. Lyon.
(2) *Les Types populaires au théâtre*, p. 37.

Hollande, qui la donne. Comme ses autres confrères, le Polichinelle hollandais roue de coups, son ami, sa femme, ses voisins, et résiste au gendarme, au commissaire de police, au juge, au diable lui-même. Mais pendant qu'il se promène seul sur la scène d'un air triomphant, apparaît une petite poupée, ravissante de grâce, étincelante de clinquant, qui se met à danser une polka. Polichinelle l'admire, en silence d'abord, puis s'avance, un mot de galanterie aux lèvres... Mais la poupée le soufflette si dur du bout de son petit pied, qu'il tombe bientôt sans vie, sur le corps de ses victimes. Polichinelle tué, la poupée continue sa danse pendant quelques instants encore, puis disparaît dans les coulisses et la toile tombe.

« Ainsi, grand Polichinelle (s'écrie l'auteur de l'ar-
« ticle que nous citons), toi qui ne craignais rien, toi,
« vainqueur toujours, un temps de polka a suffi pour
« te vaincre, une mince poupée a été plus forte contre
« toi que tous les pouvoirs de la société (1). »

Pour que ce chapitre comprenne tous les bâtons qui jouent un rôle au théâtre, il en est un encore dont je dois parler. Mais je le ferai brièvement, et en remontant de la baraque des Marionnettes sur les planches des grandes scènes.

Ce bâton ne ressemble en rien à celui dont nous avons emprunté la description à Molière :

.... Vert, noueux et massif.

Description qui peut s'appliquer à celui dont Polichinelle use et abuse, comme nous venons de le voir. Le bâton dont il s'agit à présent est plat, mince, souple,

______

(1) *Bibliothèque universelle et Revue Suisse*, décembre 1875

sans aspérités, il n'est pas agressif ; plus souvent au repos, sous le bras, qu'en action dans la main, on ne l'a jamais vu, que je sache, faire de graves blessures, encore moins donner la mort ; ce bâton a un nom spécial, c'est la batte d'Arlequin.

Mais quelle est son origine ? Un écrivain que nous avons déjà cité, rapporte, à cet égard, une opinion d'après laquelle cette origine se rattache à celle du nom même d'Arlequin. Dans ce système, si l'acteur qui a créé ce rôle et y a excellé, Dominique Biancolelli, était Italien, le type et la dénomination du personnage appartiendraient à la France.

Suivant une ingénieuse supposition de M. Genin (écrit M. Ludovic Celler), Arlequin personnifierait en noir, c'est-à-dire en démoniaque, tandis que Pierrot personnifierait en blanc, c'està-dire en spectre, les apparitions des âmes des soldats tués dans les guerres du Midi de la France contre les Sarrazins.

Arlequin dériverait d'Allequins, Allecamps.

Allecamps ou Ely camp ou Arles camps était un vieux cimetière arlésien sur l'emplacement duquel eurent lieu de sanglants combats entre les Sarrazins et les soldats de Charlemagne.

De terre sortaient au moyen-âge, des légions de fantômes, noirs, pour les âmes maudites des Sarrazins, blancs pour celles des chrétiens. Peu à peu, ces apparitions légendaires auraient perdu leur sens terrible, et seraient devenues comiques. Arlequin aurait remplacé le diable noir et Pierrot le fantôme blanc. Dès lors, au premier, ayant une origine militaire, convenait bien la batte, ou le sabre de bois, à la place de son épée désormais impuissante (1).

A la suite de cette opinion qu'il emprunte à un tiers, M. Ludovic Celler en émet d'autres qui lui sont personnelles sur l'origine de la batte.

Ne pourrait-on pas, dit-il, y voir la trace d'un ancien jouet usité dans le jeu du rat (dont les peintures de Pompéi offrent

____

(1) *Les Types populaires au théâtre*, page 41.

des modèles) et dans lequel un enfant, les yeux bandés, tourne sur une circonférence, cherchant avec une baguette plate à frapper ses camarades.

La batte ne viendrait-elle pas encore de la sotte manie de quelques plaisants, en temps de carnaval, de tracer avec de la craie étendue sur une planchette, des figures ou des animaux sur le dos des passants (1) ?

Pas plus que sur Polichinelle, les anecdotes ne manquent sur Arlequin, et pour mieux dire, sur Dominique Biancolelli. Entre toutes, je choisis celle dans laquelle la batte a rempli habilement son rôle et contribué à un heureux résultat.

Dominique désirait placer des vers au bas de son portrait qu'avait fait un habile peintre. On lui parla du chanoine Santeuil dont la réputation, comme poète latin, grandissait de jour en jour, et qui avait enrichi d'inscriptions très réussies les nouveaux monuments qu'on élevait à Paris à cette époque.

Sachant à quoi s'en tenir sur le mérite du poète, Dominique s'informa de l'homme. Il apprit que Santeuil, qui n'était, du reste que sous-diacre, fréquentait les grands seigneurs, et faisait très-bonne figure à leur table ; que, d'un autre côté, il était violent, colère, orgueilleux.

Muni de ces informations, Dominique se rend à l'abbaye de Saint-Victor où demeurait Santeuil, et frappe à la porte. Ils ne se connaissaient ni l'un ni l'autre. Le poète composait en ce moment.

— Qui est là ? demande-t-il.

Dominique ne répond pas.

— Qui est donc là ? s'écrie Santeuil.

Même silence.

(1) *Ibidem*, page 85.

— Quand tu serais le diable, exclame le poète impatienté, entre si tu veux.

Dominique ne se le fait pas dire deux fois. Il entre, costumé avec ses habits de théâtre : son manteau rouge sur les épaules, sa batte à la ceinture, son petit chapeau mou sur l'oreille, et le visage couvert de son masque noir. A peine entré, il se met à courir, à gambader dans la chambre, sautant sur les meubles avec une agilité surprenante, faisant mille grimaces, prenant les poses les plus bizarres.

Inutile de peindre la surprise, on peut ajouter, l'effroi de Santeuil à cette apparition.

Dominique ne s'en tient pas là. A l'aide des renseignements qu'il avait recueillis, il énumère avec complaisance tout ce que l'opinion publique reprochait au chanoine-poète : son humeur capricieuse, son caractère emporté, son orgueil, son infatuation de lui-même, son goût pour la bonne chère, tout cela dit dans ce langage imagé, semé de lazzis qui était familier à l'Arlequin de la Comédie Italienne, et accompagné de nombreux coups de batte, en manière de correction.

Santeuil, exaspéré, hors de lui, se jette sur Dominique pour l'assommer à coups de poing ; mais rien de si facile à celui-ci, grâce à son agilité, d'éviter ce choc, d'en éviter d'autres et de riposter par des coups incessants de sa batte ne frappant jamais dans le vide.

Le pauvre Santeuil est obligé de demander grâce.

— Mais qui êtes-vous ? s'écrie-t-il, êtes-vous le diable ? Et que me voulez-vous ?

— Je suis l'Arlequin de la Comédie Italienne, et je désire avoir des vers de vous pour mon portrait.

— Dominique Biancolelli ! Je vous connaissais de réputation, mais vous êtes bien au-dessus de ce que

l'on dit de vous... Des vers, pour votre portrait... atten-
dez... un seul suffira, le voici : *Castigat ridendo mores.*

Ce vers si expressif dans son laconisme fut paraphrasé
plus tard dans le quatrain suivant.

Bologne est ma patrie et Paris mon séjour.
J'y règne avec éclat sur la scène comique ;
Arlequin sous le masque y cache Dominique
Qui réforme en riant et le peuple et la cour.

L'un des fondateurs du théâtre du Vaudeville,
Antoine de Piis, a composé, sur l'anecdote que nous
venons de raconter, une pièce en trois actes, en prose,
mêlée de couplets, et qui fut représentée, le 11 novembre
1798, sous le titre : *Santeuil et Dominique ;* elle finit
très-bien. Dominique remercie vivement le poète pour
les vers qu'il vient de faire à la destination de son
portrait : *Castigat ridendo mores;* puis il ajoute : Mais
« c'est à l'art plus encore qu'à l'artiste que cette
« devise appartient ; je la ferai mettre sur notre toile
« pour y servir d'enseigne à la morale et à la gaîté
« réunies. »

Quant à la pièce en elle-même, les situations en sont
comiques, les couplets pleins d'esprit et d'originalité.
Un grave reproche à faire à l'auteur, c'est d'avoir présenté Santeuil d'une manière ridicule et inconvenante,
Santeuil qui fut un grand poète, dont la vie aurait pu
être plus régulière, mais qui eut toujours des mœurs
irréprochables.

CHAPITRE V.

Le Bâton dans la République des Lettres.

I

Il existait à Rome — sous l'empereur Auguste — une loi qui punissait de la bastonnade quiconque faisait des vers satiriques et mordants. Horace rappelle le fait et ajoute : « La crainte du bâton rendit sages les « poètes, et les réduisit à se contenter de plaire et « d'amuser. »

> . . . . Quin etiam lex,
> Pœnaque lata, malo quœ nollet carmine quemquam
> Describi. Vertere modum, formidine fustis,
> Ad bene dicendum, delectandumque redacti (1).

En France, il fut un temps où les poètes ne devaient faire que des vers élogieux sur les grands seigneurs et les puissants du jour, sous peine, dans le cas contraire, d'être bâtonnés.

Il en fut ainsi notamment au dix-septième siècle. Aucune loi, bien entendu, ne donnait autorisation à cet égard, mais c'était parfaitement admis et établi en fait. Et ce fait était si fréquent, qu'il en était résulté une locution particulière ; pour dire bâtonner quel-

(1) *Epitres d'Horace*, livre second, à Auguste. Vers 152 et suiv.

qu'un, on disait : *le traiter en poète*. En voici un exemple :

« Dans notre race, il n'y a personne pour vous
« rendre la pareille, disait Mademoiselle de Ségur à
« Benscrade qui l'avait chansonnée, mais il y a bien des
« gens qui vous traiteront en poète, si vous y retournez. »

Cet état de choses trouve son explication dans la condition sociale des gens de lettres à l'époque que nous venons d'indiquer. Tous ou presque tous appartenaient alors à quelque comte ou marquis, étaient les *domestiques*, suivant le terme reçu, de quelque grande maison. Cette domesticité était non-seulement acceptée, mais même recherchée avec un soin jaloux ; et comme on en retirait les avantages et les profits, il fallait en subir les inconvénients, d'après les mœurs et les habitudes du temps.

.Le satirique Régnier disait à propos des Mécènes du jour, en se mettant lui-même de la partie :

> Ils nous voyent de bon œil, et tenant une gaule,
> Ainsi qu'à leurs chevaux nous en flattent l'épaule.

Si les choses n'allaient pas toujours aussi loin, et l'on aime à le croire, en faisant la part de l'exagération du poète, il arrivait souvent que cette espèce de domesticité se prolongeait, en pure perte, pendant longues années. C'est ce qui advint précisément à ce même Régnier qui resta attaché pendant dix ans au cardinal de Joyeuse, sans obtenir de lui la moindre récompense.

— Le satirique nous l'apprend dans quelques vers facilement tournés et qui, évidemment, pouvaient s'appliquer, en toute vérité, à bien d'autres qu'à lui :

> J'allais, vif de courage, et tout chaud d'espérance,
> En la cour d'un prélat, qu'avec mille dangers,
> J'ai suivi, courtisan, en pays étrangers.

J'ai changé mon humeur, altéré ma nature,
J'ai bu chaud, mangé froid, j'ai couché sur la dure.
Je l'ai, sans le quitter, à toute heure suivi.
Donnant ma liberté, je me suis asservi
En public, à l'église, à la chambre, à la table ;
Et pour avoir été maintes fois, agréable,
Mais instruit par le temps, à la fin j'ai connu
Que la fidélité n'est pas grand revenu,
Et qu'à mon temps perdu, sans aucune espérance,
L'honneur d'être sujet tient lieu de récompense (1).

En dehors de cette circonstance particulière de la domesticité, les hommes de lettres étaient d'une manière générale, *gent bâtonnable* à merci, pour les grands seigneurs qui avaient ou croyaient avoir à se plaindre d'eux. Ceux qui tenaient le premier rang n'échappèrent pas, dans ce cas, à la loi commune.

Pour établir ce fait et tout ce qui se rattache au sujet traité dans ce chapitre, nous avons consulté divers écrits du temps, notamment la *Correspondance de Grimm*, la *Chronique scandaleuse* et surtout les *Mémoires secrets* qui contiennent les plus piquantes révélations sur les hommes et les choses du dix-huitième siècle. Nous avons mis aussi à profit les recherches faites par un écrivain bien connu par ses ouvrages non moins consciencieux qu'intéressants : M. Victor Fournel. Ces recherches, M. Fournel les a consignées dans un livre intitulé : *Du rôle des coups de bâton dans les relations sociales, et en particulier dans l'histoire littéraire.*

A la dernière partie de ce titre, on pourrait substituer une énonciation plus précise, plus explicite, celle-ci : *le Martyrologe des hommes de lettres bâtonnés.* La liste qu'en a dressée M. Fournel et qu'il a placée à la fin de son livre, ne contient pas moins de quatre-vingt-

(1) Satire II.

dix noms. C'est à ce point de vue qu'un écrivain du XVIIIme siècle, Céruti, a dit que « le bâton était la palme de la satire. »

Ces préliminaires posés, entrons en matière en prenant pour point de départ le milieu du XVIIme siècle.

L'Académie Française fut fondée, on le sait, par Richelieu en 1635. Un des premiers membres de l'illustre corporation fut Bautru, un des courtisans les plus en faveur et successivement investi de plusieurs charges importantes. Académicien et grand seigneur, mais d'un esprit caustique, médisant, poète satirique, il était, en cette dernière qualité, justiciable du bâton, et la peine commune ne lui fut pas épargnée. A tel point que dans un écrit du temps, on dit de lui qu'il reçut presque autant de coups de bâton qu'il avait donné de coups de langue. Il était incorrigible, et ce n'est pas lui assurément que le poète Tristan-l'Hermite a voulu désigner dans cette épigramme sur un médisant :

> C'est un dogue, dit-on, qui mord même les siens ;
> Moi, je trouve qu'il est d'une humeur bien contraire,
> Car, à coups de bâton l'on fait crier les chiens,
> Mais à coups de bâton souvent on l'a fait taire.

Cette causticité persistante de la part de Bautru ne permettait pas qu'on le plaignît pour les volées de bois vert que lui attirait l'intempérance de ses propos. Bien loin de là, c'était matière à plaisanterie. Notre académicien avait été bâtonné en public par ordre du duc d'Epernon qu'il avait raillé. A quelques jours de là, un de ses amis le rencontre, portant une canne, ce qui ne lui était pas habituel. — Est-ce que vous avez la goutte ? lui demande-t-il. — Mais non. — Et le poète Desbarreaux, qui était présent, d'ajouter : « M. de

« Bautru porte le bâton, comme saint Laurent son gril ;
« c'est la marque de son martyre. »

Bautru, du reste, n'agissait pas autrement que le public. Il trouvait dans ses mésaventures texte pour des jeux de mots et des couplets.

Un de ceux qui l'avaient bâtonné par ordre du duc d'Epernon, passant près de lui, au bout de quelques jours, se mit à contrefaire les cris qu'il poussait pendant l'exécution : « Ah ! dit tranquillement Bautru, « voilà un excellent écho, il répète longtemps après. »

Dans une autre circonstance, un de ses amis lui reprocha de ne pas avoir tiré vengeance des coups de bâton qui lui avaient été administrés. — « Je ne me mêle « jamais, répondit-il, de ce qui se passe derrière moi. »

Le marquis de Borbonne contre lequel il s'était permis quelques plaisanteries, le traita, de sa main, comme le duc d'Epernon l'avait fait traiter par ses gens. Ce marquis de Borbonne n'ayant jamais remporté aucun avantage dans les divers commandements qu'il avait exercés pendant la guerre, Bautru composa contre lui une chanson dont le refrain était celui-ci :

Borbonne
N'a jamais battu personne....
Et pourtant, il me bâtonne !

D'un autre côté, se trouvant à l'Académie quelques jours après sa mésaventure, et voyant l'embarras de ses confrères, il s'avança vers eux, et le sourire aux lèvres : « Croyez-vous, leur dit-il, que je sois devenu sauvage « pour avoir passé par les bois ! » Et les confrères de rire.

Maintenant, pour donner une idée moins restreinte du personnage, citons deux de ses bons mots en dehors des bastonnades.

Bautru étant en Espagne, alla visiter la fameuse

bibliothèque de l'Escurial où il trouva un bibliothécaire fort ignorant. Le roi l'interrogea sur ce qu'il avait remarqué. « Votre bibliothèque est très-belle, lui dit Bautru ; « mais Votre Majesté devrait donner à celui qui en a le « soin, l'administration de ses finances. — Et pour- « quoi ? — C'est, répartit Bautru, qu'il ne touche point « au dépôt qui lui est confié. »

L'abbé de La Rivière était allé à Rome pour solliciter d'être nommé cardinal. Il en revint très-enrhumé et sans avoir obtenu ce qu'il avait demandé. — Ce rhume n'a rien d'extraordinaire, dit Bautru, l'abbé est revenu sans *chapeau.*

En résumé, Bautru, a été compté, à bon droit, parmi les beaux esprits du XVIIme siècle, mais on peut ajouter qu'il était difficile d'avoir aussi peu le sentiment de la dignité personnelle.

Maintenant, opposons à Bautru un de ses contempo- rains, comme lui gentilhomme et l'un des premiers membres de l'Académie Française : Pierre de Boissat.

Dans un bal où il était venu déguisé en femme, Boissat avait tenu quelques propos peu convenables à la com- tesse de Sault dont le mari était gouverneur du Dau- phiné. Le comte le fit bâtonner par ses valets. Boissat n'imita pas son confrère Bautru ; il se redressa sous l'outrage et demanda hautement une réparation. Il écri- vit notamment à l'Académie, espérant qu'elle engagerait Richelieu, son protecteur, à venger un pareil affront. D'un autre côté, il fit intervenir la noblesse du Dauphiné à laquelle il appartenait. Enfin, après plus d'un an de négociations et de pourparlers, il obtint la réparation qu'il réclamait et qui fut minutieusement réglée de point en point. On stipula, entre autres articles, que l'offensé prendrait un bâton *pour en user comme bon lui semble- rait* sur le dos des valets qui l'avaient frappé et qui se tiendraient agenouillés à ses pieds ; mais Boissat se montra généreux et n'usa pas de la loi du talion (1). Quoi qu'il en soit, il faut, dit M. Fournel, lui savoir gré de son insistance, et l'en honorer d'autant plus, que cet exemple est presque unique alors (2).

A la suite de Bautru, de Boissat et d'autres écrivains à peu près oubliés de nos jours, tels que Boisrobert, Desbarreaux, Marigny, Montmaur, tous expiant par la bastonnade leurs vers satiriques, voici, sur la liste du Martyrologe, les grands noms de notre histoire littéraire au XVIIme siècle : Boileau, Racine et Molière.

A la vérité, le cas ici est moins grave. Il n'existe pas de certitude absolue qu'ils aient été bâtonnés, eux aussi ; mais on le présume fortement d'après certains écrits de ce temps. Ils furent si souvent menacés, qu'il paraît difficile que les menaces n'aient jamais été suivies de voies de fait.

Dans un ouvrage fort rare intitulé : *Entretien de Scarron et de Molière aux Champs Elysées*, on trouve ce passage : « L'on m'a rapporté, dit Scarron, que Boileau « avait reçu des coups de bâton, pour en avoir trop « pincé. » — A quoi Molière, ne niant pas le fait, se borne à répondre : « Ce ne sont que ruades de Pégase. »

Autre indication : On trouve les vers suivants dans une pièce d'un poète satirique de l'époque, Louis de Sanlecque, chanoine de Sainte-Geneviève :

> Dans un coin de Paris, Boileau, tremblant et blème,
> Fut hier bien frotté, quoiqu'il n'en dise rien.
> Voilà ce qu'à produit son style peu chrétien :
> Disant du mal d'autrui, on s'en fait à soi-même.

(1) Voir pour cette pénalité le chapitre II, 2me partie, de cette étude intitulé : *La Bastonnade* dans les temps modernes.

(2) *Loc. cit.* p. 34 et suiv. — *Histoire de l'Académie*, par Pélisson, — *Ségraisiana*, t. II, p, 139, édit. de 1723.

Pour ce qui est des menaces, en voici une en vers encore :

Taisez-vous, Boileau le critique,
On fait pour votre hiver grand amas de fagots ;
Craignez qu'on ne vous en applique
Cent coups de bâton sur le dos (1).

A l'occasion du vers si connu :

J'appelle un chat un chat et Rolet un fripon.

Cent coups de bâton furent expédiés à Boileau, par la poste, en attendant mieux, par un hôtelier de Blois qui s'appelait Rolet et qui se crut directement insulté par le satirique.

Les risques les plus sérieux que Boileau ait jamais courus, et ce en compagnie de son ami Racine, eurent pour cause la cabale montée contre la *Phèdre* de ce dernier, en faveur de *Phèdre et Hippolyte*, tragédie de Pradon. Le duc de Nevers, la duchesse de Bouillon, Mme Deshoulières et d'autres personnes haut placées qui portaient un vif intérêt à Pradon, réussirent à faire représenter, avant celle de Racine, la tragédie de leur protégé, et à lui assurer un grand succès, grâce à la précaution prise de louer, pour plusieurs représentations, les loges du théâtre qu'elles firent occuper par leurs amis. Il s'en suivit une lutte très-sérieuse entre les partisans de Racine et ceux de Pradon, et un échange de pièces de vers plus violentes les unes que les autres. Le duc de Nevers ayant cru que l'une de ces pièces dirigées contre lui avait été composée par Racine et par Boileau, leur adressa un sonnet qui finissait ainsi :

Vous en serez punis, satiriques ingrats,
Non pas en trahison, ni par la mort aux rats,
Mais à coups de bâton donnés en plein théâtre.

(1) *Recueil de chansons pour servir à l'histoire anecdotique.* Bibliothèque Mazarin. L. 1375. A. B. C.

Le duc, cependant, dut s'en tenir aux menaces ; le prince de Condé lui fit dire qu'il vengerait, comme lui étant personnelles, les insultes faites à deux poètes qu'il aimait et qu'il protégeait.

Molière aussi n'échappa point à de fréquentes menaces de la part de grands seigneurs qui crurent se reconnaître dans certains personnages qu'il avait mis en scène. Le duc de Montausier fut averti que c'était lui que Molière avait voulu peindre dans le rôle d'Alceste du *Misanthrope*. Le gouverneur du grand Dauphin n'avait pas l'humeur facile. C'est de lui que Boileau avait dit dans sa satire à M. de Valincour :

> Le ris, sur son visage, est en mauvaise humeur.

Irrité de ce qu'on lui rapportait, il fit menacer Molière de le faire mourir sous le bâton. Mais la chose eut un heureux dénouement. Montausier alla voir la pièce, et sa colère se changea en satisfaction. « Je n'ai garde de « me plaindre, dit-il. L'original doit être bon, puisque la « copie est si belle. Je souhaiterais, en vérité, ressem- « bler à ce Misanthrope (1). »

Dans une autre circonstance étrangère au duc de Montausier, les choses ne finirent pas de même ; l'irritation amena un acte de violence.

On sait que, dans l'*Ecole des Femmes*, Arnolphe déclare qu'il veut que la sienne :

> Même ne sache pas ce que c'est qu'une rime ;
> Et s'il faut qu'avec elle on joue au corbillon,
> Et qu'on vienne lui dire, à son tour : Qu'y met-on ?
> Je veux qu'elle réponde : une tarte à la crème,
> En un mot, qu'elle soit d'une ignorance extrême.
>
> *(Acte I", scène I").*

(1) *Journal de Dangeau*, tome III.

Cette expression de *tarte à la crème* fut vivement blâmée à l'hôtel Rambouillet, comme une bassesse de style. Dans sa *Critique de l'Ecole des Femmes*, Molière appela de ce jugement, en exagérant, dans la bouche du Marquis de cette pièce, la condamnation de sa *tarte à la crème*. A la scène VI, le Marquis trouve l'*Ecole des Femmes* « détestable, du dernier détestable, ce qu'on appelle « détestable. » A la scène suivante, une discussion s'établit entre ceux qui défendent la pièce et ceux qui l'attaquent.

ELISE.

Dites tout ce que vous voudrez, je ne saurais digérer le *potage* et la *tarte à la crème* dont Madame a parlé tantôt.

LE MARQUIS.

Ah ! ma foi, oui, *tarte à la crème !* Voilà ce que j'avais remarqué. Que je vous suis obligé, Madame, de m'avoir fait souvenir de cela. *Tarte à la crème !* Morbleu, *tarte à la crème !*

DORANTE.

Hé bien ! que veux-tu dire ? *Tarte à la crème !*

LE MARQUIS.

Parbleu ! *Tarte à la crème*, chevalier.

DORANTE.

Mais encore ?

LE MARQUIS.

Tarte à la crème.

DORANTE.

Dis-nous un peu tes raisons.

LE MARQUIS.

Tarte à la crème !

URANIE.

Mais il faut expliquer sa pensée, ce me semble.

LE MARQUIS.

Tarte à la crème, Madame !

URANIE.

Que trouvez-vous là à redire ?

LE MARQUIS.

Moi ? Rien. *Tarte à la crème !*

C'est tout ce qu'on peut tirer de lui.

Un certain duc, dont les écrits du temps ne donnent pas le nom, mais qui ne brillait pas par l'esprit, était généralement désigné, dans le monde, comme l'original de ce marquis qui n'a, contre l'*Ecole des Femmes*, que son unique et éternelle exclamation : *Tarte à la crème !* Ce duc, recontrant un jour Molière dans un salon, s'approche et lui fait l'accueil le plus gracieux ; le pauvre Molière, se fiant maladroitement à l'expression riante de la figure d'un courtisan, s'incline pour répondre à ces politesses. Dans ce moment, le duc lui saisit la tête des deux mains et la lui frotte rudement contre les boutons de métal de son habit, en lui répétant : « *Tarte à la* « *crème, Molière, tarte à la crème !* »

Le poëte n'échappa à cette étreinte que le visage tout en sang.

Nous avons énoncé, au début de cet article, et nous venons d'établir dans les pages qui précèdent, qu'au XVIIme siècle, les hommes de lettres étaient *gent bâtonnable* à merci pour les grands seigneurs qui avaient à se plaindre d'eux. Voici un fait rapporté par Collé dans son journal et qui prouve qu'à cette époque, ces mêmes grands seigneurs se croyaient le droit de bâtonner un homme de lettres coupable d'avoir, même involontairement, froissé leur amour-propre.

Parmi les acteurs—auteurs du XVIIme siècle, il faut citer, à l'une des meilleures places, Dancourt qui, dans l'espace d'une trentaine d'années, composa soixante ouvrages dramatiques dont quelques—uns eurent beaucoup

11

de succès lors de leur apparition et sont encore estimés aujourd'hui.

Dancourt n'était pas seulement remarquable par la fécondité de son imagination ; il avait l'esprit vif et enjoué, la parole élégante et facile, sa conversation était originale, semée de saillies. Aussi recherchait-on beaucoup sa société, et Louis XIV lui-même avait-il accordé ses bonnes grâces à l'auteur autant qu'à l'acteur.

Dancourt se trouvait un jour à table en nombreuse compagnie, dont faisait partie un comte de Livry qui avait des prétentions au bel esprit, prétentions fort peu fondées. Dancourt n'avait jamais eu autant de verve et d'entrain que dans cette circonstance. Tout à coup, le comte dont on avait remarqué l'air maussade et contrarié, l'apostropha ainsi : « Dancourt, tu as été charmant « jusqu'à présent ; mais je t'avertis que si d'ici à la fin « du souper, tu as plus d'esprit que moi, je te donnerai « cent coups de bâton (1). »

Collé n'a pas fait connaître quelle fut la réponse de Dancourt. Mais, dans une circonstance semblable, le poète Chapelle, l'ami de Molière, de Racine et de Boileau, qui ne le consultaient pas sans fruit sur leurs ouvrages, en fit une des plus heureuses. Il se trouvait à table à côté d'un marquis d'humeur moqueuse, qui saisissait toutes les occasions de le molester, parlant de vers satiriques dirigés contre les gens de qualité et disant que s'il en connaissait les auteurs, il les rouerait de coups de bâton. Il revenait sans cesse à la charge, haussant le ton, gesticulant beaucoup et gênant de plus en plus Chapelle, l'homme du monde qui aimait le plus ses aises. Fatigué de cette importunité, Chapelle se lève et dit au marquis en lui présentant le dos : « Frappe, mais

(1) *Journal de Collé*, tome I, p. 294.

va-t'en ! » Le marquis baisse le ton, éloigne son siége et comble le poète de politesses. Le mot fameux de Thé - mistocle n'avait pas mieux réussi.

Elle est bien longue, comme on vient de le voir, la liste des hommes de lettres bâtonnés ou menacés de l'être au XVIIme siècle, par les hommes de qualité. Il n'en est pas de même de la contre-partie. On ne cite qu'un seul gentilhomme bâtonné, à cette époque, par un écrivain. Celui qui osa retourner la coutume établie fut le poète Dulot, l'inventeur des bouts-rimés. Il administra une forte volée de bois vert au marquis de Fosseuse, heureux, disait-il, d'avoir traité en vilain, un gentilhomme qui se prétendait allié aux Montmorency. En rapportant cette anecdote, M. Victor Fournel ajoute : « Il y a un détail qui enlève beaucoup à sa moralité, « c'est que le poète Dulot était à peu près fou. Peut-être « est-ce pour cela que son exemple ne fut pas conta- « gieux (1). »

Mais les choses changèrent. L'état social des gens de lettres qui, au XVIIme siècle, étaient pour la plupart, , comme nous l'avons dit, aux gages des princes et des grands seigneurs, se releva au siècle suivant.

Il devait en être ainsi. Les graves questions agitées à cette époque ne permettaient plus cet abaissement de ceux qui tenaient la plume. Il était passé, pour ne plus revenir, le temps où l'on pouvait dire d'un écrivain :

> D'un grand qui le nourrit il souffre les saccades ;
> Son dos même endurci se fait aux bastonnades.

Molière, dans sa courtisannerie envers Louis XIV, ne disait plus au IIIme acte d'*Amphitryon*, pour excuser sans

(1) *Loc. cit.*, p. 128.

doute l'emportement du grand roi contre un des officiers de sa maison :

> . . . . . . Je suis Mercure,
> Qui, ne sachant que faire, ai rossé tant soit peu
> Celui dont j'ai pris la figure ;
> Mais de s'en consoler, il a maintenant lieu,
> Et les coups de bâton d'un dieu
> Font honneur à qui les endure (1).

Insistant sur le point que nous indiquons en ce moment, M. Victor Fournel s'exprime ainsi :

« La littérature, en élargissant sa sphère et en élevant « son but, devait naturellement relever les littérateurs. « Ce résultat eût été plus complet, si la réalité eût ré- « pondu aux prétentions, si les projets avaient été aussi « purs qu'ils étaient hardis, si les écrivains avaient eu « autant de moralité que de puissance, si, en un mot, « on n'eût pas trouvé tant de contradictions entre la vie « et les œuvres, entre les œuvres même et les beaux sen- « timents qui y étaient exprimés (2). »

Quoi qu'il en soit, et pour reprendre la série des faits, disons qu'à cette même époque encore, au XVIIIme siècle, quelques grands seigneurs, se rappelant que leurs aïeux avaient l'habitude de bâtonner les gens de lettres dont ils croyaient avoir à se plaindre, employèrent le même procédé.

De ce nombre, un prince du sang, Louis de Bourbon-Condé, comte de Clermont. Ce prince avait fait preuve de valeur et d'habileté dans diverses opérations militaires dont on l'avait chargé ; il avait toujours montré du goût pour les lettres et formé une réunion littéraire aux séances de laquelle il assistait fréquemment. Ce n'étaient

(1) Acte IIIe, scène X.
(2) *Loc cit.*, p. 154.

pourtant pas là des titres suffisants pour justifier le désir qu'il manifesta en 1754, d'entrer à l'Académie Française. Il fut élu cependant, mais non sans de vives discussions que fait connaître l'histoire de la docte compagnie ; la verve des plaisants s'alluma, à cette occasion, et le poète Roy, qui n'était jamais en arrière dès qu'il s'agissait d'épigramme, en lança une des plus mordantes contre le nouveau récipiendaire. La voici :

> Trente-neuf joints à zéro,
> Si j'entends bien mon numéro,
> N'ont jamais pu faire quarante.
> D'où je conclus, troupe savante,
> Qu'ayant à vos côtés admis
> Clermont, cette masse pesante,
> Ce digne cousin de Louis,
> La place est encore vacante.

Le comte paya cette épigramme au moyen d'une volée de coups de bâton qu'il fit administrer au poète par un nègre, ce qui fit dire que c'était une vengeance pleine de *noirceur* (1).

Il a été énoncé dans quelques mémoires du temps que la correction avait été si violente que Roy en mourut quelques jours après. C'est une erreur facile à prouver : La réception du comte de Clermont eut lieu en 1754, et Roy n'est mort qu'en 1764 (2).

L'esprit satirique de Roy lui valut plus d'une correction du même genre, et voici une anecdote qui prouve qu'il en prenait son parti assez gaiement. Un de ses contemporains, Moncrif, avait publié une *Histoire des chats*, ou *dissertation sur la prééminence des chats sur les autres animaux d'Egypte*. Ce qui fit dire plaisamment au comte

(1) *Journal de Collé*, tome Iᵉʳ, p. 383.
(2) *Dictionnaire historique*, par Chaudon et Delandine.

d'Argenson, auprès duquel il sollicitait la place d'historiographe : « Vous voulez dire *historiogriffe.* »

Roy ne manqua pas cette occasion de lancer une épigramme contre l'œuvre de Moncrif. Celui-ci l'ayant rencontré, un jour, dans un endroit propice, lui appliqua une volée de coups de canne. Roy, toujours caustique, miaulait pendant l'opération : « Patte de velours, Minet, patte de velours ! »

Du reste, l'indifférence avec laquelle Roy subissait les différentes bastonnades que lui attiraient ses sarcasmes habituels, autorisait ses amis à en faire le sujet de leurs plaisanteries. L'un d'eux lui demanda, un jour, s'il ne donnerait pas bientôt un nouvel ouvrage. — « Oui, répondit-il, je travaille au ballet de l'*Année galante.* — « Un balai, répartit l'autre, prenez garde au manche. »

On peut dire, du reste, d'une manière générale, que le public n'accordait pas ses sympathies aux poètes satiriques. En veut-on un exemple ? Citons ce que dit Marais dans son *Journal ;* — Marais, avocat au Parlement de Paris, plein de modération et de bon sens — au sujet de Lagrange-Chancel, l'auteur des *Philippiques* : « Le bruit « court qu'il a été jeté dans le Rhône ; il n'y a pas grand « mal, » et il ajoute :

> Que de ces insolents la race tout entière,
> Aille, la tête en bas, rimer dans la rivière.

Puis, il rappelle ces vers de La Fontaine :

> Dieu créa pour les flots
> Les méchants diseurs de bon mots (1).

Cependant le siècle marchait, et le sentiment de la

---

(1) Le *Journal,* manuscrit de Marais de 1715 à 1727, comprend 3 vol. in-4°, déposés à la Bibliothèque Nationale et cotés sous le n° 145 du fonds Bouhier.

dignité personnelle s'accentuait de plus en plus chez les gens de lettres. Boissat, dont la résistance était demeurée isolée en 1660, trouva, à l'époque dont nous parlons, des imitateurs dans des écrivains qui avaient nom Voltaire, Piron, Beaumarchais, Sedaine, soit qu'ils rendissent coup pour coup, injure pour injure, soit qu'ils en appelassent à leur épée ou à la justice pour obtenir réparation.

Voltaire, qui avait déjà fait paraître *OEdipe* et la *Henriade*, dînait chez le duc de Sully. Un des convives, le chevalier de Rohan, l'ayant entendu émettre quelques idées qui n'étaient pas de son goût, demanda, en feignant de ne pas le connaître, quel est donc ce jeune homme qui s'exprime ainsi :

— « Un homme, répondit Voltaire, qui ne traîne pas « un grand nom, mais qui sait honorer celui qu'il porte. »

Le jeune poète pouvait alors se rendre ce témoignage à lui-même. Sa plume était encore — que n'en a-t-il été toujours ainsi ! — exempte de souillure.

A quelque temps de là, Voltaire, qui dînait encore chez le duc de Sully, fut attiré, sous un prétexte, à la porte de l'hôtel. Là, des laquais du chevalier de Rohan s'emparent de lui et l'accablent de coups de bâton, jusqu'à ce que leur maître, qui assistait *incognito* à l'exécution de sa vengeance, leur eût fait signe de cesser.

Mis à la Bastille, sur les démarches du chevalier de Rohan qu'il avait provoqué en duel, puis exilé en Angleterre, Voltaire dut se contenter d'une réparation indirecte. Il substitua le personnage de Mornay à celui de Sully dans les éditions de la *Henriade* postérieures au fait que nous venons de raconter.

C'est pour rappeler ce fait, peut-être même pour en provoquer le renouvellement, que, longues années après, le plus grand ennemi de Voltaire, Fréron, inséra cet erratum dans l'un des numéros de l'*Année Littéraire* qu'il avait fondée en 1754, et qui paraissait par cahiers tous les dix jours : « Faute à corriger dans le numéro 20, « page 200, ligne 12 : *François, Marie de Voltaire* « *Arouet*, lisez : François Marie de Voltaire à rouer (1)!

Cinquante ans s'écoulent. Le progrès commence à se dessiner. Attaqué non moins lâchement que Voltaire, par suite d'une rivalité de coulisses, par le duc de Chaulnes, Beaumarchais, plus heureux d'abord, put se faire justice lui-même, et ce qui vaut mieux, l'obtenir ensuite de qui de droit. Il rendit coup pour coup, lutta corps à corps avec son adversaire, qui du moins ne se tenait pas dans l'ombre, et agissait en personne ; il mit ainsi en pratique, et sans figure cette fois, la devise adoptée par lui pour le recueil de ses œuvres : *Ma vie est un combat.* — Enquête faite, il fut reconnu que tous les torts étaient du côté du duc et pair, qui fut emprisonné au château de Vincennes, en vertu d'une lettre de cachet.

Quelquefois, même à cette époque, les hommes de lettres, sans qu'il s'agisse d'actes de violence, relèvent avec fierté de dédaigneuses paroles qu'un grand seigneur croit pouvoir se permettre à leur égard. — Près d'entrer dans l'appartement d'un homme de haut rang, Piron rencontra à la porte une personne de qualité qui s'arrêta par politesse. Il s'arrêta également : — « Passez, Mon- « sieur, dit le maître du logis, passez, ce n'est qu'un « poète. » — « Puisque les qualités sont connues, ré- « partit Piron, je reprends mon rang. » Et il passa le premier.

Poursuivons. Voici, à une époque plus rapprochée de la nôtre, une réponse, plus fière encore, faite par un

(1) Pour Voltaire, comme pour les autres écrivains, nous nous occupons seulement des faits qui ont eu lieu en France.)

homme de lettres, qui, aussi modeste que l'auteur de la
Métromanie l'était peu, avait de commun avec lui la
finesse de l'observation et la vivacité de la repartie.
Après la représentation sur le théâtre de Fontainebleau
de son opéra-comique intitulé : *Albert*, Sedaine, mécontent de la mise en scène de la pièce, se livra à des réflc-
xions qui, rapportées à M. de la Ferté, intendant des
Menus-Plaisirs, irritèrent celui-ci. Il arriva tout en
colère, criant : « Où est donc Sedaine ? — *La Ferté*, dit
résolûment ce dernier, « *Monsieur Sedaine* est ici. » —
Plainte fut portée à la Cour ; et M. de la Ferté, entrete-
nant un jour la Reine de cet outrage fait à sa naissance
et à ses fonctions, Marie-Antoinette lui répondit :
« Quand le Roi et moi parlons à un écrivain, nous l'ap-
« pelons toujours Monsieur. »

II.

Les faits que nous allons relater dans cette seconde
partie s'accordent, mieux que ceux compris dans la première, avec le titre que nous avons donné à notre chapitre. Il ne s'agit plus en effet de bastonnades infligées aux
hommes de lettres par les grands seigneurs, mais de
bastonnades d'écrivain à écrivain. C'est donc, exactement parlant, *le Bâton dans la République des Lettres*.

Cette différence m'inspire une réflexion que je me hâte
d'exprimer. On doit regretter que, précisément à l'époque où l'état social des hommes de lettres s'était relevé,
où l'on commençait à leur accorder l'estime et la considération qui leur étaient dues, un grand nombre d'entre
eux aient mis en pratique, les uns à l'égard des autres,
les déplorables procédés dont les grands seigneurs
avaient usé contre leurs devanciers. Les mémoires du
temps sont là pour attester combien était fréquent, dans

les discussions littéraires, le recours à la brutale polé-
mique\ en action. C'est ce fâcheux état de choses qui
inspira à un poète d'alors cette piquante mais véridique
boutade :

> Le Parnasse a bien fait de n'avoir qu'un cheval,
> Car, s'il en avait deux, ils se mordraient sans doute.

On disait à cette époque, en France : *Tout finit par des
chansons*. Il fallait en excepter, toutefois, les querelles
des hommes de lettres ; elles commençaient par des
chansons et finissaient le plus souvent par des bastonnades. Couplets et coups de bâton se suivaient de très
près. De là, cet avertissement charitable donné à un
confrère par un poète prudent :

> Quoi ! ta muse se mêle
> De faire des chansons ?
> Qu'elle craigne la grêle
> De cent coups de bâton.

Ce furent des couplets qui donnèrent naissance à
l'une des plus graves querelles littéraires du XVIIIme siècle et qui fut appelée : *L'Affaire des couplets*. Le rôle
que joua dans cette querelle l'un de nos poètes classiques
et les conséquences qu'elle eut pour lui, nous détermi-
nent à en faire connaître les circonstances.

A l'époque dont nous parlons, les clubs patriotiques
n'existaient pas encore ; mais, par contre, les clubs littéraires, c'est-à-dire, les cafés littéraires — pour les
appeler par leur véritable nom — étaient fort en vogue
et en pleine prospérité. Avant le fameux Café Procope,
il y avait eu, rue Dauphine, le Café Laurent, que fré-
quentaient, réunis par des goûts communs : Crébillon,
La Motte, Jean-Baptiste Rousseau, Lafaye, Autreau,
Saurin, Danchet, c'est-à-dire, tout ce que les sciences
et les lettres offraient alors de plus recommandable.

Hésione, opéra de Danchet, avait obtenu un grand et légitime succès, peu de temps après la chute non moins méritée du *Capricieux*, comédie de Jean-Baptiste Rousseau. Celui-ci en fut vivement irrité, et pour donner issue à cette irritation, il composa, sur l'un des airs de l'opéra d'*Hésione*, cinq couplets fort méchants, contre les auteurs des paroles, de la musique et du ballet, et il les répandit sous le voile de l'anonyme. Ces premiers couplets, qu'on attribua généralement à Rousseau, furent suivis d'une foule d'autres, au bout d'un certain temps, et à l'époque où notre grand poète lyrique se mit sur les rangs pour remplacer Thomas Corneille à l'Académie Française. Ces nouveaux couplets étaient tellement infâmes, que les mémoires du temps et les biographies se bornent à les qualifier par cette épithète, sans en citer aucun. La voix publique désigna encore Rousseau comme en étant l'auteur. La justice fut saisie. Non content de soutenir son innocence, Rousseau accusa d'être l'auteur des couplets, l'un des habitués du Café Laurent, Saurin, le plus violent de ses ennemis. Il ne put prouver ce qu'il avançait ; on établit, par contre, qu'il avait suborné des témoins ; et en définitive, par arrêt du Parlement, à la date du 7 avril 1712, Jean-Baptiste Rousseau fut banni à perpétuité du royaume, pour avoir, y est-il dit, « composé et distribué des vers impurs et diffama- « toires et s'être livré à de mauvaises manœuvres pour « faire réussir l'accusation calomnieuse portée par lui « contre Saurin. »

Avant que cet arrêt fût rendu, Jean-Baptiste Rousseau s'était réfugié en pays étranger, mais non sans avoir subi, d'abord, l'affront d'une correction publique et cor- porelle de la main d'un des offensés, le poète Lafaye. Lafaye, l'un des hommes les plus aimables et les plus spirituels d'une époque où l'amabilité et l'esprit cou-

raient pour ainsi dire les rues, Lafaye, dont Voltaire a
tracé ce gracieux portrait :

> Il reçut deux présents des dieux,
> Les plus charmants qu'ils puissent faire :
> L'un était le talent de plaire ,
> L'autre le secret d'être heureux.

Notre grand poète lyrique ne prévoyait pas, hélas! que
sa menace se réaliserait contre lui—même , lorsque re-
poussant l'imputation d'avoir composé les couplets dont
j'ai parlé, il en apostrophait ainsi l'auteur anonyme :

> Vil rimeur, cynique effronté ,
> Que ne t'es-tu manifesté ?.....
> Nous eussions tous deux fait nos rôles :
> Toi, d'aboyer, qui ne dis mot,
> Et moi, de choisir un tricot
> Qui fût digne de tes épaules !

La complainte ne date pas de nos jours, comme quelques-uns pourraient le croire ; elle remonte aux premiers
temps de notre littérature populaire.

L'un des contemporains de Jean-Baptiste Rousseau,
Aureau, peintre et poète, nommé dans les fameux couplets, composa contre lui et à raison de sa mésaventure,
une complainte longtemps célèbre et commençant ainsi :

> Or, écoutez, petits et grands ,
> L'histoire d'un ingrat enfant...

allusion au fait imputé à Jean-Baptiste Rousseau d'avoir
rougi de sa naissance et méconnu son père qui était un
simple cordonnier de Paris.

De cette complainte dans laquelle on trouve toutes les
licences contre la rime et la raison que comporte ce

genre de composition, citons le couplet qui se rapporte
à la correction manuelle que Rousseau avait subie :

> Or donc, ayant mordu quelqu'un
> Qui n'était pas gens du commun,
> Celui-ci lui cassa les côtes
> Avec une canne fort grosse
> Dont il eut très grande douleur
> Tant sur le dos que dans le cœur.

Banni de France, Jean-Baptiste Rousseau se brouilla à
Bruxelles, avec Voltaire, dont il avait préconisé les débuts et prédit la célébrité, mais qui avait osé lui dire,
après avoir entendu la lecture de son *Ode à la Postérité* : « Mon maître, voilà une lettre qui n'arrivera jamais
« à son adresse. »

A cette époque, c'était la mode de faire l'épitaphe des
gens, de leur vivant ; Jean-Baptiste Rousseau fit la
sienne. La voici :

> Des mœurs de cet auteur qu'on peignit si malin,
> Passant, le jugement en deux mots tu peux faire :
> Il avait pour amis : Rouillé, Brumoi, Rollin,
> Il eut pour ennemis : Lenglet, Saurin, Voltaire.

Déclarer la guerre à Voltaire et le placer en si modeste
compagnie, c'était s'exposer à de rudes représailles. Elles
ne se firent pas attendre, et en voici un échantillon. Il
suffira pour faire connaître les aménités que les hommes
de lettres échangeaient entre eux, dans ce temps-là et,
quand ils n'en venaient pas aux coups de bâton, à quels
coups de plume ils ne craignaient pas de se porter.

Dans une pièce de vers, peu connue du reste, Voltaire, s'adressant à Jean-Baptiste Rousseau, lui disait :

> Mais, bientôt, le Dieu qui m'inspire
> T'arracha le luth et la lyre

> Qu'avaient déshonorés tes mains ;
> Tu n'es plus qu'un reptile immonde,
> Rebut du Parnasse et du monde,
> Enseveli dans tes venins !

Au lieu de se laisser aller à cette violence de langage, Voltaire eût mieux fait de se rappeler l'épigramme mordante, mais ne dépassant pas les bornes, que La Fontaine adressa à Furetière, dont le dos avait plus d'une fois payé les torts de sa langue.

La Fontaine, on le sait, succéda à son père dans la charge de maître des eaux et forêts. Il en remplit les fonctions avec la nonchalance qui faisait le fond de son caractère. Un jour, il avoua naïvement devant Furetière, qu'il ignorait la différence qu'il pouvait y avoir entre le bois en grume et le bois marmenteau. Celui-ci le railla impitoyablement sur ce qu'il ne connaissait pas même les termes de son métier, après trente ans d'exercice. A cette occasion, le bonhomme décocha à Furetière l'épigramme suivante :

> Toi qui de tout as connaissance entière,
> Ecoute, ami Furetière :
> Lorsque certaines gens
> Pour se venger de tes dits outrageants,
> Frappaient sur toi comme sur une enclume
> Avec un bois porté sous le manteau ,
> Dis-moi si c'était bois en grume,
> Ou si c'était bois marmenteau.

Nous venons de voir aux prises deux rudes joûteurs : Voltaire et Jean-Baptiste Rousseau ; à deux autres maintenant de moindre force et de petit renom.

A la différence de l'art, si la critique n'offre pas de difficulté — comme le dit un vers devenu proverbe — elle ne laisse pas d'avoir ses inconvénients et même ses dangers. Peu d'auteurs l'ont éprouvé d'une manière plus désagréable, de la part de leurs confrères, que La Harpe, l'un des écrivains les plus maltraités du XVIIIᵉ siècle, soit en paroles, soit en réalité, et dont le visage, disait-on, appelait le soufflet, mot qu'on amplifia, à son adresse, dans la gasconnade que voici :

> Un auteur souffleté dans mainte occasion ,
> Disait, en se gonflant, plus fanfaron que sage :
> « Partout on m'applaudit ! » — Eh oui ! dit un gascon,
> « On applaudit *Mousu* jusque sur son visage ! »

« M. de la Harpe a reçu des croquignoles de tous ceux « qui ont voulu lui en donner, lit-on dans les *Mémoires* « *secrets*, et ne s'est vengé que par sa plume, qui ne l'a « pas toujours bien servi. »

« Nous aimons tous M. de la Harpe, disait un de ses « confrères à l'Académie, mais on souffre en vérité de « le voir arriver sans cesse l'oreille déchirée (1). »

Les ennemis les plus déclarés de La Harpe furent Linguet et Dorat. Linguet fit la gageure de composer contre lui une épigramme tous les lundis, pendant un an, et tint parole (2). Pour ce qui est de Dorat, il y eut aussi échange d'épigrammes entre La Harpe et lui ; mais les choses allèrent plus loin. Les mémoires du temps contiennent sur cette longue hostilité de nombreux détails dont nous croyons devoir reproduire les plus saillants, pour faire apprécier la confraternité littéraire à cette époque.

Le nom de Dorat, de ce poète dont Le Brun a dit :

> Phosphore passager, Dorat brille et s'efface,
> C'est le ver luisant du Parnasse.

Ce nom, dis-je, ne réveille généralement que des

---

(1) *Correspondance littéraire de Grimm.* Tome IX, p. 362.
(2) *Ibidem.* Tome VIII, p. 124.

idées de délicatesse et de grâce, et aussi de sentimenta-
lisme outré, d'afféterie, en un mot, ne se montrant pas
moins dans la personne que dans les écrits. Il y avait,
toutefois, chez l'auteur de tant d'œuvres faciles et légères, une grande ténacité de caractère, une volonté des
plus persistantes que l'écrivain pas plus que l'homme du
monde ne laissa jamais faiblir, même aux derniers moments de sa vie.

Dorat mourant travaillait encore avec Mme de Beau-
harnais, à l'un de ses romans les plus gracieux. Deux
heures avant d'expirer, il voulut faire encore sa toilette
aussi soignée que de coutume ; et ce fut, dans son fauteuil, bien coiffé, bien poudré, qu'il rendit le dernier
soupir (1).

Mais ce qu'il y avait surtout chez Dorat, c'était une
susceptibilité excessive. Aussi, peut-on dire de cet écrivain, que s'il a créé un genre à lui, un genre qui porte
son nom, il n'a pas cessé pour cela, d'appartenir au
genre commun, au *genus irritabile vatum.*

Voulant assurer à tout prix, la réussite de ses pièces
de théâtre, à la plupart desquelles le public faisait assez
froid accueil, il en vint jusques à consacrer les débris de
sa fortune à acheter les applaudissements du parterre et
même des loges.

On comprend, dès lors, l'irritation qu'excita chez
Dorat la critique toujours acerbe et souvent outrée à
laquelle La Harpe ne cessait de se livrer, soit de vive
voix, soit par écrit, contre chacune de ses pièces de théâtre, à mesure qu'elle était livrée à la publicité.

Cette irritation fut portée à son comble, lorsque Dorat
eut connaissance des deux épitaphes que La Harpe, suivant l'usage dont j'ai parlé, avait faites sur lui et que
voici.

(1) *Ibidem.* Tome XI, p. 169.

Pour l'intelligence de la première, il ne faut pas oublier que Dorat avait deux autres noms, il s'appelait, en outre, De Cubières Palmézau :

> Ci-git un petit homme, à l'air assez commun,
> Ayant porté trois noms et n'en laissant aucun.

La seconde est plus piquante, en même temps que plus poétique :

> De nos papillons enchanteurs
> Emule trop fidèle,
> Il caressa toutes les fleurs,
> Excepté l'immortelle.

Des représailles par la plume ne pouvaient suffire à Dorat, et c'est aux actes de violence qu'il eut recours, malmenant, colletant, frappant l'Aristarque partout où il le rencontrait et le réduisant à ne plus sortir qu'en voiture. Cette hostilité acharnée occupa beaucoup le public littéraire de cette époque ; et comme de La Harpe, — c'était son nom, il appartenait à la noblesse du canton de Vaud, — comme de La Harpe, dis-je, n'était rien moins qu'aimé, il eut les rieurs contre lui.

On fit circuler une annonce portant : « Une société « d'amateurs ayant proposé, l'année dernière, un prix à « qui pincerait le mieux *de la harpe*, a déclaré que ce « prix devait être adjugé à M. Dorat. Elle se propose de « douner l'année prochaine, un prix double à celui qui, « à la satisfaction du public, aura pu, par le moyen des « *baguettes*, tirer *de la harpe* des sons plus doux et plus « harmonieux. »

Le critique avait eu maille à partir avec les rédacteurs d'un écrit périodique, qui paraissait à l'étranger sous ce titre : *Le Courrier de l'Europe*. Ceux-ci publièrent, dans leur feuille, une estampe qui représentait l'académicien français dans une posture ridicule et entouré de quatre estafiers l'assommant de coups de bâton. Au bas de l'estampe on lisait ces mots : *Accompagnement pour la harpe.*

Dans une autre facétie, on proposait de transporter La Harpe, comme grand partisan de l'antiquité, au milieu de la bataille de Cannes.

Un jour, il menaçait un de ses ennemis de le livrer à la vindicte publique dans une de ses productions théâtrales. — Ah ! monsieur, s'écrie celui-ci, vous auriez le cœur de me faire siffler !

Voilà un échantillon de l'apport de la prose dans ce *tolle* général contre La Harpe ; quant à celui de la poésie, il n'est pas moins abondant. Je ne citerai que deux des épigrammes faites contre lui. Celle-ci d'abord composée sur son nom :

> J'ai, sous un même nom, trois attributs divers :
> Je suis un instrument, un poète, une rue,
> Rue étroite, je suis des pédants parcourue ;
> Instrument, par mes sons je charme l'univers ;
> Rimeur, je l'endors par mes vers.

Et cette autre :

> Si vous voulez faire bientôt
> Une fortune immense, et pourtant légitime,
> Il vous faut acheter La Harpe ce qu'il vaut,
> Et le vendre ce qu'il s'estime.

Dans un écrit du temps, on avait comparé La Harpe à un serpent à raison de sa critique. Là-dessus, on publia ces deux vers :

> Non, La Harpe au serpent n'a jamais ressemblé :
> Le serpent siffle et La Harpe est sifflé.

L'opinion publique n'était pas favorable à La Harpe. Les détails que donnent les mémoires du temps sur sa tragédie intitulée : *Les Barmécides*, représentée au mois de juillet 1778, en fournissent la preuve. L'acteur-auteur Monvel, dont La Harpe avait fort maltraité dans le *Mercure de France* une des pièces intitulée l'*Amant bourru*, prit sa revanche en publiant une complainte portant le même titre que la tragédie : *Les Barmécides*. Cette complainte eut le plus grand succès, quoiqu'un peu longue : Trente cinq couplets de six vers chaque ; mais elle était fort juste et résumait d'une manière très spirituelle les observations critiques auxquelles la tragédie avait donné lieu (1).

La complainte des *Barmécides* donna naissance à une parodie jouée sur le théâtre de Nicolet et qui eut beaucoup de vogue. A la fin de la pièce, on jetait dans le tombeau du principal personnage tout ce qu'il y avait sur la scène et enfin une harpe. Ce dernier fait ayant paru trop peu respectueux pour le nom et la personne d'un membre de l'Académie Française fut supprimé à la quatrième représentation, mais de tous les côtés de la salle partirent les cris : « Et la harpe ? Qu'on jette la harpe ! » Il fallut céder à la réclamation du public.

A cette même époque, M. et Mme de La Harpe se promenaient ensemble à la foire ; on leur cria de plusieurs boutiques : « Monsieur, Madame, des cannes à La Barmécide. » — Voyez dit Mme de La Harpe à son mari, malgré les clameurs de vos ennemis, l'industrie emprunte le nom de votre dernier ouvrage pour débiter ses nouveautés. — Combien ces cannes ? dit-elle au marchand. — Très-bon marché : douze sous. — Et qu'ont-elles de particulier ? — Voyez, Madame, appuyez légèrement sur la pomme. — Quelle méchanceté ! c'est un coup de sifflet ! (2).

(1) *Mémoires secrets.* Tome XII, p. 55.
(2) *Correspondance littéraire de Grimm.* Tome X, p. 292.

Mais revenons à la querelle de Dorat et de La Harpe. Celui-ci, comme il en avait l'habitude, fit, dans le *Mercure* une critique très-dure et très-amère d'une comédie de Dorat qu'on venait de représenter au Théâtre Français (décembre 1776), sous ce titre : *Le Malheureux imaginaire*. Il joignit à cette critique des personnalités injurieuses. Dorat répondit par une lettre publiée dans l'*Année littéraire* (1), où il traitait son adversaire de la manière la plus outrageante, et qui se terminait ainsi :

« On se moque d'un nain qui se piéte pour se grandir ;
« et quand il importune, une chiquenaude vous en dé-
« barrasse (2). »

On trouva qu'une pareille lettre était l'équivalent d'une volée de coups de bâton, ou d'un soufflet, et d'un soufflet d'autant plus cruel qu'il avait été multiplié par trois mille exemplaires du recueil où il avait paru. L'Académie s'en émut ; elle trouva que par cet affront la dignité de tout le corps se trouvait compromise. Elle délibéra que La Harpe était tenu à tirer satisfaction de cet outrage, sous peine de se voir rayer du tableau de ses membres. Les mémoires du temps auxquels nous avons emprunté les détails qui précèdent ne font pas connaître ce qu'il advint à la suite de cette délibération, ni comment finit un état de choses si contraire à la dignité des hommes de lettres.

Voici maintenant un poète rudement bâtonné par suite d'une discussion littéraire, mais bâtonné dans des circonstances exceptionnelles et étrangères à son contradicteur. Ce poète est Nicolas Barthe qui en jouant lui-même dans sa maison une fausse infirmité de l'esprit, une folie simulée, ne fut certes pas aussi heureux qu'en

(1) N° 29.
(2) *Correspondance littéraire de Grimm.* Tome IX, p. 361.

faisant jouer au théâtre une fausse infirmité du cœur :
Les fausses infidélités.

C'est avec le marquis de Villette que Barthe eut la
discussion dont il s'agit. La vivacité dans la divergence
des opinions ayant dégénéré en injures, le marquis pro-
voqua le poète en duel, et le prévint qu'il viendrait le
chercher le lendemain de très-bonne heure.

Rentré chez lui, Barthe, dominé par la crainte, descend chez un médecin du nom de Solier, homme d'esprit
et facétieux, demeurant dans la même maison ; il lui fait
part de son inquiétude et demande conseil. — « Je vous
« tirerai de ce mauvais pas, répond le docteur, mais à
« condition que vous ferez exactement tout ce que je
« vous dirai. Demain matin, quand le marquis de Villette
« arrivera chez vous, donnez ordre à votre laquais de
« dire que vous êtes chez moi et de me l'amener. Pen-
« dant ce temps, cachez-vous sous votre lit. » Barthe de
se récrier ; mais le docteur insiste et finit par en obtenir
la promesse qu'il fera exactement ce qu'il lui indique.

Le lendemain, les choses se passent comme elles
avaient été combinées. — « Il n'est pas chez moi, répond
« le docteur au marquis qui vient lui demander Barthe ;
« que lui voulez-vous ? » Le motif de la visite étant ex-
pliqué : — « Mais vous ne savez donc pas qu'il est fou,
« répond le docteur ; oui, fou ; c'est moi qui le traite,
« et vous allez avoir une preuve de l'état dans lequel il
« est. » Là-dessus, on monte chez Barthe ; on le cherche
en vain dans tout l'appartement. Enfin, le docteur,
comme par hasard, regarde sous le lit, et y trouve son
malade ; quel acte de démence plus caractérisé ! Des
crocheteurs amenés d'avance, se saisissent du pauvre
fou, et, par ordre du médecin, le fustigent d'importance.
Barthe ne sait d'abord ce qu'il doit faire ; mais la douleur l'emporte et il pousse des cris affreux. On n'en tient

compte ; enfin , on apporte des seaux d'eau dont on l'inonde, puis on l'essuie, on le recouche, et son adversaire ne doutant pas que le poète ne soit réellement fou, se retire en le plaignant.

M. Barthe — ajoute le chroniqueur auquel j'emprunte le fait — a trouvé le remède violent de la part d'un ami, et a juré de ne jamais plus lui demander conseil (1).

Voici une autre anecdote qui prouve que si Barthe n'était pas courageux, il n'était aussi rien moins que modeste :

Un jeune poète lui lisait une épitre en son honneur. Comme Barthe avait composé un *Art d'aimer* dont bien peu se souviennent aujourd'hui, l'épitre commençait par ce vers :

Vainqueur d'Ovide et de Bernard.....

A ce mot de *vainqueur*, Barthe de se récrier ; sa modestie semble blessée d'un pareil éloge. L'auteur fait ses objections, Barthe insiste ; enfin le mot de *rival* est substitué, et le jeune homme continue sa lecture. Il avait fini, et Barthe, au lieu de lui donner les compliments d'usage, semblait enseveli dans de profondes pensées. Enfin, sortant tout-à-coup de sa rêverie : « Toute réflexion faite, « s'écrie-t-il, remettez *vainqueur* ; le mot est plus poé- « tique et plus harmonieux. »

Nous nous arrêtons. La querelle de Barthe avec le marquis de Villette eut lieu à la fin du siècle dernier, et nous ne trouverions pas dans le nôtre des matériaux pour faire suite aux faits que nous avons énumérés. L'amélioration dans la vie littéraire constatée au dix-huitième siècle, n'a pas cessé depuis de faire de nouveaux progrès. Le rêve de l'abbé de Saint-Pierre ne s'est

______

(1) *Mémoires secrets.* Tom. IV, p. 25.

pas réalisé encore assurément, pas plus dans la république des lettres qu'ailleurs. Tout au rebours, les dissen-
timents politiques plus accentués que jamais, les personnalités de plus en plus violentes de la presse quotidienne
engendrent, de nos jours, entre les écrivains, des ani-
mosités, des haines plus graves que ne pouvait le faire,
autrefois, la critique publiée dans le *Mercure de France*,
d'un livre ou d'une pièce de théâtre. Mais quand on ne
se borne pas à répondre par la plume, et, ce qui vaut
mieux encore, par le silence, aux attaques de la plume,
quand il y a lieu à *rencontre*, pour employer l'expression
consacrée, les luttes, si elles sont coupables aux yeux de
la morale et de la loi, n'ont plus du moins un caractère
ignominieux. Si, dans une occasion tellement rare qu'il
n'y a pas lieu d'en tenir compte, les hommes de lettres
emploient le bâton, cette arme n'agit plus dans sa nudité
habituelle ; il est couvert d'un vêtement de soie dont les
plis superposés atténuent la rudesse de ses atteintes.
Nous faisons allusion par cette image à ce qui s'est passé,
il y a quelques années, entre deux écrivains de la presse
parisienne : M. L. R., rédacteur du *Journal des Débats*,
et M. A. R., rédacteur du journal *Le Pays*. Armés chacun
d'un parapluie, ils se sont livrés sur la voie publique, à
un combat singulier, auquel a mis fin seulement l'intervention d'un gardien de la paix. De ce combat, ils ont
adressé une relation, faite par chacun à son avantage,
aux grands journaux de la capitale. Ainsi pris pour juge,
le public, sans se prononcer sur le fond, n'a saisi que le
côté plaisant de l'affaire, et l'a caractérisée par une double qualification. Il a appelé cette rencontre : *un duel au
parapluie*, et surnommé l'agresseur dans ce duel : *Riflard
Cœur de Lion*.

Au cours de ce chapitre où se trouve peint le mauvais

côté de notre histoire littéraire aux dix-septième et dix-huitième siècles — peinture qui entrait forcément dans cette étude sur le bâton — nous avons cité, à titre de documents, diverses anecdotes se rapportant à des faits tristes et regrettables. Comme contraste et pour bien finir, nous en citerons une d'un genre tout différent, quoi qu'il s'y agisse aussi de coups de bâton. Elle concerne Lord Byron, et c'est à M. H. Taine que nous l'empruntons. On y trouve la preuve que tout était à l'extrême chez le grand poète. Dès le collège, ses amitiés allaient jusqu'à la passion. Un jour, à Harrow, un grand *brimait* son cher Peel et lui donnait des coups de bâton sur les bras. Byron, trop petit pour délivrer son ami, s'approche de celui qui le battait, et lui demande, les larmes aux yeux, combien il comptait donner de coups : « — Qu'est-ce que cela te fait, gamin? — C'est que, s'il vous plaît, répondit Byron , j'en voudrais recevoir la moitié (1). »

Diverses circonstances bien connues détruisirent, dans l'âme de lord Byron, cette sensibilité native ; et comme l'a dit une femme d'esprit dans le portrait qu'elle a tracé de lui : « D'un ange elles firent un *démon* (2). »

(1) *Essai sur la Littérature anglaise*, tome III, p. 524.
(2) *Lord Byron* , par Mme Louise Belloc. Paris, 1824.

CHAPITRE VI.

Le Bâton de main.

I

Nous consacrons spécialement ce chapitre au *bâton*, considéré dans son emploi le plus usuel, c'est-à-dire servant d'appui et d'auxiliaire dans la marche. Nous aurons soin, toutefois, de signaler dans quelles circonstances le bâton de main, soit la canne, a pu se rattacher, au point de vue historique et surtout anecdotique, au bâton insigne d'autorité ou instrument de correction.

Ce chapitre se reliera ainsi à ce qui a été dit déjà dans ceux qui précèdent et en formera le complément.

L'usage du bâton de main remonte, on peut l'affirmer, à la naissance du monde. Condamné, après sa chute, à vieillir, à souffrir, à mourir, notre premier père dut, à la fin de sa longue carrière, emprunter le secours d'un bâton, d'un roseau pour soutenir ses pas alourdis par l'âge et les infirmités. Les Patriarches durent faire de même; et c'est ce qui a donné lieu à l'opinion — très rationnelle, à notre avis, — que les chefs des premières agrégations d'hommes furent des vieillards, se distinguant, entre tous, par leur sagesse et leur expérience, et dont les bâtons de main ont donné, plus tard, naissance au sceptre des rois.

A l'appui de cette opinion, on fait remarquer qu'en hébreu le mot *Chébet* veut dire également *Sceptre* et *Bâton*, et que σκηπρον, en grec, signifie : *bâton, soutien*, et par extension : *Bâton de commandement*, autorité royale. (1)

Mais, des étymologies et des opinions scientifiques, passons aux choses et aux faits positifs.

Il existe, dans divers musées et plusieurs collections particulières, des bâtons de main ayant appartenu aux Pharaons d'Egypte ou à de grands personnages de ce pays qui vivaient à l'époque de la XVIII⁰ dynastie, c'est-à-dire il y a trente-quatre siècles.

Le savant égyptiologue, M. Chabas, donne les plus curieux détails sur ces bâtons de main, dans un opuscule qu'il a publié en 1875, et que nous avons déjà cité (2) :

Les cannes des Egyptiens, dit-il, étaient généralement d'une grande longueur, depuis 1ᵐ 20 jusqu'à 1ᵐ 50 et même plus. Les bois le plus souvent employés étaient le cerisier, l'acacia, le persea (*Balanites Ægyptiaca*). Le cerisier, surtout, semblait jouir d'une grande faveur ; car l'écorce de ce bois, enlevée avec soin, recouvre quelquefois des bâtons de main faits d'un autre bois. Quelques cannes sont régulièrement cylindriques ; assez rarement, elles vont diminuant de grosseur à partir de l'extrémité supérieure ; souvent, au contraire, le gros bout est en bas, ce qui rendait la canne plus dangereuse, lorsqu'elle était employée comme arme.

Les cannes des Egyptiens avaient, comme les nôtres, des têtes ou pommes de formes variées, telles que : boules plus ou moins rondes, allongées ou aplaties, chapiteaux en fleurs de lotus, cônes tronqués, renversés, etc..... Pour ces appendices, on employait les métaux, les pierres dures, les émaux, l'ivoire et les bois durs. Ces pommes étaient fixées au moyen de clous de bronze dont on possède encore plusieurs spécimens.

(1) Voir le tome I⁰ʳ de notre *Etude*, chapitre V, intitulé : *le Sceptre et la Main de justice*, page 126.

(2) *Sur l'usage des bâtons de mains chez les Hébreux et dans l'ancienne Egypte.* — Lyon, 1875.

On voit, au musée du Louvre, deux pommes de cannes ayant appartenu l'une, au grand conquérant Séti Iᵉʳ, l'autre à son fils Rhamsès II, le Pharaon de Moïse.

A ces détails, M. Chabas en ajoute d'autres plus curieux encore ; ils sont relatifs aux légendes hiéroglyphiques que portent les cannes dont il s'agit, et dont quelques-unes font connaître les noms d'une fonction ou d'un édifice qu'on ne trouve pas ailleurs. Plusieurs des cannes conservées dans les musées ou dans les collections particulières, paraissent avoir été données en présent. Ce sont celles dont la légende exprime un vœu. Ainsi, le musée du Louvre possède une canne brisée, portant l'inscription qui suit : « Don d'une heureuse vieillesse « à Silsilis, à celui qui a enrichi le trésor d'Ammon ». (1)

M. Chabas donne la traduction de l'inscription que porte une canne faisant partie du cabinet de M. Guimet :

« A la personne du très favorisé du Seigneur des deux « mondes (le Pharaon), l'aimé de son maître, chaque « jour, se conformant à la vérité, excellent par ses « mérites exceptionnels, dilaté de cœur, aimé des hom- « mes, le porte-flabellum (éventail) du Seigneur des « deux mondes, Pesar vivant ».

M. Chabas fait remarquer que des cannes étaient quelquefois consacrées à des défunts, de même qu'une grande variété d'autres objets. C'est sans doute pour ce motif, d'après lui, que la légende ci-dessus constate que Pesar était vivant, lorsqu'il reçut ce témoignage de la satisfaction royale. Le nom du roi n'est pas indiqué, ajoute M. Chabas ; mais, d'après le type de la gravure et la teneur de l'inscription, on peut conclure que la canne possédée par M. Guimet date de la XVIIIᵉ dynastie

____

(1) *Recueil d'inscriptions inédites du musée égyptien du Louvre*, page 102, 2ᵉ livraison.

« et remonte, par conséquent, à la respectable antiquité
« d'environ trente-quatre siècles ».

Notons, dit M. Chabas en terminant sa savante étude, que la
fabrication des cannes constituait, en Egypte, une profession
d'une certaine importance. Les opérations à l'aide desquelles
le bois était écorcé, durci au feu, dressé et poli , sont figurées
sur les parois de l'hypogée de Menhotep, à Beni-Hassan, entre
le travail du potier et celui du verrier. D'un autre côté, le papyrus Boulaq IV, page XXIII, contient, à propos de cette fabrication, une idée très philosophique : « Le morceau de bois brisé ,
« tombé dans le champ, et qu'ont frappé le soleil et l'ombre, l'ar-
« tiste le recueille, le dresse et en fait l'insigne des grands ». (1)

De l'antiquité à laquelle appartient la canne de Pesar,
le porte-flabellum du Seigneur des deux mondes, des-
cendons à une antiquité moins reculée, mais fort respectable encore.

On affirme que c'est avec sa canne que le proconsul
Popilius traça, 170 ans avant Jésus-Christ, autour
d'Antiochus Epiphane, roi de Syrie, le cercle devenu
proverbial. (2)

Au siècle dernier, on apercevait, sur le fronton de
l'église de Notre-Dame-de-la-Vie, à Vienne en Dauphiné, un globe de pierre avec cette inscription :

« C'EST ICY LA POMME DU SCEPTRE DE PILATE »

Un ancien auteur, parlant de cette église — autrefois

(1) Loc. cit., page 9 et 16.
(2) Antiochus Epiphane faisait le siège d'Alexandrie. Les Romains, alliés des Egyptiens, députèrent auprès de lui le proconsul
Popilius. Comme Antiochus ne répondait que d'une manière évasive
à l'envoyé des Romains, celui-ci traça un cercle autour du Roi et
lui défendit d'en sortir avant d'avoir donné une réponse décisive
de paix ou de guerre. Cette action hardie intimida Antiochus, et il
leva le siège.
C'est ce fait qui a donné lieu à la locution proverbiale : *Tracer le
cercle de Popilius*, c'est-à-dire mettre quelqu'un en demeure de
répondre d'une manière positive, de prendre un parti, de se prononcer catégoriquement.

un temple d'Auguste — s'exprime ainsi : *In Cujus frontis medio, orbis est lapideus, quem pomum Pilati vocant* (1).

Cette assertion est confirmée par un voyageur allemand, Abraham Golnitz qui, ayant visité la ville de Vienne en 1631, dit dans la relation de son voyage : *Ibi lapidea Pila cum his verbis :* C'est le pommeau du sceptre de Pilate.

Une tradition fort ancienne dans le pays, puisqu'elle est consignée dans la chronique de saint Adon, archevêque de Vienne au IXe siècle, porte que l'ancien gouverneur de la Judée, convaincu de nombreuses iniquités, fut exilé à Vienne. En butte aux traitements les plus cruels par ordre de l'empereur Caligula, il ne trouva d'autres remèdes à ses maux que de se donner la mort en se perçant de son épée. La boule dont il s'agit aurait formé le pommeau de son ancien bâton magistral. (2)

Dans la description qu'il donne des antiquités marseillaises, J.-B. Grosson signale un bronze représentant une tête de cheval. On aperçoit, au bas du col, les trous par lesquels cette tête était attachée à un bâton de main. Ce bronze, trouvé dans le territoire de Marseille, a été traité, ajoute Grosson, avec beaucoup de soin par l'artiste, et les règles de l'art y sont exactement observées.

Grosson suppose que cette tête en bronze et une autre dont le comte de Caylus donne la figure dans son *Recueil d'antiquités*, ont dû être clouées au bout du bâton de main que portaient les courriers nommés par les Grecs *Hemerodromes*, et que les Romains, suivant leur exem-

(1) Terrebasse. *Inscriptions de Vienne en Dauphiné*, page 455, tome II.

(2) Terrebasse. *Inscriptions de Vienne en Dauphiné*, page 458, tome II.

ple, nommèrent *Vérédaires* du mot latin *Veredarius*, qui signifie un cheval léger (1).

II

Arrivons aux temps modernes :

Le roi René, dont la Provence conserve un souvenir si vivace encore, fut un artiste dans la plus large acception du mot, c'est-à-dire un amateur et un protecteur éclairé des arts. Collectionneur en outre, il possédait, notamment, un nombre considérable de bâtons de main, de cannes façonnées de diverses manières. L'inventaire, fait en 1471, des meubles et ustensiles de son château d'Angers, mentionne quatre de ces cannes pour cette seule résidence.

Voici le titre de cette pièce fort curieuse à consulter, car l'existence entière du Roi René s'y reflète dans les installations et ameublements qu'elle énumère :

INVENTAIRE DU CHATEAU D'ANGERS.

« 18 décembre 1471 — février 1472 — inventoire des biens « meubles et utensilles estans au chastel d'Angiers appartenant « au roy de Sicile, fait par moi Guillaume Rayneau, secrétaire « dudit Seigneur et clerc de ses comptes à Angiers, du com-« mandement d'iceluy seigneur, après son partement de cestuy, « pays d'Anjou au pays de Provence, en la présence de Crois-« sant, consierge dudit chastel, auquel sont demeurez en garde « lesdits biens. Ledit inventoire fait à diverses foiz et par « pluseurs journées, et commencé à y besongner le XVIII° jour « de décembre l'an mil CCCC soixante et unze, et fini ledit « inventoire ainsi qu'il est au mois de février ensuyvant. »

(1) *Recueil des Antiquités et Monuments marseillais qui peuvent intéresser l'histoire et les arts.* Marseille, 1773.

Voici, maintenant, les articles relatifs aux cannes dont il s'agit :

« EN LA CHAMBRE DU PETIT RETRAIT DU ROY :
« Item, ung baston à porter en la main au bout duquel baston
« a une poincte d'ambre.

. . . .

« Item, un baston noir à porter en la main , qui est fait et
« couvert de paste de bonnes senteurs, ouvrè tout au long, et a
« une pommecte au bout d'ahault, et à bas ung petit clou de fer.

. . . .

« Item, ung baston de blanc boys a porter en la main, auquel
« a au bout une grosse patenostre d'ambre (un chapelet).
« SUR LES PETITS DRESSOUERS DE LA CHAPELLE DU ROY :
« Item, un baston en la main, couvert de plumes de paon,
« ferré au bout. (1) »

Rentrons maintenant dans les généralités.

C'est du règne de Louis XIII que date le port habituel du bâton de main, de la canne, parmi les gens de qualité seulement. La sarbacane — autrefois arme de guerre, tube de métal ou de bois, dans lequel on mettait des flèches que le souffle de la bouche poussait avec assez de force pour blesser à une certaine distance, — la sarbacane, disons-nous, avait été adoptée, comme bâton de main, par les jeunes seigneurs de la Cour. Ils s'en servaient pour lancer aux dames des dragées entourées de devises galantes. Cependant , comme cette mode n'était pas sans danger pour les yeux des personnes qu'on mitraillait de cette façon, l'usage de la canne creuse fut défendu.

La grande époque pour la canne fut le siècle de Louis XIV. Elle se mit au niveau de magnificence et de solennité de tout ce qui l'entourait. C'était l'ère du grand

(1) Le Goy de La Marche. *Extraits des comptes et mémoriaux du Roi René, publiés d'apres les originaux des archives nationales.* — Paris, 1873.

roi, des grands hommes, des grandes choses, elle ne pouvait rester petite et simple. La canne de Louis XIV était un bec de corbin d'ébène, avec une fastueuse ornementation :

> *Regis ad exemplar totus componitur orbis.*
> Sur l'exemple du roi tout le monde se règle.

Les courtisans adoptèrent le bec de corbin, plus ou moins riche. Tous les personnages qui jouent dans le monde un rôle de quelque valeur : les magistrats, les médecins entre autres, prirent la canne à pomme d'or. Incrustées de pierres précieuses, sculptées, ciselées avec beaucoup de soins, elles devinrent de véritables objets d'art entre les mains des grands et des riches. Les fermiers généraux et les financiers rivalisèrent de luxe à cet égard, et l'on vit la canne de Samuel Bernard valoir jusqu'à dix mille écus.

Les dames, elles-mêmes, s'en parèrent, comme objet de mode, sous Louis XV et Louis XVI, et aussi comme un auxiliaire pour supporter le poids de leurs vêtements et de leur coiffure, et pour se maintenir en équilibre, malgré la hauteur de leurs talons.

Toutes les femmes de la Cour ne portaient pas la canne à cette seule fin. On cite la Maréchale de Luxembourg, « cette fée de l'esprit et de la politesse », au milieu du dix-huitième siècle, qui portait une longue canne dont la pomme faisait boîte et renfermait des pièces de monnaie qu'elle distribuait aux malheureux, tout en se promenant. (1)

Je viens de parler de la canne de Louis XIV. Je n'oublierai pas, à ce propos, un fait tout à l'honneur de ce prince et auquel donna lieu la témérité du duc de

---

(1) Sainte-Beuve : *Les nouveaux Lundis*, tome IV, p. 28.

Lauzun. Ce fait est rapporté dans un grand nombre de biographies, mais je l'emprunte aux *Mémoires* de Mademoiselle de Montpensier, pensant que nul ne pouvait, mieux que cette princesse, parler de ce qui concernait l'ambitieux duc :

« La charge de grand-maître de l'artillerie étant vacante en « 1669, par la démission du Duc de Mazarin, le roi la promit à « Lauzun, en lui recommandant le secret. Lauzun eut la vanité « d'en parler. M. de Louvois le sut, et il supplia le monarque de « ne point confier cette place à un homme dont il ne pouvait « supporter les menaces capricieuses et hautaines. Louis XIV « paraissait irrésolu. Lauzun le pressa, il osa le sommer de tenir « sa parole ; il eut même la témérité de briser son épée sous les « yeux de ce prince, en disant qu'il ne servirait jamais un roi « qui manquait à sa parole. Louis XIV, indigné, craignant de ne « pouvoir se contenir, jeta sa canne par la fenêtre, en s'écriant « qu'il aurait trop de regret s'il frappait un gentilhomme. » (1)

A partir du règne de Louis XVI, les cannes s'étaient considérablement allongées. Lafayette, à son retour d'Amérique, s'était présenté à la Cour avec un jonc d'une longueur peu ordinaire Comme le jeune général et tout ce qui se rapportait à lui étaient à la mode, les cannes longues de jonc le devinrent aussi. C'était à qui en aurait une d'une plus grande longueur. Dans le cabinet du dernier prince de Condé, on en a vu une dont le premier nœud était séparé du second par un intervalle de 38 pouces. (2)

Pendant la Révolution, il n'était pas permis de porter une canne, quelle que fût la matière dont elle était formée. Il fallait une autorisation spéciale pour cela : un

(1) *Mémoires de Mlle de Montpensier*, tome 8. — Paris, 1823.

(2) Antony Réal. *Histoire philosophique et anecdotique du Bâton*, page 280.

Le bibliophile Jacob : *Costumes historiques de la France*, tome III, page 157.

permis de port de canne, comme il faut aujourd'hui un permis de port d'armes. On nous a communiqué et nous transcrivons, à l'appui, la pièce suivante :

LIBERTÉ   PERMIS DE PORT DE CANNE   ÉGALITÉ

Marseille, le 27 *Pluviose*, l'AN 5 de la République française, une et indivisible.

FRANÇOIS LIÉGARD, chef de brigade, commandant la place de Marseille, en état de siège, *permet au citoyen Gouffé de porter une canne pour le soutenir, attendu ses infirmités.*

Signé : LIÉGARD.

SCEAU :

Un trophée d'armes avec l'exergue :

PLACE DE MARSEILLE EN ÉTAT DE SIÈGE.

Rappelons, à ce sujet, qu'une ordonnance royale, encore en vigueur au XVIIIe siècle, faisait inhibitions et défenses « aux laquais et autres gens de livrée » de porter une épée ou une canne, sous peine de la vie pour le premier cas et du fouet pour le second. On trouve dans le *Recueil* des arrêts de règlement du Parlement de Provence, un arrêt conforme rendu le 21 avril 1722. (1)

Reprenons la série chronologique des faits.

Sous le Directoire, apparut une canne d'un genre tout particulier, la canne des *incroyables*, telle qu'on la voit dans les gravures du temps et au théâtre, dans les pièces qui reproduisent les costumes de cette époque, comme la *Fille de Mme Angot* et les *Rendez-vous bourgeois*. C'était un énorme gourdin, tourné en spirale, noueux, raboteux, aussi laid à voir que lourd à porter, mais que

(1) *Arrêts de règlements rendus par le Parlement de Provence.* — Aix, 1744, t. II, p. 296.

les élégants d'alors — la jeunesse dorée de cette époque et spécialement la jeunesse royaliste — ne pouvaient se dispenser de faire tournoyer rapidement dans la main, en marchant.

Sous le premier Empire et la Restauration , ce fut le jonc qui eut de nouveau les préférences de la mode.

A propos des cannes de la Restauration, je place ici une anecdote qui m'a été racontée par un habitant de Dunkerque, et qui n'est pas étrangère à la peinture des mœurs de cette époque.

Le retour des Bourbons, en 1814, fut salué avec enthousiasme, surtout par les villes–ports de mer auxquelles la paix rendait le commerce à l'extérieur, si longtemps interrompu par le blocus continental.

Les Dunkerquois, notamment, ne mirent pas en doute que le gouvernement ne leur rendît le port franc qui avait été la source de leur ancienne prospérité.

Une vieille demoiselle, une virago, qui dirigeait fort habilement une importante maison de commerce , Mlle de P..., résolut de partir pour Paris, afin de solliciter de Louis XVIII la franchise si vivement désirée par la population dunkerquoise. Fille d'un émigré, elle était en bonne position pour solliciter et obtenir.

Mlle de P... possédait une fort belle canne, relique de famille, qui remontait au règne de Louis XIV, un jonc superbe dont la pomme, formant béquille, était enrichie de pierres précieuses. Elle l'emporta à Paris, dans l'idée de l'offrir, en témoignage de reconnaissance, à Louis XVIII, auquel ses infirmités imposaient le port habituel d'une canne d'appui. Mais les démarches de Mlle de P... n'obtinrent aucun succès : Dunkerque n'eut pas la franchise de son port, et Louis XVIII n'eut pas sa canne qui aurait figuré, sans doute, avec avantage, dans le musée des souverains.

De nos jours, la canne n'a plus de physionomie particulière ; chacun la porte suivant son goût et sa fantaisie.

M. de Balzac s'est distingué par une canne énorme
dont la pomme, d'une grosseur démesurée, attirait le
regard. Cette canne semblait rivée à la main du grand
écrivain, car il ne s'en séparait jamais. Mme Emile de
Girardin l'a rendue célèbre par la publication d'un
roman intitulé : *La Canne de M. de Balzac.* (Paris, 1836).

Par suite de la diversité des goûts, la matière employée
pour la fabrication des cannes, varie à l'infini. Ce sont,
entre autres : le rotin, le bambou, le jonc. On en fait
aussi de baleine, de chêne d'Afrique, d'ébène, d'ivoire,
de buis, d'églantier, de noyer, d'épine sauvageot, de
côte de palmier, de bois de fer ou bois des Iles, de né-
flier, de frène, de tulipier, d'olivier, d'oranger, de grenadier, de nerf de bœuf, etc.

La fabrication des cannes est l'une de celles dans
lesquelles Paris reste sans rival. La supériorité du travail parisien dans l'art de façonner une *canne* est tout-
à-fait hors ligne. Il y a des *cannes* françaises dans tous
les pays.

Non moins nombreux que les matériaux employés
pour la fabriquer, compte-t-on les usages pour lesquels
on utilise la canne, en outre de son usage naturel et banal
d'appui et d'auxiliaire de la marche. Il y a la canne plombée, à épée, à poignard, la canne à parapluie, à pliant, à
éventail, à tabatière, à sifflet, à tournevis, à scie, à tire-
bouchon, à écritoire, à mètre, à hache, à marteau, à
montre, à musique, la canne lunette-d'approche, la
canne-cravache, la canne fusil à vent, la canne-pistolet,
la canne-jalon, la canne-ligne, la canne-levier, la canne-
compas, la canne-pipe, etc., etc.

D'après un savant statisticien, M. Joseph Bard, on

compte plus de trois mille variétés de cannes (1). En supputant celles que nous venons de désigner, on voit que nous sommes encore bien loin de compte.

Mais relevons la sécheresse de cette nomenclature par deux anecdotes relatives, l'une, à la canne-éventail ; l'autre, à la canne-parapluie.

En 1778, une rixe s'étant élevée, sur le quai de la Ferraille à Paris, entre des chasseurs ou heiduques à livrée, qui portaient des sabres et des épaulettes (2) et quelques sous-officiers, ceux-ci donnèrent des coups de canne aux valets. Les maîtres des battus se plaignirent, et le lieutenant de police défendit aux officiers recruteurs de porter des cannes, comme ils en avaient l'habitude et le droit. Deux jours après, on les vit tous se promener sur les quais avec des éventails de trois pieds de hauteur, qu'ils tenaient à l'envers, et dont l'extrémité inférieure était plombée.

Nos voisins les Anglais, si habiles pour éluder *la lettre* des lois et ordonnances, n'auraient pas mieux fait.

J'ai lu, dans une relation de voyage dont j'ai oublié le titre, l'autre anecdote qu'a rappelée à mon souvenir la mention de la canne-parapluie dans la nomenclature ci-dessus.

Un prêtre des missions d'Afrique avait apporté de Paris une de ces cannes et la portait toujours dans ses courses. Il y trouvait à la fois un auxiliaire pour des marches souvent longues et pénibles et un moyen de se garantir des ardeurs du soleil. Un jour, comme il longeait la lisière d'une forêt, il en vit sortir une panthère

(1) Voir le *Feuilleton des Villes et des Campagnes* du 27 septembre 1850.

(2) *Heiduques* était jadis le nom du fantassin hongrois. En France, on le donnait à certains domestiques vêtus à la hongroise et qui portaient la livrée de leurs maîtres. *(Dictionnaire de l'Académie).*

de la plus grosse espèce, qui courut sur lui, la gueule ouverte. Notre missionnaire comprit que sa canne ne serait pas une arme suffisante pour vaincre ce carnassier et se crut perdu ; mais Dieu lui inspira une pensée qui semblerait une puérilité et qui, cependant, le sauva. Il tira son parapluie, l'ouvrit vivement et s'en fit comme une espèce de bouclier. La panthère s'éloigna aussitôt et rentra dans le fourré. Sans doute, le bruit que produisit le déploiement du parapluie, la vue soudaine de cette étoffe de couleur rouge, derrière laquelle sa proie avait subitement disparu, produisirent sur l'animal une impression de frayeur qui le détermina à prendre la fuite.

Avant d'aller plus loin, je dois ajouter à la liste que j'ai dressée trois cannes que j'ai oublié d'y comprendre : la canne garde-manger, la canne-calendrier et la canne-pochette.

En Angleterre, au siècle dernier, il y avait un grand nombre de coureurs qui portaient toujours avec eux une canne de 5 ou 6 pieds de long, terminée par une grosse boule de métal. Cette boule, servant à la fois de garde-manger et de cellier, renfermait leurs provisions de bouche : des œufs durs et un peu de vin blanc. C'est sans doute là l'origine de ces cannes à pomme d'argent que portent encore, chez nos voisins, certains domestiques dans les grandes maisons. (1)

La canne-calendrier est en usage dans certaines contrées reculées de la Suède. Les gens de la campagne marquent, sur leur bâton de main, au moyen de signes particuliers, les saisons, les jours de fêtes, les foires et les marchés auxquels ils ont l'habitude de se rendre.

(1) *Merveilles de la force et de l'adresse*, par G. Depping, p. 124.

Un riche collectionneur, M. de Jubinal, possède, entre autres raretés, une canne-pochette, dont le *Magasin pittoresque* donne le dessin, explique l'origine et décrit le mécanisme.

Un maître de danse, habitué à avoir toujours une canne et obligé à porter un violon, lorsqu'il allait donner ses leçons, imagina de mettre l'instrument dans la canne. On comprend que cet instrument était de très petite dimension et qu'il se démontait en plusieurs parties. Quoi qu'il en soit, il formait une pochette suffisante pour accompagner le *menuet*, car la canne dont il s'agit remonte à l'époque où nos pères et nos mères exécutaient cette danse solennelle. (1)

III

Parlons maintenant de quelques cannes plus dignes d'intérêt et qu'on peut, en quelque sorte, qualifier d'historiques.

Hérodote raconte que le bâton de main de Peregrinus Protée, philosophe cynique, fut vendu un talent (4,800 fr.). Il est à remarquer que c'est le seul objet de ce genre dont les écrits des anciens nous aient transmis la renommée.

Il n'en est pas de même pour les temps modernes. Les bâtons de main, auxquels se rattache une certaine célébrité, sont nombreux, et les détails ne font pas défaut.

Voici d'abord ceux que donne Mme de Campan, sur la canne du Maréchal de Villars :

En 1730, dit-elle, la reine Marie Leckzinska se rendant à la messe, trouva le vieux maréchal de Villars appuyé sur une béquille de bois qui ne valait pas 30 sous. Elle l'en plaisanta, et

(1) *Magasin pittoresque*, février 1876.

le maréchal lui dit qu'il s'en servait depuis une blessure qui l'avait forcé à faire cette emplette à l'armée. La reine, en souriant, lui dit qu'elle trouvait sa béquille si indigne de lui, qu'elle espérait bien en obtenir le sacrifice. Rentrée chez elle, Sa Majesté fit partir M. Campan, son garçon de chambre, pour Paris, avec ordre d'acheter, chez le fameux Germain, la plus belle canne à béquille avec or émaillé qu'il pût trouver, et lui ordonna de se rendre de suite à l'hôtel du maréchal de Villars, et de lui porter ce présent de sa part. Il se fit annoncer et remplit sa commission. Le maréchal, en le reconduisant, le pria d'exprimer toute sa reconnaissance à la reine et lui dit qu'il n'avait rien à offrir à un officier qui avait l'honneur d'appartenir à Sa Majesté, mais qu'il le priait d'accepter son vieux bâton ; qu'un jour peut-être ses petits-fils seraient bien aises de posséder la canne avec laquelle il commandait à Marchiennes et à Denain. Comme on s'en doute, M. Campan mit le plus grand prix à ce bâton, et il a été conservé longtemps dans sa famille. Il fut perdu au 10 août 1792.

J'ai lu dans un opuscule publié en septembre 1871, à Bologne, sous la signature *Guidicini*, des détails très intéressants et très curieux sur un bâton de main ayant appartenu au pape Benoît XIV.

C'est le cas, ou jamais, de dire avec Ovide : *Materiam superabat opus*. Un simple roseau de marais est devenu un objet d'art, d'une grande valeur, par le travail d'une main habile.

Ce roseau, d'une grosseur et d'une hauteur ordinaires, est divisé en quatre nœuds. Dans l'espace d'un nœud à l'autre, l'artiste a gravé au burin diverses configurations toutes différentes les unes des autres : le Christ, saint Pierre, saint Paul, saint Jean-Baptiste, saint Sébastien, puis des monuments, des paysages, des groupes d'anges, des festons, des guirlandes, figures et monuments reproduits d'après les meilleurs tableaux de l'école italienne.

La poignée de cette canne est d'ivoire en forme de marteau et porte entaillées les armoiries de Benoît XIV.

L'auteur de l'opuscule en question fait remarquer

qu'il n'y a pas à apprécier seulement la délicatesse, la
netteté, le fini du travail, mais de plus, la difficulté qu'a
présentée son exécution. Quelle adresse, quelle sûreté
de main, quelle patience n'a-t-il pas fallu pour diriger
le burin sur une pareille surface, fibreuse et sphérique,
si peu résistante, sans que les filaments aient été écor-
nés, sans que l'instrument ait jamais dévié dans les cour-
bes à suivre, et qu'il ait, au contraire, conservé toujours
exactement le même angle d'inclinaison ?

Le nom de l'artiste auquel est dû ce merveilleux travail
est resté inconnu jusqu'à ce jour ; M. Guidicini indique
les sculpteurs de l'époque auxquels il peut être attribué,
mais il ne se prononce pour aucun, et termine en disant
que « considérant seulement l'œuvre, il regarde cette
« canne comme unique dans son genre et digne de l'ad-
« miration universelle. »

Il est quelques cannes à la possession desquelles on a
attaché un grand prix, non qu'elles eussent une valeur
intrinsèque, comme objet d'art, mais seulement à cause
des personnes à qui elles avaient appartenu. On peut
citer, entre autres, les cannes du Grand Frédéric, celles
de Rousseau et de Voltaire qui ont fait l'objet d'un commerce considérable et très productif, à raison duquel
fréquente application aurait pu être faite de l'article
du Code pénal qui prévoit et punit la tromperie sur la
nature de la marchandise. On a dit en plaisantant que
toutes ces cannes, plantées à côté les unes des autres,
pourraient quasi former une petite forêt.

Une canne sur l'authenticité de laquelle aucun doute
n'a pu être élevé, est celle de Franklin, dont il fit l'objet
d'un legs en faveur du général Washington, en ces
termes :

« Je lègue ma canne de bois de pommier sauvage,
« ornée d'un bouton d'or en forme de chapeau de la

« liberté, à mon ami, l'ami du genre humain, le général
« Washington. Si c'était un sceptre, il serait digne
« de lui et bien placé dans sa main. C'est un pré-
« sent que m'a fait cette excellente dame de Forbach,
« duchesse douairière des Deux-Ponts. »

Le général Washington a légué, à son tour, cette
même canne à son frère, en déclarant que c'était un
des objets les plus précieux de sa succession.

Puisque nous parlons de ce qui se rapporte aux
Etats-Unis, n'oublions pas de mentionner ici le don fait
naguère par un Allemand habitant New-York, à M.
de Bismarck, d'une canne taillée dans la boiserie de
la fameuse salle de l'Indépendance.

J'ai dit que très lucratif avait été le commerce des
cannes ayant appartenu, ou du moins vendues comme
ayant appartenu, à quelques hommes célèbres. Il n'en
a pas été ainsi, dans ces derniers temps, de la spéculation d'un industriel marseillais, sur un bâton de main
d'un genre particulier et destiné à un usage spécial. Se
trouvant à Rome, à l'époque du carnaval, il avait essuyé
cette pluie de *confetti* qui tombe sur la promenade appelée le Corso. Du haut des fenêtres et des balcons, on
en jette sur les voitures, des voitures sur les piétons ;
gens des voitures et piétons ripostent ; c'est une mitrail-
lade générale avec avantage. on le comprend, pour
ceux qui sont haut placés. M. X... avait remarqué
qu'on jetait aussi des bouquets de violettes aux dames,
mais que beaucoup de ces bouquets restaient en chemin, ne pouvant arriver jusqu'au premier étage. Il
chercha un moyen de mettre plus d'égalité entre les
divers combattants, et aussi de venir en aide aux galants
chevaliers. A cet effet, il confectionna, avec du carton
très épais, un bâton de main qui n'avait pas plus de

60 centimètres de long et à chaque bout duquel se trouviat un godet de forme conique. Ces godets étaient destinés à recevoir soit le bouquet de violettes, soit la poignée de *confetti*. Le jet de l'un ou l'autre objet, au moyen d'un coup sec, devait être, à la fois, plus sûr et d'une plus longue portée. M. X . . fit, à la campagne d'un de ses amis, l'essai de son bâton ; le jet des fleurs et des dragées fut tout ce qu'il attendait. C'était là le point essentiel, l'accessoire n'était rien : enjoliver le bâton avec des dessins gracieux ou grotesques, avec des rubans de couleur vive ou tendre pour satisfaire tous les goûts et répondre à toutes les demandes.

M. X... avait un correspondant à Rome, il lui expédia, à titre d'échantillon, une douzaine de ses bâtons, lui expliqua la manière de s'en servir et le pria d'en obtenir l'exposition à la devanture d'un magasin bien placé. Notre industriel reçut de Rome de très bonnes nouvelles ; la jeunesse dorée avait apprécié le mérite de l'invention, et nul doute, qu'advenant le carnaval prochain, le personnel des deux sexes de la haute société ne fît emplette d'un bâton à jet.

Là-dessus, M. X... se mit à l'œuvre avec ardeur, et dans les derniers jours de décembre s'embarqua pour Civita-Vecchia avec vingt caisses de ses précieux bâtons. Hélas ! le jour même de son arrivée à Rome, on affichait à tous les coins de la ville un arrêté du syndic interdisant le jet des *confetti* et des bouquets, par suite de désordres qui s'étaient produits l'année précédente. On se figure aisément le désespoir du malheureux inventeur. Son correspondant lui suggéra l'idée de se rendre à Naples où son bâton ne manquerait pas d'obtenir le succès qu'il aurait eu à Rome, sans le fatal arrêté. Ce fut pour M. X... l'ancre de salut ; il partit pour Naples, et y arriva à point nommé : la veille d'une fête populaire pour l'ouverture du carnaval. Il se rendit auprès des organisateurs de cette fête, leur parla de son bâton et en fit l'essai devant eux. La réussite fut complète. On l'autorisa à faire transporter ses caisses dans l'enceinte réservée, et à exhiber et vendre ses bâtons dans la matinée du lendemain.

Plein de confiance, à la veille de voir se réaliser toutes ses espérances, M. X... se mit à parcourir d'un pied léger les rues et les promenades de Naples où il n'était jamais venu, faisant le compte de Perrette, calculant son bénéfice et l'emploi auquel il le destinerait.

En rentrant à son hôtel, le soir, il apprend que le feu a pris à l'enceinte réservée des commissaires ; il y court dans une anxiété facile à comprendre. L'incendie était éteint quand il arriva ; le feu n'avait pas dévoré tout ce qui pouvait lui servir d'aliment. Il n'avait pas atteint notamment les caisses de M. X... ; mais pour l'eau, il n'en était pas de même ; lancée en abondance par les pompes, elle avait pénétré par les joints des planches, ramolli les cartons, détrempé les couleurs, maculé les rubans ; les bâtons à jet n'étaient plus vendables, et la spéculation de M. X... se traduisait en une perte considérable.

IV

Maintenant je dois — comme je l'ai indiqué au commencement de ce chapitre — signaler quelques points par lesquels la canne touche aux deux côtés sous lesquels j'ai envisagé le bâton : autorité et commandement d'une part, correction et outrage de l'autre.

En fait de canne autoritaire, celle qui se présente tout premièrement à l'esprit et sous la plume, c'est la canne magistrale, glorieuse entre toutes, la plus grande

des cannes, celle du tambour-major , et , comme le
dit un air bien connu : (1)

> Le Tambour-major
> Tout galonné d'or ,
> A partout la pomme !
> C'est un superbe homme ,
> Rempli de valeur ,
> De cœur et d'honneur !
> De sa canne un signe ,
> Comme une consigne ,
> Met en mouvement
> Tout le régiment. (2)

Passant de la poésie à l'histoire, disons que ni les
Grecs , ni les Romains ne se sont servis du tambour,
comme instrument militaire, et qu'on le croit inventé
et mis en usage par les Sarrasins. Quoi qu'il en soit,
ce ne fut qu'à l'entrée d'Edouard III dans Calais, en
1347, que l'on vit et qu'on entendit, en France, des
tambours pour la première fois (3). Quant au chef des
tambours, il n'en est question qu'à une époque bien
postérieure, en 1547, sous le règne de Henri II. Il y
avait alors, dans chaque *bande* (corps, régiment), un
capitaine-tambour qui ne portait pas de caisse, mais un
bâton, sans fer, dont il se servait pour corriger ses
subordonnés (4). L'ordonnance de Poitiers du 4 novembre 1651, lui donna le titre de Tambour-Major.

L'auteur de la *Milice française*, auquel nous empruntons une partie des détails qui précèdent, ne dit pas
si l'on exigeait, de son temps, comme aujourd'hui,

(1) Antony Réal: *Histoire philosophique et anecdotique du
bâton*. Paris, 1873, in-12, p. 295.

(2) *Le Caïd* , opéra-comique, acte Ier, scène 10.

(3) *Nouveau Dictionnaire des Origines*, par Noël.

(4) *La Milice française réduite à l'ancien ordre et discipline
militaire des légions*, par Montgomméry. Paris, 1615.

que le *capitaine-tambour* eût une taille élevée et une tournure élégante.

Depuis le commencement du dernier siècle, le bâton à correction est devenu un instrument de signaux auxquels obéissent les tambours et il s'est transformé en une longue canne, à grosse pomme, à chaîne et à bout d'argent.

Sous le Directoire, l'Empire et la Restauration, le costume des tambours-majors était d'une très grande richesse : torsades, aiguillettes, galons d'or sur toutes les coutures. Peu à peu ce costume a été modifié et réduit à la simplicité relative qu'il présente de nos jours. Ce qui n'a pas été moins simplifié et moins réduit, c'est le maniement, le jeu de la canne, qui, plus encore peut-être que la hauteur de la taille et l'éclat de l'uniforme des tambours-majors, attiraient les regards de la foule et excitaient son admiration.

Il n'en est pas, du reste, partout ainsi. Les tambours-majors d'au-delà les Alpes, notamment, font encore preuve, dans le maniement de leur canne, d'une habileté, d'une hardiesse étonnantes, et la lancent à des hauteurs prodigieuses. Il m'a été dit, par un témoin *de visu*, qu'à Turin, à la veille de l'expédition de Crimée et dans une fête publique, le premier régiment des grenadiers de Savoie, ayant à passer sous un arc de verdure très élevé, le tambour-major envoya sa canne pirouetter dans les airs, de manière à la retrouver de l'autre côté de l'arc. Cette canne docile se retrouva, comme par enchantement, dans les mains de son maître qui n'avait pas cessé de marcher au pas de la manière la plus grave.

Inutile d'ajouter que le même tambour-major, pour prouver au public qu'il excellait dans l'art de jouer avec sa canne, continua à la faire évoluer de mille façons différentes.

Mais ce n'est pas seulement dans l'ordre militaire et aux mains du plus bel homme de chaque régiment de ligne, que la canne compte ses succès populaires. Elle en a obtenu de pareils dans les fêtes moitié religieuses, moitié profanes de la Provence , notamment à Brignoles, à la procession de Saint-Louis, évêque (19 août), et à celle de la Fête-Dieu, à Aix , dans laquelle étaient entremêlés des jeux institués par le roi René.

Voici ce qu'un enfant de Brignoles, M. H. Magnan, dit du dernier des *Majuraou* (chef major), qu'il a vu figurer à la procession que nous venons d'indiquer, vénérable octogénaire, qui faisait évoluer , avec beaucoup d'adresse, sa canne bariolée, pour rappeler à la foule émerveillée les joyeux ébats du roi David devant l'Arche d'alliance.

« A chaque anniversaire, on s'étonnait de le revoir toujours
« aussi dispos, revêtu du même costume plus fané que sa
« personne. Le peuple l'aimait comme une tradition vivante et
« impérissable de joviale piété ; car il jonglait en conscience,
« car il avait le feu, car il avait la foi, cet éternel et infatigable
« vieillard, simple et rude paysan du hameau des *Censiers* ; car
« sa canne s'élevait, en tournoyant, au-dessus du faîte des
« maisons, comme une ode étoilée ; car son bâton était un
« sceptre qui avait tourné avant et à travers toutes nos révolu-
« tions sans jamais tomber à terre. Saint Louis, reconnaissant,
« semblait l'avoir doué d'un privilége d'immortalité.

« Mais il en est des *Majuraou* comme de toutes les puissances
« d'ici-bas. Il n'est pas de tours de bâtons possibles en face de
« la mort. La « cruelle qu'elle est se rit des grandeurs de ce
« monde, et donne, tôt ou tard, un croc-en-jambe aux plus
« habiles jongleurs.

« Le *Majuraou* de la Saint-Louis, avec son bonnet à plumes,
« son antique veste pailletée, sa ceinture bleue et ses pantalons
« moins blancs que ses cheveux, ce *Majuraou* a emporté dans
« la tombe la poésie la plus originale de la *pégoulade* et mes
« plus chers souvenirs d'enfance (1). »

(1) *Sous les Oliviers. Album de la Provence*, p. 75 et suivantes.

Pour ce qui est des jeux annexés par le roi René à la procession de la Fête-Dieu à Aix, si ce n'étaient pas les principaux personnages qui portaient des cannes, comme attribut de leurs fonctions, c'étaient du moins ceux dont le rôle rappelait le mieux l'intention qui avait présidé à l'institution de ces jeux. Voici comment il en était ainsi :

Le roi René qui s'était particulièrement distingué dans les joûtes et les tournois si fort en usage de son temps, voulut laisser à la postérité une image de ces exercices qu'il regardait comme politiques et militaires, et il les joignit aux plus grandes cérémonies religieuses, suivant l'esprit de son siècle, pour en assurer la durée. Il y a réussi, puisque les jeux dont il est question se sont perpétués jusqu'à nos jours ; ce qui a autorisé un poëte provençal à dire à la fin d'une épitre adressée à ce prince :

> Mais qu'as ben fa, per paranthésos,
> Qu'as près l'escourcho, et siès mounta
> Tout drect à l'immourtalita
> Per lou careiroou deis fadaisos (1).

On sait que les tournois étaient les fêtes solennelles de l'ancienne chevalerie, que l'on publiait longtemps à l'avance, et où se rendaient les rois, les reines, les princes, les princesses, etc., pour être témoins de la valeur, de l'adresse et des vertus guerrières dont les chevaliers qui y venaient de tous côtés faisaient profession, en y mêlant toujours l'amour de Dieu et des dames.

Or, les chevaliers étaient représentés dans les jeux de la procession dont il s'agit, par un certain nombre d'individus qui portaient des cannes de hauteur ordi-

____

(1) *Explication des Cérémonies de la Fête-Dieu à Aix en Provence.* Aix, 1777, p. 147.

naire, peintes en couleur rose et blanc, assortissant leur habit d'étoffe. C'est avec ces cannes, en guise de lances ou de hallebardes, qu'ils exécutaient *le pas d'armes*, exercice qui figurait l'attaque et la défense d'un passage. A un signal donné, ces individus, appelés *Bâtonniers*, agitaient et tournaient leurs cannes dans tous les sens, aussi habilement qu'ils pouvaient le faire ; puis, ils se divisaient en deux groupes, l'un attaquant, l'autre se défendant. C'était à coups de canne tour à tour portés et parés. Enfin le groupe qui défendait le passage cédait et prenait la fuite. Au bout d'un moment, les deux groupes se réunissaient pour faire, avec leurs cannes, le salut aux dames, comme cela avait toujours lieu dans les joûtes et tournois de l'ancienne chevalerie. A cette occasion, un poète du temps adresssait ces vers aux chevaliers :

> Servans d'amour, regardez doulcement
> Aux Eschaffaux, anges de Paradis ;
> Lors jousterez fort et joyeusement
> Et vous serez honorés et chéris (1).

Comme insigne, comme attribut d'autorité, je ne dois pas oublier la canne du compagnonnage. La plus grande injure que l'on puisse faire à un compagnon, c'est de lui arracher sa canne. Certaines sociétés de compagnonnage portent des cannes courtes, d'autres, au contraire, les ont fort longues ; les premières sont pacifiques, les secondes, garnies de fer et de cuivre, sont guerrières. On les pare les jours de cérémonie. Le compagnon qui, en se battant contre un autre compa-

---

(1) On appelait *Eschaffaux* les galeries où les dames étaient placées.

Voir les *Mémoires sur l'ancienne Chevalerie*, par de Lacurne de Sainte-Palaye.

gnon, est parvenu à lui prendre sa canne, est aussi fier de cette prouesse que le soldat qui a pu s'emparer d'un drapeau.

Dans la cérémonie du mariage ou du décès d'un compagnon, la canne joue un rôle important : tantôt on la place à terre d'une certaine façon, tantôt on la tient haut. Au moment du départ d'un compagnon pour son *tour de France*, la canne est portée par le rouleur sur l'épaule, et tous les autres compagnons la portent la main haute. Dans cette circonstance, ces cannes sont élégamment enrubannées aux couleurs de la société.

L'adoption de la canne dans le compagnonnage a pour principe un hommage rendu à l'un des trois fondateurs, maître Jacques, qui fut assassiné 989 ans avant J.-C., et près duquel on trouva après sa mort un jonc qui lui avait servi pour se défendre.

Quant aux faits de correction et d'outrage à la charge de la canne, c'est celle de Frédéric-Guillaume de Prusse, père de Frédéric-le-Grand, qu'il faut citer en première ligne. Il en usait et abusait plus qu'aucun autre souverain l'a jamais fait. Armé de sa grosse canne de sergent, il passait tous les jours la revue de son régiment de géants, dont la première compagnie était composée d'hommes ayant sept pieds de haut. La revue faite, il allait se promener par la ville. S'il faut en croire Voltaire, rencontrait-il une femme, il lui demandait pourquoi elle perdait son temps dans la rue. « Va-t-en chez « toi, lui criait-il, une honnête femme doit être dans « son ménage. » Et il accompagnait cette remontrance de quelques coups de canne (1).

---

(1) *Œuvres complètes de Voltaire. Mémoires écrits par lui-même.* Edition de la Société littéraire typographique. 1789. Tome 70 et dernier, page 267.

Les médecins empruntèrent, à cette promptitude à se servir de sa canne, un remède contre la goutte dont il fut fort tourmenté pendant les dernières années de sa vie. Le chroniqueur du *Monde Illustré* raconte qu'au moment où l'on remarquait un accès de mauvaise humeur chez Frédéric-Guillaume, on envoyait auprès de lui son cocher, avec recommandation de tout faire pour exciter la colère du roi et l'amener à ce qu'il lui appliquât une volée de coups de canne. Le prix de l'indemnité avait été fixé préalablement. Le roi, mis hors de lui, poursuivait son cocher dans l'appartement, la canne à la main, et le frappait, à tour de bras, chaque fois qu'il pouvait l'atteindre. Cet exercice violent amenait une heureuse transpiration pour le monarque , donnait une certaine élasticité à ses membres, et un cours plus facile à ses humeurs.

Le chroniqueur ajoute que le cocher ne laissait pas que de tricher au jeu. Chaque fois qu'il se rendait chez son maître, à titre de remède, il avait soin de cuirasser son dos avec du carton (1).

Ceci n'est que plaisant, mais voici qui est tragique.

Frédéric-Guillaume était fort attaché à la discipline militaire ; un jour, passant en revue un de ses régiments, il fut si mécontent de la manœuvre, qu'au lieu d'imiter le noble usage que Louis XIV avait fait de sa canne, il s'oublia jusqu'à frapper de la sienne le major qui commandait. L'officier, outragé, recule de deux pas, saisit ses pistolets, tire l'un aux pieds du cheval du roi et avec l'autre se fait sauter la cervelle (2).

Ce que nous avons encore à dire de l'action outra-

(1) Le *Monde Illustré*, année 1859, 1ᵉʳ semestre, page 299.
(2) *Dictionnaire encyclopédique d'anecdotes.*

geante de la canne ne s'est pas passé en pays étranger,
mais en France, au commencement du XVIIe siècle. C'est
de l'histoire. Les faits que nous allons raconter n'ame-
nèrent pas mort d'homme, heureusement ; mais, dans
deux circonstances différentes, ils eurent les conséquences les plus graves pour ceux qui avaient porté les
coups.

L'outragé, dans les deux cas, fut Henri d'Escoubleau de Sourdis qui eut, dans sa vie, deux carrières :
celle de l'Eglise et celle des armes, qu'il parcourut, en
les confondant, selon l'esprit du temps.

Nommé à l'archevêché de Bordeaux, alors que le Duc
d'Epernon était Gouverneur de la Guienne, Sourdis
n'était nullement disposé à ployer sous une autorité que
ce dernier voulait générale et absolue. Il en résulta une
vive mésintelligence bientôt suivie de fâcheux débats
auxquels succédèrent, de la part du Gouverneur, des
actes de violence aussi scandaleux qu'inouis, tandis que
l'archevêque continua de garder la plus parfaite mesure,
mais en déployant toute l'imposante autorité de son
caractère sacerdotal. De ces divers actes de violence,
nous n'avons à citer que le dernier qui rentre seul dans
notre sujet.

A la suite de divers incidents fort regrettables, le
Gouverneur ayant rencontré l'Archevêque sur la place
Saint-André, vint à lui, l'injuria de la manière la plus
grossière, s'oublia jusqu'à lui enlever son chapeau qu'il
foula aux pieds, à le frapper du poing au visage, et enfin jusqu'à lui porter plusieurs coups de canne. Un de
ses officiers arrêta son bras, tandis qu'un autre, saisissant l'archevêque, donna à celui-ci le moyen de se retirer. Le prélat excommunia le Duc d'Epernon et tous ses
complices ; le Parlement de Bordeaux intervint tout
d'abord, puis celui de Paris évoqua l'affaire et fit pro-

céder à une longue information qui confirma la vérité des faits énoncés dans la plainte de l'archevêque.

Par suite, le roi ordonna au Duc d'Epernon de faire des « excuses publiques et solennelles à l'archevêque et « de lui demander pardon et absolution de ses indi- « gnités. »

La chose se passa comme le roi l'avait ordonné : la cérémonie ent lieu à Contras, *coram populo*. L'archevê- que s'assit devant la porte de l'église paroissiale de cette ville, et le Duc d'Epernon s'étant mis à genoux demanda l'absolution.

Voici du reste le texte du procès-verbal dressé par l'archevêque :

« En conséquence des ordres du roi, s'est présenté devant « nous, Jean-Louis de Lavalette, Duc d'Epernon, Pair et Colonel « général de France, Gouverneur, Lieutenant général pour sa « Majesté en la province de Guienne, lequel *s'était mis à genoux* « par-devant nous, a demandé l'absolution de l'excommunication « par lui encourue.

« Nous, Archevêque de Bordeaux, Primat d'Aquitaine, Com- « missaire apostolique, en suivant les brefs de notre Très- « Saint-Père le Pape, nous avons donné et enjoint pour péni- « tence audit sieur Duc d'Epernon : 1° qu'il visite les chapelles « de Notre-Dame-de-Montuzet, de Notre-Dame en notre Eglise « métropolitaine, et de Notre-Dame-de-Verdelage ; 2° qu'il « récite trois fois le Rosaire et trois fois le petit office de Notre- « Dame.

« Laquelle pénitence par lui reçue et acceptée, nous avons « ordonné qu'il sera par nous procédé à donner audit sieur Duc « d'Epernon le bénéfice de l'absolution requis.

« Ce qui fut fait ainsi, le mercredi 27 septembre 1634 » (1).

Un an après l'évènement que nous venons de racon-

(1) Voir les *Documents inédits sur l'Histoire de France*. — *Correspondance de Henri d'Escoubleau de Sourdis*. Tome Ier, p. LXI.

La Bibliothèque historique de la France. Tome Ier, p. 561.

La Biographie universelle. Tome 43. Au mot : *Sourdis*.

ter, la guerre ayant été déclarée à l'Espagne et la reprise
des îles Sainte-Marguerite décidée, le roi nomma chef
de ses conseils en l'armée navale, l'archevêque de Bordeaux, le même Henri d'Escoubleau de Sourdis, dont
l'aptitude aux opérations navales et militaires avait été
fort remarquée dans ses divers voyages à la suite du roi,
soit au siége de la Rochelle, soit dans les guerres
d'Italie.

Le Gouverneur de Provence, à cette époque, était le
Maréchal de Vitry, homme d'une humeur altière, qui
fut fort irrité de ce qu'on ne l'avait pas nommé chef
d'une expédition exécutée dans son gouvernement.

Le 6 décembre 1636, un conseil de guerre s'assembla
pour arrêter le plan de l'entreprise. Une discussion s'y
éleva entre l'archevêque de Bordeaux et le maréchal de
Vitry, qui traita le prélat de cagot et le frappa d'un coup
de canne. Le conseil se sépara aussitôt saisi d'étonne-
ment et de douleur. La plupart des gentilshommes, voulant donner au Gouverneur une marque éclatante de
mécontentement, abandonnèrent les drapeaux, les mili-
ces se débandèrent et l'expédition fut abandonnée.

Le cardinal de Richelieu, instruit de l'emportement du
Maréchal et des suites qu'il avait eues, demanda au roi
sa destitution et son incarcération à la Bastille. Il ne les
obtint que l'année suivante, après avoir représenté
énergiquement et sans se lasser, la dangereuse impression que pouvait faire sur l'armée l'impunité de M. de
Vitry. Ce ne fut qu'au bout de six ans, à la mort du
Cardinal, que l'ancien Gouverneur de Provence fut
rendu à la liberté. Cette tardive punition s'explique par
le caractère vacillant et timoré de Louis XIII, qui, d'un
autre côté, ne pouvait oublier l'action du Maréchal de
Vitry, assez dévoué à son roi « pour l'avoir débarrassé,
« comme il le disait, d'un sujet insolent (le maréchal

« d'Ancre), qui éclipsait, depuis trop longtemps, le
« pouvoir royal. »

VI

J'ai mis à contribution, dans les pages qui précèdent,
des documents archéologiques et historiques, des mémoires, des livres de voyage et des recueils d'anecdotes.
J'en prends encore là quelques-unes se rapportant à mon
sujet.

Sous l'ancien régime, un grand seigneur vit son carrosse arrêté dans une rue de Paris, vis-à-vis l'abbé
Nairac, habillé comme le sont la plupart des auteurs : un
mauvais manteau, un vieux chapeau, un habit fort usé.
Le chapeau parut un sujet de plaisanterie au grand seigneur ; il ordonna à un de ses laquais d'aller demander
à cet abbé à quelle bataille son chapeau avait reçu toutes
ces blessures. « A la bataille de Cannes, mon ami »,
répondit l'abbé ; et il appliqua, à tour de bras, cinq à six
coups de la sienne sur le dos de l'ambassadeur qui se
sauva sans demander son reste (1).

Tout le monde connaît cet admirable mot du Maréchal
de Turenne à un de ses domestiques qui, l'ayant frappé,
par méprise, sur le derrière, pendant qu'il était penché
sur une fenêtre, lui demandait pardon à genoux, disant
qu'il l'avait pris pour George, son camarade : « — Et
« quand c'eût été George, dit tranquillement Turenne,
« en se frottant la partie atteinte, il ne fallait pas frap-
« per si fort. »

Voici une nouvelle preuve du calme et de la modération habituels à ce grand homme : Son carrosse se trouvait arrêté dans les rues de Paris. Un jeune homme qui

(1) *Dictionnaire Encyclopédique d'anecdotes.*

ne le connaissait pas, et dont la voiture était derrière la sienne, descend tout bouillant de colère, et vient frapper de sa canne le cocher du Maréchal, pour le faire avancer. Il jure, il tempête. Turenne regardait tranquillement cette scène, lorsqu'un marchand sort de sa boutique et se met à crier : « Comment! on maltraite « ainsi les gens de M. de Turenne! » A ce nom, le jeune homme se croit perdu et vient à la portière du carrosse demander pardon au Maréchal, qui se contente de lui dire, en souriant : « Monsieur, vous vous entendez fort « bien à châtier mes gens ; quand ils feront des sottises, « ce qui leur arrive souvent, je vous les enverrai (1). »

On sait qu'en Allemagne, les officiers, autrefois, — et il en est encore un peu ainsi, dit-on, — n'épargnaient pas aux soldats des corrections manuelles. — Le domestique d'un major prussien exaltait, un jour, à un de ses camarades, toutes les qualités de son maître : « — Il est « doux, il est bon; pourvu que je lui brosse bien ses « habits, il est content. — Et le mien donc! il bat mon « uniforme tous les matins, quand j'ai fini de battre le « sien! — Vraiment? fit l'autre. — Mais oui; seule- « ment, il faut que j'aie mon uniforme sur le dos (2). »

N'empruntons pas d'autres mots à l'étranger.

En voici un charmant que Louis XV adressa à un seigneur de sa cour, vieilli à son service, le marquis de Calvière, en lui donnant une canne dont la pomme était ornée de son portrait : « Tenez, Calvière, je veux que « vous reposiez sur moi. »

Le même marquis de Calvière avait, longues années

(1) *Dictionnaire encyclopédique d'anecdotes.*
(2) *Ibid.*

auparavant, fait, à propos de cannes, une très heureuse
réponse à Louis XV. Ce prince encore enfant (il avait
été déclaré roi à l'âge de 5 ans, en 1715) dit, un jour,
aux jeunes courtisans qui l'environnaient : « Prenons
« des cannes et jouons à la guerre ; partageons-nous. Je
« commanderai les Français ; vous, Calvière, mettez-
« vous à la tête de l'ennemi. — Sire, répondit le pru-
« dent favori, j'aime mieux être le dernier de vos
« soldats que le général de vos ennemis. — Eh bien !
« dit le roi, un tel les commandera. » Là-dessus on
prend des cannes, on s'avance, on se bat. L'ennemi fut
vaincu ; cela devait être. Le roi, vif et alerte, n'épargna
pas les coups au commandant ennemi, qui les reçut avec
tout le respect possible. Le marquis de Calvière, racon-
tant le fait dans ses *Souvenirs d'un Page de Louis XV*,
avoue de bonne foi qu'il avait prévu ce résultat, et que
la peur de la bastonnade avait pu contribuer à lui inspi-
rer sa réponse (1).

Talleyrand, quand il rentra en France, avait promis
de servir le Directoire ; mais ses sentiments pour les
Directeurs se manifestèrent au moment même où il allait
entrer dans le cabinet de Carnot. L'huissier, qui était de
service dans l'antichambre, l'invita à déposer sa canne.
« Ces gens-là se rendent justice, dit Talleyrand à l'oreille
« de son conducteur ; ils ont peur du bâton (2). »

A propos d'une canne déposée, voici une piquante
anecdote :

Un soldat de planton au contrôle d'un théâtre avait
reçu la consigne de ne laisser entrer aucun civil sans lui
faire déposer sa canne. Arrive un monsieur, les mains
dans ses poches.

(1) Voir le *Conservateur Marseillais*, tome I, page 29.
(2) *Revue du XIXe siècle*. Tome 6, page 500.

— Bourgeois, votre canne!

— Ma canne !... Mais je n'en ai pas.

— Tant pis; allez en chercher une.

Le bourgeois dut renoncer à entrer (1).

Il y a quelques jours, je causai discipline militaire avec un de mes vieux camarades de collège, dont les goûts sont les miens, les idées les miennes, et, comme moi, comme tous les hommes de notre âge :

> .....:........ *Laudator temporis acti*
> *Se puero...................* .....

L'anecdote qui précède me vint tout naturellement à l'esprit, dans le cours de notre conversation, et je la citai. Mon interlocuteur en rit beaucoup; mais — chose bien rare — nous ne fûmes plus d'accord quand j'ajoutai : « La canne a été frappée d'une véritable servitude « à la porte des théâtres, des musées et des expositions « publiques. C'est un abus contre lequel on ne saurait « trop s'élever. »

— Que parlez-vous de servitude imposée, riposta M. X..., moi je dis, qu'à l'exception des gens âgés ou infirmes, le port de la canne est, pour tous les autres, une servitude volontaire. Le rôle naturel de la canne est de soutenir; mais qu'en font ceux qui ne la posent jamais à terre ? et ceux qui la placent sous le bras et la tiennent appliquée contre le corps, transformant ainsi un membre valide et libre en un membre atrophié et asservi ? et ceux encore qui la plantent dans la poche de leur paletot et la portent droite et immobile? de sorte que ce n'est pas la canne qui les soutient, mais ce sont eux qui soutiennent la canne. Acheter, quelquefois à un prix élevé, un objet rarement utile, s'exposer à le per-

---

(1) *Dictionnaire encyclopédique d'anecdotes.*

dre, l'égarer souvent, se condamner à ne pas sortir de chez soi, tant qu'on ne l'a pas retrouvé et à ne pas faire un pas dans la rue sans le sentir dans la main, n'est-ce pas là une servitude des plus gênantes ?

Je me gardai bien d'interrompre M. X... , il était en verve, et je trouvai d'ailleurs que sa boutade ne manquait pas d'une certaine justesse.

— Je viens d'exprimer des généralités, continua mon vieux camarade, voici des faits et des exemples :

Il y a quelques bonnes années, j'eus l'occasion, dans un voyage à Paris, de faire la connaissance du directeur du Vaudeville, qui me donnait, de temps à autre, un billet de faveur. C'était surtout aux représentations d'Arnal que j'aimais à assister. Sa chaleur, sa verve, son entraînement, son humour, et avec cela un naturel qui ne se démentait jamais, avaient pour moi le plus grand charme. Un jour, dans le *Cabaret de Lustucru*, les qualités que je viens d'indiquer lui firent complètement défaut ; je ne reconnus plus mon Arnal accoutumé. Quelques jours après, je communiquai ma remarque au directeur : « Cela vient, me répondit celui-ci, qu'Ar-« nal, au moment d'entrer en scène, n'a pas trouvé la « badine qu'il porte habituellement dans ce rôle ; il n'en « a pas fallu davantage pour lui faire perdre toute con-« tenance et paralyser son jeu. » J'ai appris, plus tard, que lorsque les camarades d'Arnal le voyaient d'humeur fâcheuse, ils se disaient l'un à l'autre : « *Arnal a perdu « sa badine.* »

Je passe de Paris à Marseille. Vous vous souvenez, sans doute, du chirurgien Moulaud, de tranchante mémoire, qui, au temps de notre jeunesse, jouissait, parmi nos compatriotes, d'une réputation très grande et, du reste, très méritée.

— Oui, je me rappelle parfaitement sa personne , sa

tournure, son costume et — puisque nous sommes sur
cet article — sa canne où l'or n'avait pas été plus épar-
gné à la pomme qu'à la douille. C'est le jonc le plus beau
et le plus long que j'aie jamais vu de ma vie.

— Ce jonc ne touchait jamais le sol, pas plus celui
des appartements que celui de la voie publique. Le docteur était-il chez lui ? sa canne était appendue , par le
cordon qui la garnissait, à une patère dans son cabinet.
Sortait-il ? il la tenait à la main, haute et droite, ainsi
qu'il eût fait d'un cierge à la procession, et comme pour
arracher à chaque passant cette exclamation : « Oh! la
« belle canne ! » Entrait-il chez un malade? sa première
opération consistait à appendre sa canne à l'espagnolette
de l'une des croisées. Mais il n'en faisait rien, s'il jugeait
que la canne , ainsi placée, ne se trouverait pas à une
certaine distance du sol. Dans ce cas, il la passait de la
main droite dans la main gauche, et, la tenant toujours
en l'air, prenait dans la poche de son gilet un petit marteau, un clou à crochet, plantait ce clou dans le montant
de la croisée, à la hauteur convenable, y pendait sa
canne, et alors, libre de toute préoccupation, il était
tout à sa besogne : un pansement à faire ou un membre
à amputer. Ce manège, le docteur Moulaud le répétait,
au besoin, plusieurs fois par jour. N'était-ce pas là une
servitude dans toute la force du mot ?

Un exemple encore, ce sera le dernier. Il est aussi parfaitement caractéristique et ne remonte pas si loin, tant
s'en faut, que les deux autres. En 1872, j'étais allé passer une partie de la belle saison chez un de mes neveux
qui habite le chef-lieu d'un département du Midi. A part
le temps que je donnais à ma famille, les journées ne
tardèrent pas à me paraître un peu longues, et je cher-
chais de tous côtés des distractions extérieures. J'appris
qu'un concours devait avoir lieu pour la place d'archi-

viste du département. On m'assura que ce concours serait très brillant, et je ne manquai pas de m'y rendre. Je fus, en effet, on ne peut plus satisfait ; mais une singulière circonstance est celle-ci : Les examinateurs étaient au nombre de quatre, et six candidats s'étaient fait inscrire. Voici comment on procéda : le premier inscrit fut appelé le premier et n'eut à répondre qu'au premier examinateur. Il en fut de même pour les autres. Quand tous les six eurent subi cette première épreuve, ils comparurent, à tour de rôle encore, devant le second examinateur, puis devant le troisième et le quatrième enfin. Le premier candidat appelé arriva la tête haute, le corps droit, la démarche assurée ; il était du reste dans la force de l'âge. Je fus donc très étonné de lui voir une canne à la main, d'autant plus qu'il n'avait eu qu'à traverser un corridor fort court pour arriver de la salle où il se tenait avec ses concurrents à celle où avait lieu l'examen. Notre homme déposa sa canne sur la table placée devant l'estrade des examinateurs et qui était en quelque sorte la tribune, la reprit et se retira, la balan-çant dans la main, dès que lui eut été adressée la formule sacramentelle : « C'est assez, monsieur. »

Ce même agissement se renouvela autant de fois qu'il y eut comparution devant l'un des examinateurs , c'est-à-dire quatre fois : arriver la canne à la main , déposer cette canne sur la table , l'y reprendre et se retirer l'ayant encore à la main, bien que la distance à parcou-rir fût de trente pas à peine, aller et retour. A ce fait singulier, je ne trouvai qu'une explication : une idée superstitieuse à l'endroit de cette canne, la croyance à un talisman. Quoi qu'il en soit, le charme n'opéra pas, et le candidat à la canne — comme je l'avais désigné — n'obtint pas la place mise au concours.

— Vos observations critiques et les excentricités que

vous venez de me citer ne se rapportent qu'aux hommes, dis-je à M. X..., mais apprenez que depuis quelque temps, à Paris, *au Bois* et dans les stations balnéaires les plus en vogue, les femmes qui se piquent de donner le ton, en fait de modes, ont adopté la canne, comme un auxiliaire de tenue, de maintien.

— Il ne faut s'étonner de rien à raison des choses ridicules et de mauvais goût que la mode invente ou patronne. Qnant aux *lionnes* dont vous me parlez, je les plains sincèrement d'ignorer que la tenue, le maintien, la femme ne doit jamais les chercher que dans les harmonies naturelles de sa personne, et qu'elle sera toujours gracieuse à la condition d'être elle-même.

Je n'ai pas besoin de dire à mes lectrices — si, toutefois, j'en ai jamais — que je donnai une adhésion pleine et entière au trait final de la boutade humoristique de mon vieil ami.

TROISIÈME PARTIE

TROISIÈME PARTIE

VARIA

—

Au début de cette étude, j'ai indiqué le plan que je me proposais de suivre : diviser la monographie du Bâton en deux parties principales traitant, la première, du bâton signe d'autorité et de puissance ; la seconde, du bâton instrument de correction et d'outrage (1).

C'est dans cette double classification que j'ai successivement rangé : 1° les douze chapitres qui se rapportent à la première partie et forment le premier volume ; 2° les six chapitres se rapportant à la seconde, insérées dans ce deuxième volume.

Mais la matière n'est pas épuisée. J'ai par-devers moi de nombreux documents à mettre en œuvre pour compléter la monographie que j'ai entreprise. C'est ce qui m'a obligé à ajouter une troisième partie qui, beaucoup plus courte que les deux autres, contient ce qui me reste à dire sur le bâton, en cessant de le considérer comme je l'ai fait jusqu'à présent, et se composera de quatre chapitres : le Bâton héraldique, le Bâton légendaire, le Bâton littéraire, les Locutions du Bâton.

(1) Voir le Tome I, page 1ʳᵉ, Avant-propos.

CHAPITRE PREMIER.

Le Bâton héraldique.

I.

Le Bâton fait partie des *figures* du blason, et on le trouve dans un grand nombre d'armoiries. Il sert principalement de *brisure*, c'est-à-dire qu'il est avec le lambel, la bande, la barre, l'une des pièces ajoutées à celles qui forment le fond de l'écu, et qui, par ce fait, semblent brisées.

Dans l'art héraldique, la brisure a pour but de marquer la différence entre les membres de la même famille. Les aînés ont seuls le droit de porter les armes pleines ; celles des puînés et des cadets doivent être brisées ; ce qui, en langage ordinaire, veut dire diminuées, amoindries. Cette obligation est indiquée dans un abrégé du Blason, en vers, qui se trouve en tête d'un ouvrage spécial (1) :

> Le Blason plein échoit en partage à l'aisné,
> Tout autre doit briser, comme il est ordonné.

L'auteur, très versé dans la science héraldique, qui a composé cet ouvrage, a gardé l'anonyme. Le libraire Benoît Coral, qui l'a publié, a voulu rendre hommage à

(1) *Le Véritable Art du Blason*, Lyon, 1659.

cet écrivain modeste en insérant la pièce suivante que lui adressa un poète du temps :

> Héros que l'auteur fait revivre
> Pour servir de modèle à la postérité,
> Vous allez trouver dans son livre,
> Les gages assurés de l'immortalité.
> Il consacre à votre mémoire
> Les beaux monuments dont la gloire
> Couronna vos actes guerriers,
> Et l'ouvrage qui les recueille,
> Ne vous présente pas de feuille,
> Qui n'égale tous vos lauriers.

Suivant la place qu'il occupe sur l'écu, le bâton a une signification différente et prend telle ou telle dénomination. Ainsi, il est *brochant sur le tout, péri en bande* et *péri en barre.* Ces termes de blason demandent qu'on les explique.

Quand le bâton passe à la fois sur une pièce et sur le champ de l'écu, il est dit . *brochant sur le tout ;* dans ce cas, les armoiries ne sont en rien amoindries.

Si le bâton est *alésé,* c'est-à-dire s'il ne touche pas les bords de l'écu, il est *péri en bande* ou *péri en barre.* — Péri en bande, quand il va de droite à gauche, signe des familles cadettes ; et péri en barre, marque d'illégitimité. On peut citer, pour le premier cas, les Condé et les Conti, qui ont un bâton péri en bande dans leurs armoiries. La maison de Bourbon elle-même , comme issue de Robert de Clermont, 6ᵉ fils de saint Louis, et par conséquent, maison cadette, brisait l'écu de France d'un bâton de gueules (couleur rouge) (1).

(1) P. Anselme : *Généalogie de la Maison de France.*

Entre autres exemples du bâton péri en barre, marque d'illégitimité, citons les suivants :

Charles de Valois, duc d'Angoulême, fils naturel de Charles IX ;

Les comtes de Verneuil et de Moret, enfants naturels d'Henri IV ;

Le duc du Maine et le comte de Toulouse, fils naturels de Louis XIV.

Ils portaient de *France*, c'est-à-dire avaient les armoiries royales, mais brisées par un bâton tirant de gauche à droite ou soit *péri en barre* (1).

Outre cette marque spéciale, on obligeait les bâtards à contourner le casque formant le chef de leur écu et à placer la visière du côté gauche. C'est de cette double circonstance qu'est née la locution adoptée pour exprimer une naissance illégitime : *être du côté gauche.*

A propos du bâton figurant sur les armoiries, rapportons ce fait curieux que l'on trouve dans le livre déjà cité par nous. Le jour où Henri III fut assassiné, la foudre tomba sur l'un des vitraux de la chapelle de Bourbon-l'Archambault où se trouvaient dessinées les armoiries de Henri IV, déjà roi de Navarre. Le bâton brochant sur le tout, qui s'y trouvait comme brisure, disparut par l'effet de la foudre, et les trois fleurs de lys restèrent entières et seules, formant un nouvel écu que Henri IV adopta désormais. « Evénement providentiel, ajoute l'auteur, signe certain de l'approbation que le Ciel voulut donner à cette succession si longtemps contestée par la Ligue (2) ». Quoi qu'il en soit, Henri IV étant devenu chef de la maison royale de Bourbon, devait porter les armes de France *pleines.*

(1) Idem, *ibid.*
(2) *Le Véritable Art du Blason.* p. 369.

Le bâton ne figure pas sur l'écu uniquement comme brisure ; attribut, marque distinctive de certaines dignités dans l'ordre religieux, civil ou militaire, il est alors placé en sautoir derrière l'écu.

Ainsi, les maréchaux de France plaçaient, de cette manière, deux bâtons fleurdelisés ;

Les grands-maîtres des cérémonies, deux bâtons dorés ;

Les grands-maîtres de la maison du roi, deux bâtons finissant en couronnes fermées ;

Les capitaines des gardes du corps, deux bâtons d'ébène garnis de bouts en ivoire ;

Les prévôts de Paris, deux cannes en sautoir (1).

Nous avons dit dans notre premier volume que le Pape, pasteur des pasteurs, ne portait pas cependant de crosse, de bâton pastoral, et nous en avons donné le motif (2). Par suite, ce sont deux clefs que le Pape met en sautoir derrière l'écu des armes de sa famille.

Mais les évêques et les abbés réguliers placent le bâton pastoral, la crosse et la mitre sur le haut de leur écusson : la crosse à gauche et la mitre à droite. Ceux des évêques qui, autrefois, étaient aussi seigneurs temporels, portaient une crosse et une épée en sautoir, et une mitre en couronnement.

Quant aux prieurs, ils portaient, sur l'écu de leurs armes, un simple bâton en forme de bourdon.

Dans un livre intitulé : *Traité de la Crosse*, publié à Avignon en 1775, on trouve des détails circonstanciés et fort curieux sur les armoiries ecclésiastiques, sur l'époque à laquelle elles remontent, sur la manière

(1) *Le Véritable Art du Blason*, p. 181.
(2) Tome I, chapitre II, page 41.

dont la crosse doit être placée, et les différends qui ont eu lieu à ce sujet entre des évêques, des abbés et des prieurs (1).

Nous nous bornons à cette indication ; ceux des lecteurs qui seraient désireux de connaître les détails, trouveront dans le *Traité de la Crosse*, ample matière pour satisfaire leur curiosité.

Mais puisque nous venons parler des abbés et des abbayes, disons que celle de Saint-Victor, à Marseille, portait, sans qu'elle eût jamais éprouvé de contestation à ce sujet : d'azur, à quatre bourdons de pèlerin d'or, posés en croix, et en sautoir, *en abyme*, c'est-à-dire au centre de l'écu : l'écusson de la ville de Marseille, d'argent à la croix d'azur, et enfin, au sommet, la crosse placée en pal, et la mitre.

II.

L'art héraldique n'employait pas le bâton uniquement comme brisure ou comme marque d'une dignité, d'une fonction. Dans les armoiries de beaucoup de familles, il rappelait une action d'éclat sur les champs de bataille, ou un triomphe obtenu dans les combats de *plaisance*, les tournois, les joûtes, les *pas d'armes*.

« Les anciens chevaliers français, — a dit un auteur « qui a beaucoup écrit sur la matière, — étaient possé-« dés du désir d'acquérir continuellement de l'honneur, « et de fuir l'oisiveté, qu'ils haïssaient par-dessus « toutes choses, comme estant la racine de tous les « vices et le plus dangerenx poison de la vertu. Ils « s'occupaient donc sans cesse, durant la paix, à en-« voyer des cartels et défis, pour faire des tournois,

(1) *Traité de la Crosse ; de la Crosse dans les armoiries,* p. 118.

« soustenir des joustes, tenir des pas, aux plus vaillants
« des royaumes estrangers, et ce, pour la gloire de leur
« patrie , l'honneur de leurs princes, le mérite et la
« beauté de leurs dames (1). »

Or, dans ces simulacres guerriers, dans ces brillantes fêtes de l'ancienne chevalerie, le bâton fonctionnait, — qu'on me passe cette expression, — à divers titres et sous différentes formes. Il en marquait le commencement et la fin, et prenait une large part à l'action. Le roi d'armes, tenant un bâton à la main, après avoir pris les ordres des juges, criait : « Par trois « grandes allenées et trois grandes reposées, couppez « cordes et heurtez batailles ! » Au troisième cri, les cordes étaient coupées, et aussitôt, « les tournoyeurs, « tenans et assaillants, se précipitaient et se combat- « taient tant et si longuement, et jusques à ce que les « trompettes sonnassent la retraite par le commande- « ment des juges (2). »

Alors, le roi d'armes, toujours son bâton à la main, conduisait le chevalier que les juges avaient proclamé vainqueur, à la galerie où se trouvait la dame désignée pour remettre le prix, et s'exprimait ainsi :

« Véez-cy cette noble dame qui va vous bailler le prix du « tournoy, — vous priant, Madame, que le veuillez prendre « en gré (3). »

Ce prix était habituellement un petit bâton d'or.

Les armes dont se servaient les tournoyeurs pour disputer ce prix entre eux, étaient : l'épée garnie de mornes rondes, puis la lance, le dard, la pique dont les fers avaient été brisés, ce qui en faisait des armes dites

---

(1) Wulson de la Colombière. *Le vray Théâtre d'honneur et de chevalerie*, t. I, p. 8.
(2) Wulson de la Colombière, t. I, p. 75, loc. cit.
(3) Loc. cit., t. I, p. 77.

courtoises, et enfin la massue, c'est-à-dire le bâton sous ses diverses formes.

Chacune de ces armes avait une signification. La massue, entre les mains des chevaliers, signifiait « la « force du courage ; car, comme la massue est contre « toutes sortes d'armes , ainsi la force du courage « défend le chevalier de tous vices, et lui augmente sa « vertu pour les chasser et pour les vaincre (1). »

On admettra, sans peine, cette assertion de Wulson de la Colombière, que : « la massue est contre toutes sortes d'armes, » en lisant la description qu'en donne le P. Daniel :

« On voit encore aujourd'hui — écrivait-il à la fin « du XVIIe siècle — dans l'abbaye de Roncevaux , les « massues de Roland et d'Olivier son contemporain. « Cette arme est un bâton gros comme le bras d'un « homme ordinaire, il est long de deux pieds et demi. « Il a un gros anneau à un bout pour y attacher un « chaînon ou un cordon fort, afin que cette arme « n'échappe pas de la main. A l'autre bout du bâton « sont trois chaînons à chacun desquels est attachée « une boule de fer du poids d'un boulet de huit livres, « avec lequel on pouvait certainement assommer un « homme armé, *quelque bonnes que fussent ses armes* , « quand le bras qui portait le coup était puissant (2). »

Revenons au bâton employé ordinairement dans les joûtes et les tournois. On vient de l'y voir remplir deux rôles non moins importants qu'honorables. — Arme entre les mains des combattants. — Prix décerné au vainqueur. Quelquefois, par contre, il y devenait un instrument d'outrage et d'ignominie.

Philippe de Valois avait rendu plusieurs ordonnan-

(1) Wulson de la Colombière, loc. cit., t. I, p. 302.
(2) *Histoire de la Milice française* , t. I, p. 433.

ces sur les tournois, dans lesquelles il avait particulièrement spécifié les méfaits qui devaient amener l'exclusion des chevaliers et la manière dont cette exclusion devait avoir lieu.

L'article 10 de l'une de ces ordonnances porte :

« Celui qui ne mène la vie digne d'un vrai gen-
« tilhomme, qui se mêle de faire trafic de marchan-
« dises, comme les roturiers, qui s'adonne à mal faire
« à ses voisins, et par ainsi, rend le titre de noblesse
« comptemtible et méprisable, qu'en plein tournoy, *il*
« *soit battu de verges* et chassé honteusement (1). »

Ne restons pas sur cette regrettable exception et citons encore un rôle honorable donné au bâton, par le roi René d'Anjou, en matière de symbolisme héraldique. — Ce prince avait fondé, en 1848, à Angers, l'ordre du Croissant. Il en avait composé les statuts, et réglé notamment que tous ceux qui en feraient partie, outre la marque du croissant d'or qu'ils porteraient sur le côté, avec cette devise : *Los en croissant*, y ajouteraient autant de *petits bâtons d'or*, façonnés en ferrures d'aiguillettes, qu'ils s'étaient trouvés « en de « batailles, assauts ou siéges de villes, ce qui faisait « connaistre leur vaillance et leur prouesse (2). »

De ces petits bâtons d'or du roi René, souvenirs glorieux, revenons aux bâtons de la plus grosse dimension, à ces « massues de bois de prunier ou de pom- « mier, tout pleins de rudes nœuds », qui, dans l'art héraldique, symbolisaient « la force du courage. »

A ce titre, on devait les voir fréquemment dans les figures du blason ; et il en était en effet ainsi. Au pas d'armes, dit de la gueule du Dragon, maintenu par le roi René, près de Saumur, en l'année 1443, et dont

(1) Wulson de la Colombière, loc. cit., p. 33.
(2) Ibid., p. 127.

le manuscrit se trouve à la bibliothèque nationale, on vit paraître, parmi les combattants, un chevalier, Honnorat des Barres, qui portait pour cimier « un sauvage tout « debout, tenant et levant une grande massue de « synople » (couleur verte). Un autre chevalier, Philippe de Culant, avait pour cimier « deux sauvages « tenant leurs massues de synople ».

Dans d'autres circonstances, et notamment dans l'une des entrées allégoriques qui eurent lieu lors de la fête donnée à Toulouse, en l'année 1616, par le duc de Montmorency, gouverneur du Languedoc, le baron de Gajan parut en Hercule, tenant,—et ceci me paraît plus rationnel que les sauvages des chevaliers des Barres et de Culant, — tenant, disons-nous, une massue avec cette devise : *Monstrorum terror*.

C'était aussi un hercule, armé d'une massue, que Wulson de la Colombière, dont nous avons si souvent cité l'ouvrage, avait choisi pour l'un des supports de son écu, l'autre étant un lion. Le cimier était une main tenant une autre massue, prête à frapper, avec cette devise : *Pour bien faire. — Pour frapper fort*, nous eût paru plus juste, car *fort* et *bien* ne vont pas toujours ensemble. Dans tous les cas, on ne peut pas dire qu'en procédant de cette façon on y aille de main morte.

A propos de bâton et de force, mentionnons que le chanoine Claude Paradin, dans son *Recueil de Devises héroïques*, en a compris une très juste, mais qu'on peut appeler plutôt philosophique. Elle est tirée du jeu de la Panoye, consistant à voir quelle est celle de deux personnes qui parviendra à s'emparer d'un bâton que chacune tient des deux mains. Au dessous du dessin qui représente le bâton ainsi saisi, l'auteur a écrit cette sage maxime :

« En quelque diférent qui auienne, il n'est possi-

« ble que l'une des parties puisse contendre contre
« l'autre (quel que bon droit, ou force qui y soit)
« qu'elle n'ayt toujours sa part de l'ennui et fascherie,
« si du dommage ne peut auoir. Et en est comme deu
« jeu de la Panoye, au quel n'y ha celui des deux
« tireurs, (posé que le plus fort il vienne à emporter le
« bâton) qui n'y aie mis toute sa puissance (1). »

Comme résumé de cette pensée, la devise qui surmonte le dessin dont nous venons de parler est celle-ci : *Et l'un et l'autre.*

Comme application bien caractérisée, rappelons le résultat pour *Et l'un et l'autre*, des ducs d'Orléans et de Bourgogne, de leurs démêlés sous le règne de Charles VI. Ils *contendaient* — en employant l'expression du chanoine Claude Paradin — à qui aurait l'administration du royaume. Louis, duc d'Orléans, fit peindre sur sa bannière un bâton épineux et noueux, voulant dire ainsi que, où il frapperait, il écorcherait ou assommerait.

Pour répondre à cette provocation, le duc Jean de Bourgogne (Jean-sans-Peur) fit peindre sur sa bannière un rabot, ce qui signifiait qu'il rabotterait le bâton noueux de son ennemi.

On sait ce qu'il advint. Le duc Louis d'Orléans fut assassiné le 23 novembre 1407, dans la rue Barbette, à Paris. On rapporte que le duc de Bourgogne ne se borna pas à armer le bras des assassins, mais que lui-même, sortant d'une maison voisine, la tête enveloppée de son capuchon et armé d'une massue, porta le dernier coup à son ennemi.

Ce meurtre fut vengé douze ans après ; le 10 sep-

(1) *Devises héroïques*, par Claude Paradin, chanoine de Beaujeu. — Lyon, 1557.

tembre 1419, le duc de Bourgogne — Jean-sans-Peur —
fut, à son tour, assassiné sur le pont de Montereau.
Son corps fut porté aux Chartreux de Dijon. On y a
vu, jusqu'à 1792, son mausolée sur lequel était gravé
un rabot avec ses éclats.

CHAPITRE DEUXIÈME

Le Bâton légendaire.

Les légendes dans lesquelles le bâton joue le principal rôle, sous diverses formes — baguette, massue, manche à balai, houlette — ces légendes, disons-nous, sont très nombreuses : chaque pays a les siennes. Cette circonstance nous aidera à sortir de l'embarras du choix.

Toute légende ayant son caractère propre, son cachet particulier indiquant le lieu où elle a pris naissance et où elle a eu cours, nous emprunterons nos citations, les unes aux contrées du Midi, les autres aux contrées du Nord. Ce sera ainsi, jusqu'à un certain point, une étude comparée des croyances et des traditions populaires.

« Il n'y a pas jusqu'aux légendes, a dit Voltaire, « qui ne puissent nous apprendre à connaître les « mœurs des nations (1). »

Nous commençons par la Provence ; et c'est l'almanach qui s'y publie, chaque année, sous le titre *Armana prouvençaou*, qui nous fournit notre première légende. Elle a, du reste, un droit incontestable à passer, avant toute autre, à *l'ancienneté*, car les acteurs sont nos premiers parents : Adam et Eve.

Tout d'abord, avertissons le lecteur étranger aux

(1) *Essai sur les mœurs*. Chap. X, p. 360.

mœurs des populations méridionales, que si elles se
permettent, sans aucun scrupule, d'introduire Dieu et
les saints dans leurs naïves légendes, cette familiarité
ne tire pas à conséquence et n'enlève rien à la vivacité
de leur foi, à leur respect des choses saintes.

LA BAGUETTE (1)

Traduit du Provençal (*Armana de* 1875).

I.

— Mes enfants ! — nous disait un jour ma pauvre
mère-grand... (Ah ! si j'avais couché par écrit tout
ce que ma pauvre mère-grand nous disait, quel charmant livre j'en aurais fait !) mes enfants, vous ne savez
pas pourquoi l'homme bat la femme, pourquoi le loup
saute sur la brebis, et pourquoi le chien court sus au
loup ? — Vous ne le savez pas ? — Eh bien, écoutez,
car je vais, moi, tout doucettement vous le dire.

Quand le bon Dieu, — bon, mais juste, — eut chassé
du Paradis notre père Adam et Eve notre mère, parce
qu'ils lui avaient désobéi, et quand vint le premier de
l'an, Eve fut sur pied au point du jour pour souhaiter
à son homme la bonne année et lui demander ses
étrennes. Elle le réveilla, et puis lui dit : — Adamet !
mon beau petit Adam ! bonne année ! bien grainué, et
accompagnée !... Mes étrennes ?

— Eh ! mais, c'est toi ? fit Adam... Tu seras donc
toujours la même ? Que ne me laissais-tu sommeiller

(1) *La Vedigano (Armana de* 1875, page 33).

encore un peu ! Es-tu pressée ? Vois-tu, ma belle, nous
devons d'abord saluer le bon Dieu : sinon, il se fâcherait
encore.

II.

Bien que l'heure fût un peu matinale et qu'il eût
encore besoin de sommeil, en bâillant Adam se leva. Ils
se vêtirent tous deux convenablement, et, se tenant par
la main, ils allèrent au-devant du bon Dieu.

Quand ils le rencontrèrent : — Beau Seigneur-Dieu,
lui dirent-ils, bonne année ! bien grainue et accompagnée !

Et ils l'adorèrent.

Et le Souverain maître de toutes choses, qui veut
être adoré, fut fort content d'eux, tant et si bien qu'il
donna à Adam, pour ses étrennes, une baguette, oh !
mais, une baguette divine. Vous verrez.

— Tiens, Adam, lui dit-il, voilà une baguette, exprès
pour toi, qui es et dois rester maître dans ta maison ; je
viens de la cueillir dans le Paradis des délices, que vous
avez perdu par votre faute, malheureux que vous êtes !
Toi seul t'en serviras, lorsque cela te fera plaisir. Quant
à toi, Eve, vois-tu ! écoute bien ce que je vais te dire :
Tu la regarderas tant que tu voudras, mais tu n'y tou-
cheras pas, tiens-toi pour avertie !... — Adam, mon
pauvre patient, toutes fois et quantes que, bien intentionné, tu taperas, avec cette baguette, sur quelqu'un
ou sur quelque chose, il en sortira sur-le-champ un
objet qui te fera plaisir. C'est moi qui te le dis !

Adam, reconnaissant, reçut de la belle main de Dieu
le précieux cadeau ; et, mari et femme, s'inclinant res-
pectueusement, dirent ensemble : Grand merci !

— Adieu, mes enfants ! fait alors le bon Dieu.

Et il disparaît.

— Seigneur Dieu, à vous seul honneur et gloire !
Et ils s'en reviennent.

III.

Eh bien ! maintenant, me direz-vous, quelle fut la première bonne intention qu'eut notre brave aïeul ?

— Si je ne vous le disais pas, vous ne le devineriez jamais : ce fut… de battre sa femme ! Et il avait raison. Vous allez voir.

Eve voulait la baguette ; elle voulait l'essayer, et savoir, — ô la mécréante ! — si c'était chose sérieuse ou bien plaisanterie ce qu'avait dit le Seigneur Dieu. Elle la voulait, coûte que coûte. Adam se garda bien de la lui prêter. Ah ! certes, non ! et pour rien au monde !

— Et moi, je la veux !

— Tu ne l'auras pas, et tu m'ennuies !

— Et moi je te dis que je l'aurai !

— Non !

— Si, imbécile !

— Ah ! vipère, tu la veux ? Ah ! tu l'auras ? Eh bien ! voilà, mangeuse de pomme !

Et pif ! et paf ! et pan ! sur les épaules d'Eve !

— Aïc ! aïe ! aïe ! mes pauvres épaules ! Aïe ! miséricorde ! mon Dieu ! Oh ! le gros brutal !… Tu me la paieras !

— Voilà tes étrennes ! dit Adam.

Mais croiriez-vous que de l'échine d'Eve, ainsi époussetée, sortit… une brebis, une brebis superbe, alerte, fort laineuse et d'un blanc de neige. Mè ! mè ! faisait-elle, mèè !

— Eh ! mais, tiens, femme, dit Adam stupéfait, la jolie brebis ! Je ne sais ce qui me tient de te donner encore une frottée !… Oh ! baguette bénie !… Ça va bien ! Allons ! ma belle, ne pleure pas, car la brebis agnèlera, et nous donnera de la laine blanche pour notre couche, qui sera molle. Et nous aurons du lait; et puis, avec ça, quand nous aurons des œufs, nous ferons *chiquet-lanla !*

IV.

Adam alors, méfiant, s'en va cacher la précieuse baguette, cependant qu'Eve, consolée, oubliait la râclée en caressant la brebis qui lui disait : mè! mèè! et lui mangeait dans la main.

— Heureux, mon homme! se disait-elle; ah! bienheureux, véritablement.

Voyez-vous, rien que pour avoir, quand cela lui ferait plaisir, à son service et sous la main, une baguette aussi merveilleuse que celle-là, elle aurait donné, sans le regretter, tout l'or fin, abondant et resplendissant de sa longue chevelure !

Et, nuit et jour, Eve songe à ce miraculeux don de Dieu, et pour que son homme enfin consente à le lui prêter quelques instants, elle lui dit : « Adamet! mon petit Adam ! » Et elle le cajole, miel sur les lèvres et dans les yeux : elle le mignote et le flatte, et lui passe la main, sa main fine, sous le menton : « Adamet! mon bel Adamet ! » Ah! qu'elle a le parler doux, Evette !

Adamet se laisse faire, et la laisse dire; mais de baguette, point !

Un homme est un homme, finalement!

V.

Eve, pourtant (ah! les femmes! elles savent où le diable cache sa ferraille), Eve devina vite l'endroit où Adam avait prudemment caché son trésor.

Cependant que son mari déchire non loin de là le sein de la terre, gagnant sa vie, l'infortuné, à la sueur de son front, elle pince la baguette : — Ah ! fit–elle, folle de joie, je l'ai maintenant, et je la tiens ! et qu'on y touche ! — Impatiente de voir ce qu'elle fera sortir de terre, elle s'intentionne le mieux qu'elle peut, tape sur le sol, vlan !

Et du sol il sort… une giroflée fraîche épanouie et embaumant l'air, croirez-vous peut-être ? Allons donc ! une giroflée ! Il en sort un loup ! Eh ! qu'en fût-il sorti, mon grand Dieu, si elle eût été mal intentionnée ? Il. en sort, vous dis–je, un loup énorme, furieux, l'œil étincelant de flamme ardente, le poil hérissé, la queue retroussée, montrant les crocs en hurlant… Ah ! malheur ! pauvre brebis !

Eve crie ; Adam accourt, voit le désastre. Vite il ramasse la baguette tombée des mains d'Eve épouvantée :

— Ah ! c'est comme ça, dit-il, que tu oublies la sainte parole de Dieu ? Eh bien ! attends un peu…

Et, de mieux en mieux intentionné, vlan ! et vlan encore sur le dos de sa femme !

Et .. voyez donc le miracle ! d'où la brebis blanche était sortie en faisant : mè ! mèè ! disons — pour en finir. — que sort un chien (heureusement !) un gros chien de berger, fort et tout dressé, qui, en sortant, fait *vouah ! vouah !* défend et sauve la brebis, *pecaïre !* et court après le loup (naturellement).

Et de courir ! courir si bien qu'il court encore !…

VI.

Et voilà d'où vient, mes enfants ! — nous disait ma pauvre mère-grand — que l'homme bat la femme, que le loup saute sur la brebis, et que le chien court sus au loup.

LA HOULETTE

(COMTAT-VENAISSIN)

En l'année 849, Charles-le-Chauve et Louis de Bavière, son frère, voulant se mettre en garde contre les entreprises de Lothaire, se lièrent d'une étroite amitié. Ils se donnèrent publiquement des bâtons l'un à l'autre, et recommandèrent au survivant leurs femmes et leurs enfants (1).

Voilà ce que nous apprend l'histoire. Voici, maintenant, ce qu'une légende du Comtat-Venaissin raconte de deux bergers qui avaient échangé leurs houlettes et de ce qui en résulta.

Ces deux bergers s'étaient rencontrés dans les Alpes où ils étaient allés faire paître leurs troupeaux. Se voyant tous les jours, à tout instant du jour, il s'établit entre eux, à la suite de ces rapports continuels et d'une entière conformité de goûts et de sentiments, une amitié très étroite. Arriva le moment de quitter les pâturages alpestres. La séparation fut douloureuse. Pour en adoucir l'amertume et aussi à titre de précieux souvenir, les deux amis échangèrent leurs houlettes sur la poignée desquelles ils avaient gravé, avec leur couteau, divers dessins et différentes figures, tout en devisant longuement sur leurs troupeaux, leurs chiens et surtout leurs amours.

Celui qui partit le premier se rendit sur la monta-

(1) *Chronologie historique des Rois de France*, par St-Alais. t. V, p. 459.

, gne de Sainte-Victoire, près d'Aix en Provence. Un jour qu'il s'était approché du gouffre qu'on nomme le Garagay, il y laissa tomber maladroitement la houlette. précieux cadeau de son ami.

A quelque temps de là, le second berger, qui s'était rendu dans le Comtat-Venaissin, avait conduit son troupeau à la fontaine de Vaucluse. Quelle ne fut pas sa douleur! lorsqu'il aperçut, flottant sur l'eau, une houlette qu'il reconnut à sa forme et aux dessins qu'elle portait pour celle que son ami avait reçue de lui. Il ne douta pas que celui-ci ne se fût noyé dans l'immense réservoir, et il s'y précipita, ne voulant pas survivre à sa douleur.

La légende ne dit pas ce qu'il advint de l'autre berger; mais le fait qu'elle raconte est invoqué à l'appui de l'opinion très répandue dans le pays que la fontaine de Vaucluse est alimentée par un grand nombre de cours d'eau souterrains dont plusieurs arrivent de fort loin.

LE BATON DE LA MEGGI.

(ÉCOSSE)

Il y a longtemps — bien longtemps — vivait aux environs d'Inverness, une pauvre vieille femme qu'on appelait la Meggi. Mais elle n'était pauvre qu'en appa-rence, car elle possédait beaucoup d'or et de pierres précieuses qu'elle avait enfouis dans la terre. C'était une fée, et son mauvais bâton de buis, précieux talis-man, rendait justice à chacun mieux que n'aurait pu faire le tribunal le plus éclairé. Il savait reconnaître les actions blâmables, et les punissait par autant de coups qu'on en avait mérités.

Ainsi, un grossier paysan passait-il près de la vieille Meggi sans un salut, le bâton accourait de lui-même et écrivait sur les épaules du rustre le respect dû à la vieillesse et à la pauvreté.

Un gentleman étourdi regardait-il effrontément la jeune fille qui retournait du travail, vers sa mère, ou lui adressait-il quelque parole trop familière, le bâton recommençait son voyage pour lui apprendre qu'il ne faut ni attaquer les faibles ni faire rougir les timides.

Au marchand qui revenait de la ville chargé d'écus et de tromperies, il rappelait que la probité est la patente obligée de tous les commerces.

Au médecin coupable d'oubli ou d'ignorance, il fournissait des meurtrissures à guérir.

Que de fois il a marché pour vous, hommes sans pitié ! qui foulez vos frères comme l'herbe des chemins ! pour vous orgueilleux, qui regardez toujours d'en haut les choses et les gens ; pour vous, esprits légers, qui semez le mal et le bien sans y prendre garde !

Mais il s'arrêtait et s'inclinait quand vous passiez, hommes uniquement occupés du bien ! riches toujours la main ouverte ! génies, dont les grandes pensées coulent, comme la source limpide, au profit de tous !...

Et cependant, on dit que le bâton de Meggy était plus souvent en route qu'au repos, et donnait plus de coups qu'il ne faisait de salutations.

Depuis longtemps il a été enterré avec la vieille femme ; personne ne songe à l'exhumer, et si le hasard le faisait jamais reparaître dans un pays civilisé, tout le monde s'associerait peut-être pour le brûler. (*Magasin pittoresque*, année 1850, p. 280).

LE MANCHE A BALAI DE LA SORCIÈRE.

(ALLEMAGNE)

La servante d'une vieille sorcière qui habitait Stutt-
gard, avait entendu sa maîtresse murmurer quelques
paroles magiques, à l'aide desquelles elle se faisait
servir par un manche à balai. Elle les retint, et com-
manda au balai d'aller lui chercher de l'eau à la fontaine pour laver la maison. Le balai part et revient,
apporte un seau, puis un autre, puis un autre encore,
et toujours ainsi sans discontinuer. La servante voudrait l'arrêter ; mais elle a oublié les mots dont il faut
se servir pour cela. Le manche à balai, fidèle à son
office, va toujours à la fontaine, et toujours y prend de
l'eau dont il arrose et, bientôt, submerge la maison.
Dans sa fureur, la servante prend une hache, et coupe
en deux le manche à balai. Alors, les deux morceaux
du bâton deviennent deux domestiques au lieu d'un,
et vont chercher de l'eau et la répandent, à l'envi,
dans les appartements, avec plus de zèle que jamais.
La servante a beau dire des injures à ces stupides
bâtons, ils agissent sans relâche, et la maison eût
été perdue, si la maîtresse ne fût pas arrivée à temps
pour arrêter le mal, en se moquant de la ridicule pré-
somption de sa servante.

La conclusion de cette légende est qu'il ne faut
pas imiter maladroitement ceux qui en savent plus
que nous (1).

(1) *De l'Allemagne*, par M⁻ᵉ de Staël, tome I, page 317.

LA MASSUE DU BOYATIR.

(RUSSIE)

—

Un jour, Dobryna — le fameux Boyatir renommé par sa force et son adresse — poursuivait une jeune et belle fille. Par derrière, il lui applique sur la nuque un formidable coup de massue. La jeune fille ne tourne même pas la tête. « Il faut croire que je n'ai pas ma force ordinaire, se dit-il. » De sa massue, il frappe un chêne énorme qui vole en éclats. Rassuré par cette expérience, il revient vers la jeune fille et lui assène, de nouveau, un terrible coup. Elle continue son chemin sans s'émouvoir. Le Boyatir se prend encore à douter de sa force. Pourtant, il en fait l'essai sur un rocher qu'il pulvérise. Au troisième coup, la jeune fille se retourne et dit : « Je croyais que c'était un moucheron qui me piquait. » Cette jeune fille était une fée. Elle saisit Dobryna par les cheveux et le mit dans sa poche. « S'il est vieux, « dit-elle, je lui cou-« perai la tête... S'il est jeune, je le garderai pri-« sonnier... S'il me plaît, je l'épouserai !... » — Il lui plut... elle l'épousa ; mais, après son mariage, elle devint une femme ordinaire, compagne humble et soumise de Dobryna (1).

II

Les faits dans lesquels nous allons maintenant suivre le bâton, appartiennent à un autre ordre d'idées

(1) *La Russie épique. Revue des deux Mondes,* 1er juillet 1874

que les précédents. Ceux-ci ne sont, en réalité, que des contes populaires transmis , oralement, de génération en génération.

Les légendes, proprement dites, se trouvent dans les *Actes des Saints* ; ce sont des passages de leur vie qu'on devait lire, pendant les repas , dans les réfectoires des monastères ; d'où le nom qu'on leur a donné du mot latin *legendum*, gérondif du verbe *lego* (qui doit être lu).

Des monastères, les légendes se répandirent parmi les fidèles et enthousiasmèrent leur foi. Tout ce que le peuple avait recueilli dans ses souvenirs ou poétisé dans son imagination, trouva place dans les légendes. Si l'histoire en a rejeté un grand nombre, comme monuments authentiques , elle leur doit à toutes respect et reconnaissance.

Le rôle que remplit le bâton dans les *Actes des Saints*, porte sur deux points principaux : Frappant un sol sec et aride, il en fait jaillir une source abondante ; ou bien, à peine planté dans la terre, il se métamorphose en un arbre qui se couvre de fleurs et de fruits.

Pour le premier cas, l'abbé Corblet, dans son *Hagiographie*, remarque que ce sont surtout des saints Bretons ou Irlandais auxquels on attribue le jaillissement miraculeux des sources par le fait de leur bâton. Il cite, notamment, saint Brieuc, saint Cado, saint Corentin, saint Hervé, saint Moderand, saint Tugdual, etc. (1).

Mais l'excès ne vaut rien en quoi que ce soit. Si la pénurie d'eau est une calamité, sa trop grande abondance en est une autre. On rapporte que saint Gré-

____

(1) *Hagiographie des Saints du diocese d'Amiens*, tom. III, pag. 96 en note.

goire, évêque de Néo-Césarée, eut le don des miracles, et que son bâton, planté dans la terre, fut une digue assez puissante pour arrêter un torrent qui dévastait la campagne.

Il existe, dans une peuplade idolâtre de la Nouvelle-Grenade, une tradition sur un fait analogue. Mais, dans ce pays à mines d'or, ce n'est pas un simple bâton qui opère ce prodige, c'est une verge d'or.

On lit dans le *Tour du Monde* (Voyage à la Nouvelle-Grenade) : « Les Chibchas adorent l'arc-en-ciel « qui est surtout vénéré des malades. Voici quelle fut « l'origine de ce culte. L'un de leurs dieux, Chibcha- « cum, mécontent des habitants de la plaine de Bogota, « changea le cours de deux rivières et, par suite, « convertit toute la contrée en un vaste lac. Les habi- « tants, réfugiés sur les hauteurs et menacés de mourir « de faim, invoquèrent un autre de leurs dieux, « Bochica. Celui-ci, compatissant à leur misère, appa- « rut au sommet d'un arc-en-ciel et lança, dans « l'espace, une verge d'or. Cette verge, en tombant, « ouvrit aux eaux une issue par laquelle elles s'écou- « lèrent peu à peu » (1).

Les Arabes de l'Algérie attribuent aussi de très grandes vertus au bâton d'un de leurs marabouts — Sidi-Ali-Taleb — conservé précieusement à la Zouaia qui porte son nom. Ce bâton avait été remis par un envoyé secret du Prophète à Sidi-Ali-Taleb. Il suffisait à celui-ci de mettre un ennemi en joue avec ce bâton, n'importe à quelle distance, pour le faire tomber aussitôt raide mort.

De nos jours, quand des malades viennent prier sur la tombe de Sidi-Ali-Taleb, on leur frotte le dos avec

____

(1) *Le Tour du Monde*, tom. XXVI, 1873, pag. 83.

ce bâton, pour les guérir ; lorsque ce remède ne suffit pas, les malades avalent, après l'avoir broyé, un morceau de la pierre même du tombeau. Aussi, le mausolée de Sidi-Ali-Taleb est-il considérablement écorné.

Mais revenons aux traditions chrétiennes pour la seconde série des faits que nous avons annoncée.

Au dire du même auteur dont nous avons rapporté les paroles — l'abbé Corblet — on cite un grand nombre de saints dont les bâtons se sont couverts de feuilles et de fruits, notamment saint Bernard, saint Boniface, saint Christophe, saint Friard, saint Honoré. etc. (1).

Dans les nombreuses légendes relatives à ce miracle, nous en choisissons deux, empruntées l'une, au midi ; l'autre, au nord de la France—à Marseille et à Amiens.

SAINT CANNAT

ÉVÊQUE DE MARSEILLE.

Saint Cannat était fils d'un prince de Provence. La grâce de Dieu lui inspira, de bonne heure, le dégoût des choses de ce monde. C'est pourquoi, abandonnant la société des hommes, il se retira dans la solitude, pour ne s'occuper que de Dieu. Mais il eut beau se cacher, sa vertu était trop éclatante pour ne pas attirer les regards de tous les habitants de la Provence, et, en particulier, ceux de la ville de Marseille.

Dans le même temps, cette cité perdit son premier pasteur. Pour en obtenir un autre, elle adressa des

(1) *Loc. cit.*, tom. III, pag. 41.

supplications à Dieu qui lui inspira la pensée d'élire Cannat, et d'envoyer à sa solitude le prier d'accepter l'élection faite par le peuple. L'humble moine, qui fuyait jusqu'à la présence des hommes, refusa de monter à une si haute dignité. Comme les envoyés insistaient pour qu'il acceptât, il lui arriva de répondre « qu'il n'y avait pas plus d'apparence qu'il se rendît jamais à leurs instances, qu'il y en avait qu'un roseau desséché ne dût jamais reverdir ». Ces paroles étaient à peine prononcées, que le roseau que le solitaire tenait à la main se couvrit de verdure.

A la vue d'une si claire et si admirable manifestation de la divine volonté, Cannat changea de résolution et obéit à l'ordre d'En Haut. Il gouverna son Église avec toute la sollicitude et les succès qu'on avait espérés (1).

A la procession qui avait lieu, jadis, le jour de la fête de saint Cannat — 15 octobre — sa statue était précédée par un grand nombre de jeunes enfants dont chacun portait un roseau à la main. De nos jours, quand vient cette fête, on pare avec des roseaux la chapelle du saint, dans l'église placée sous son vocable.

SAINT HONORÉ

ÉVÊQUE D'AMIENS.

La légende relative à ce saint, présente une circonstance particulière. Ce ne fut pas, comme pour saint Cannat, son bâton qui se couvrit de verdure pour le

(1) *Propre du diocèse de Marseille.*

déterminer à accepter l'épiscopat ; le fait eut lieu à l'occasion du doute qu'émit sa nourrice sur ce qu'il aurait été élevé à la dignité épiscopale.

L'évêque d'Amiens, Beât, étant mort en l'année 554, saint Honoré fut désigné, pour lui succéder, par les acclamations du clergé et du peuple. Sa nourrice accueillit cette nouvelle par une complète incrédulité et s'écria qu'elle « croirait plus volontiers que le fourgon — pelle pour attiser les fours — qu'elle tenait entre ses mains, prendrait racine et se changerait en arbre. » Joignant l'acte aux paroles, elle planta, dans la cour où elle se trouvait, la pelle emmanchée d'un bâton qui se métamorphosa, soudain, en mûrier et produisit, bientôt après, des fleurs et des fruits.

Au XVIIe siècle, on montrait encore ce mûrier dans la cour de l'ancienne maison de saint Honoré (1).

Ajoutons, en terminant, que le premier légendaire grec est Siméon surnommé le *Métophraste*, c'est-à-dire glossateur et traducteur. Le plus ancien légendaire latin est Jacques de Varase, plus connu sous le nom de *Voragine*. C'est à lui qu'on doit la *Légende dorée*, livre qui a eu, dans son temps — XIIIe siècle — une immense réputation.

Les Bollandistes ont établi, dans leurs ouvrages, que cette réputation était usurpée, et séparé le vrai du faux avec un admirable discernement et une science profonde.

1) *Hagiographie des Saints du diocèse d'Amiens*, t. III, p. 41.

CHAPITRE TROISIÈME

Le Bâton Littéraire.

———

Dans les chapitres III et IV de la seconde partie de cette étude, j'ai décrit le rôle que le Bâton joue au théâtre , en choisissant mes citations dans diverses comédies de l'ancien répertoire, à l'intrigue, à l'action, au dénouement desquelles le bâton prend une part plus ou moins directe. Il me reste maintenant, pour justifier le titre de ce chapitre , à signaler les pièces du théâtre moderne auxquelles le bâton a donné le nom qu'elles portent, et, de plus, quelques œuvres soit en vers, soit en prose qu'il a inspirées.

Les catalogues spéciaux mentionnent quatre pièces de théâtre que le bâton a dénommées :

1° *Les Bâtons flottants* , comédie en cinq actes et en vers, par Ch. Liadières, représentée pour la première fois sur le Théâtre-Français, le 24 juin 1851 ;

2° *Le Mariage au Bâton*, comédie-vaudeville, par MM. Saint-Yves et X. Eyma, représentée pour la première fois à Paris, sur le théâtre des Variétés, le 26 février 1853 ;

3° *Les Bâtons dans les roues*, vaudeville , par M. Théodore Barrière, représenté pour la première fois à Paris, sur le théâtre du Palais-Royal, le 2 octobre 1854 ;

4° *Maître Bâton* , opérette, paroles de M. E. Ber-

cioux, musique de M. A. Dufresne , représentée pour
la première fois à Paris, sur le théâtre des Bouffes-
Parisiens, le 30 mars 1858.

Analysons chacune de ces pièces, en commençant
par la comédie en cinq actes et en vers de M. Liadières :
à tout seigneur, tout honneur.

Les *Bâtons flottants* de M. Liadières, flottaient sur
l'eau depuis 1844, et il fallut une révolution , la Révolution de 1848, pour les pousser au rivage.

L'auteur avait photographié l'époque , mis en scène
des ministres, des députés , fait, en un mot, des personnalités. On lui demanda d'adoucir certains passages de la pièce ; il s'y refusa, et ne consentit qu'à en
ajourner la représentation. Quatre années se passè-
rent; arriva la Révolution de Février , et M. Liadières
put donner librement sa comédie. Mais ses portraits
et ses satires avaient perdu leur à-propos, et le défaut
d'intérêt qui en résultait n'était pas racheté par le
mérite de la versification. Théophile Gautier, en rendant compte de l'œuvre de M. Liadières, a écrit que
cette versification était « molle, flasque, filandreuse. »

Il y a cependant des passages où la verve ne fait pas
défaut , quand, par exemple, la femme d'un ministre se
plaint à son père de ne voir presque pas son mari. Ceci
n'est pas, comme le fond de la pièce, une allusion·à ce
qui se passait, lorsque elle fut composée : c'est de toutes
les époques et de tous les régimes.

Il s'enferme chez lui dès que le jour se lève ;
C'est l'heure du travail , c'est l'heure de la trève
Qu'à la Chambre, plus tard, suivra plus d'un combat.
Il faut s'y préparer, le matin, sans éclat,
Car le reste du temps que le public réclame ,
Est le droit de chacun, excepté de sa femme.
Des visiteurs, bientôt, arrive le concours ;
C'est en les écoutant qu'il déjeune toujours.

Mais la Chambre l'appelle ; il sonne sa voiture ,
Vole, combat, revient... Peut-être on se figure
Qu'en dînant, tête-à-tête, il me sera permis
De le voir un moment..... Point ! Deux, trois, dix amis,
Recrutés par ses soins, m'arrivent, à la ronde,
De l'Indre, du Jura, du Lot, de la Gironde.
Je dois faire, en riant, les honneurs du repas.
S'ils étaient amusants !... mais ils ne le sont pas.
Quel charmant entretien ! les vins, l'agriculture ,
Les sucres, les tabacs et la vaine pâture.
« Madame, me dit l'un, d'un ton qui m'émeut fort,
« Savez-vous que la houille a manqué dans le Nord ? »
« Nous avons, me dit l'autre, aux premiers bruits de guerre
« Fait hausser les esprits. » — Je ne m'en doutais guère !...
On se lève. A son tour, chacun prend dans un coin
Mon mari qui le flatte et dont il a besoin.
Pour leurs localités ils parlent, ils s'agitent...
Avant de digérer, ces messieurs sollicitent.
Pendant ce premier choc, d'autres sont survenus
Armés de leur requête... Enfin, n'en pouvant plus,
Et cédant aux efforts d'une lutte obstinée ,
Edouard, harassé d'une telle journée,
S'endort dans un fauteuil, souvent sans m'embrasser...
Et puis, le lendemain, c'est à recommencer (1).

La morale de la pièce, c'est que le pouvoir, comme les *Bâtons flottants* de La Fontaine , semble, de loin, quelque chose, mais n'est rien de près, et qu'en définitive, il ne donne que des soucis, des ennuis et des peines.

Le Mariage au Baton. — Voilà un titre qui promet beaucoup ; mais, au point du sujet qui nous occupe , il est bien loin de tenir ce qu'il promet.

Rose Lefèvre, actrice de la Comédie-Italienne, s'est rendue à sa maison de campagne d'Auteuil avec Duga-

(1) Acte II, scène II.

zon, de la Comédie-Française. Il y a projet de mariage entre eux. Deux grands seigneurs, deux soupirants, se mettent à la traverse et inspirent à l'actrice quelques doutes sur l'affection de celui qu'elle doit épouser. Mais tout s'éclaircit, et Rose Lefèvre devient madame Dugazon, nom sous lequel elle a obtenu les plus grands succès à l'Opéra-Comique, jusqu'à sa retraite en 1806.

Quant au bâton, il joue, dans la pièce, un rôle secondaire et étranger à l'action. L'un des deux soupirants, le baron de Boistuzai, parle toujours de bâtonner, et ne bâtonne, en définitive, qu'un sopha dans une pièce obscure. Cette comédie-vaudeville devrait s'appeler plutôt le *Mariage au portrait*, car c'est la certitude que Dugazon a rendu le portrait d'une dame dont elle était jalouse, qui décide Rose Lefèvre et amène le couplet final :

> L'amour revient après l'orage ;
> Le calme règne parmi nous.
> Tout finit par un mariage,
> C'est vraiment le sort le plus doux.

Il y a, au théâtre, une pièce qui pourrait, en toute vérité, s'appeler le *Mariage au bâton*, c'est le *Mariage forcé* de Molière, mariage forcé par le bâton. Sganarelle refuse, après avoir donné sa parole, d'épouser Dorimène. Provoqué en duel par le frère de celle-ci, refusant de se battre, et alors bâtonné deux fois, menacé de l'être une troisième, il se rend et s'écrie : « Hé bien ! j'épouserai, j'épouserai. » Le mariage a lieu, en effet, et c'est bien le bâton qui en est l'auteur (1).

(1) Le *Mariage forcé*, scènes XVI et XVII.

Les Batons dans les roues. — Comme il y a fagots et fagots, il y a aussi bâtons et bâtons, M. Théodore Barrière aurait donc pu mieux choisir ceux qui font obstacle au mariage du héros de sa pièce : Félix Champagniel. Celui-ci désire vivement épouser une jeune veuve dont il a fait la connaissance à Etretat. Ils se sont retrouvés à Paris, et ils doivent se voir chez une amie commune qui donne un bal. L'entrevue a lieu, mais commence par un malentendu et un quiproquo. Averti de sa méprise, le jeune amoureux est impatient d'avoir une explication avec la veuve qui doit, dans la soirée même, faire connaître quel est celui de ses prétendants qu'elle doit choisir pour époux. Félix Champagniel se laisse arrêter dans l'avant-salon par un des invités qui l'oblige à chercher une épingle de prix qu'il a perdue, l'accusant même de l'avoir trouvée et de se l'être appropriée, puis lui faisant des excuses. Au moment où Félix Champagniel a pu rejoindre enfin la veuve et commence sa déclaration, survient l'oncle de cette veuve, avec son chien, dans la corde duquel le jeune homme s'embarrasse ; le collier se défait, l'oncle le fait arranger par sa nièce, et la conversation est interrompue. Enfin le jeune homme peut la reprendre, faire connaître son amour, et c'est lui que la veuve choisit pour époux, Mais que d'invraisemblances ! quel bâton que ce chien amené par son maître dans un appartement où un bal a lieu !... On ne comprendrait pas que M. Théodore Barrière, qui compte tant de succès, eût employé de pareils moyens, si l'on ne remarquait que la pièce date de vingt-cinq ans — 1854 — époque de ses débuts, et que, d'un autre côté, le jeu de Ravel remplissant le rôle de Félix Champagniel, devait faire passer des choses inacceptables dans une autre circonstance.

Maitre Baton. — Ayant commencé par une comédie en cinq actes et en vers, nous voici arrivés, de bâton en bâton , à une simple opérette. Ici , rien à relever , rien qui choque la vraisemblance. Les choses se passent naturellement et comme l'annonce le titre. Trois personnages : Latulipe, sergent aux gardes françaises ; Manon, sa femme, vivandière , et Jolicœur, timbalier des dragons de Soubise. Chacun d'eux, à son tour, aura affaire au bâton. C'est par Manon qu'il commence, et dès la première scène. Latulipe arrive chez lui ayant fêté Bacchus et chantant ses bienfaits. Il veut que sa femme l'embrasse , celle-ci refuse, et ne cède enfin qu'après avoir reçu quelques coups de bâton. Mais, son mari parti, elle cherche un moyen de se venger, et voici celui qu'elle emploie. Latulipe revient à là nuit, et entre dans la cantine qui n'est pas éclairée ; Manon feint de le prendre pour Jolicœur qui, plus d'une fois, lui a conté fleurettes ; et pour le punir de s'être introduit chez elle, à une heure indue, elle lui applique une bonne volée de coups de bâton. Le mari, ainsi battu, prend le bon côté de la chose, et y trouve un argument frappant de la fidélité de sa femme ; aussi, en se retirant, il chante :

> Quelle douleur et quelle ivresse !
> Je suis meurtri ! je suis heureux !
> Mon épouse est une tigresse ;
> Sa vertu m'a fait bien des bleus !

Latulipe n'est pas homme à garder ce qui ne lui appartient pas. Il se met donc à la recherche de Jolicœur, le trouve rôdant près de la cantine, et, grâce à une nouvelle méprise que l'obscurité favorise encore, il lui rend avec usure les coups de bâton qu'il a reçus pour son compte.

La pièce marche bien, et elle finit bien aussi. Latulipe trouve dans la poche du tablier de sa femme un billet doux écrit par un autre que Jolicœur. Il s'emporte, Manon proteste qu'elle n'attache aucune importance à cette missive, et alors commence un duo qui est bien en situation et tout-à-fait réussi.

MANON.

Grâce ! grâce ! épargne moi !...
Vois ma douleur, vois mon émoi,
Pitié pour mon embarras,
Ne me bats pas !
Ne me bats pas !

LATULIPE.

Moi... vous battre !... Madame,
Rassurez-vous... cessez vos cris...,
Le châtiment qu'un tel crime réclame
Ne peut être que le mépris !...
Quand je vous battais,
C'était par tendresse ;
Quand je vous battais,
Je m'en repentais ;
Je vous consolais
Par une caresse.
Je vous le promets,
Je ne vous battrai plus jamais !

MANON.

Eh bien ! je le veux, frappe-moi !...
Comme autrefois, bats-moi, bats-moi !

LATULIPE.

Non pas ! non pas !
Je ne vous battrai pas !...
N'y comptez pas.
On ne bat que ce que l'on aime !...

. . . .

Mais Manon, qui préfère être battue que n'être pas
aimée, fait tout ce qui dépend d'elle pour vaincre l'indifférence de son mari ; elle le contrarie, l'injurie, le
pousse à bout et le force, en quelque sorte, à la battre.
— Ah ! s'écrie-t-elle alors avec joie : Enfin ! tu m'as
battue !...

La-dessus, une convention a lieu : Latulipe promet
de ne plus être ni jaloux ni brutal.

MANON.

Et tu m'aimeras désormais ?...

LATULIPE.

Tout comme si je te battais !...

Après ce que nous venons de dire et ce que nous
avons dit déjà, dans la seconde partie de cette étude,
sur le rôle que le bâton joue au théâtre — soit au
propre, soit au figuré, — il nous semble qu'il n'est
pas hors de propos de reproduire les détails que
donne M. René Delorme, dans son *Musée de la Comédie-Française*, sur la collection des cannes qu'elle
possède :

« La canne des marquis, écrit-il, est élégante et
« riche avec son long manche d'or ciselé et sa dra-
« gonne en fil d'or ; celle du médecin a l'air d'être en
« demi-deuil, avec sa baguette d'ébène que termine
« une poignée droite en ivoire. La canne de l'avare
« n'est qu'un bâton cueilli sans doute à l'arbre du
« voisin par économie. Celle du fils prodigue est, au
« contraire, enrichie de turquoises. Le bâton du
« *Malade imaginaire*, de Mme Pernelle, et de Mme Pim-
« bêche, trahit, lui aussi, l'esprit de ceux qui le por-
« tent, par son bec hargneux et contrariant. Bâton de

« pèlerin, canne Louis XIV, pouvoir exécutif, stick
« moderne, toutes les variétés sont représentées par
« quelques spécimens, dans la collection du Théâtre-
« Français. N'achevons pas, sans mentionner le bâton
« comique, rembourré d'étoupe, que le patient trouve
« toujours un peu trop dur, malgré les précautions
« de celui qui frappe. »

Le Bâton n'a pas donné naissance seulement à des
scènes dramatiques, à des pièces de théâtre, mais aussi
à d'autres œuvres littéraires. Je cite celles qui sont à
ma connaissance : *La Canne de M. de Balzac*, par
Mme Emile de Girardin ; le *Bâton perdu*, par Jean
Loyseau ; la *Canne à pomme d'or*, par A. Monteil, et
une Nouvelle marseillaise, par M. Carle, ayant pour
titre : *Monsieur Gervasi.*

Dans le roman de Mme de Girardin, Tancrède, le
héros, a le malheur d'être un très joli garçon. Cette
faveur de la nature lui nuit dans toutes les démarches
qu'il entreprend pour se créer une position. Cependant, il parvient à se procurer la canne de M. de Balzac, cette canne si belle, si connue et qui a, de plus,
le don de rendre invisible celui qui la porte. Grâce
à cette circonstance, Tancrède pénètre partout, voit
tout, entend tout, sans être vu, et, par suite, atteint
son but (1).

Le Baton perdu, par Jean Loyseau. — Ce livre a été
réellement inspiré par le bâton ; mais, cependant, pour
rester dans le vrai, son titre ne devrait pas être celui
que nous venons de transcrire. Il devrait s'appeler la
Vie de saint Martial. L'auteur explique pourquoi il n'en

(1) Paris, 1836.

a pas été ainsi , dans son épitre dédicatoire à Mgr Duquesnay, évêque de Limoges, et raconte d'une manière très spirituelle quelles ont été , dans cette circonstance, les exigences de son éditeur. Le premier chapitre, qui porte en titre : *Le Bâton perdu* , et, en sous-titre : *Saint-Martial*, fait connaître au lecteur ce qui justifie ce rapprochement.

M. Jean Loyseau, étant à Rome en septembre 1870, y avait fait l'emplette d'un bâton de cornouiller, qu'il n'avait plus quitté depuis lors et auquel il tenait beaucoup, soit à cause de sa solidité, soit et surtout parce qu'il lui rappelait tous les événements dont il avait été témoin dans la ville sainte, à l'époque que nous venons d'indiquer.

Ce bâton , précieux souvenir , il arriva à M. Jean Loyseau de le perdre, sans avoir pu se rendre compte comment la chose s'était faite. Après de nombreuses et toujours inutiles recherches, il eut recours aux moyens d'un ordre surnaturel , et sachant que saint Antoine de Padoue a la spécialité de faire retrouver les objets perdus, il s'adressa à ce saint, mais sans succès. On lui suggéra alors d'invoquer saint Martial, — autre saint spécial en pareil cas, — nous reproduisons les expressions de l'auteur. M. Jean Loyseau le fit, se promettant , si sa prière était exaucée , d'étudier et d'écrire l'histoire de ce grand saint. Le bâton a été retrouvé et M. Loyseau a tenu sa promesse. La cause, dit il, est un bâton perdu, et l'effet le livre que j'ai dédié à Mgr Duquesnay, le dernier successeur de saint Martial sur le siége de Limoges.

Ajoutons que pourtant il est quelquefois question du bâton, dans le corps même de l'ouvrage. L'auteur explique, notamment, au chapitre IX, pourquoi le Pape

— évêque des évêques — n'a point de bâton pastoral (1).

Monsieur Gervasi. — Cette nouvelle, au lieu d'être intitulée ainsi, aurait pu porter le même titre que le livre de M. Loyseau et s'appeler le *Bâton perdu*, car c'est là ce qui fait, tout à la fois, le fond et l'intérêt du récit (2).

Commis dans une étude d'avoué, M. Gervasi gagnait à peine de quoi vivre. Mais, un jour, la fortune eut un sourire pour lui.... il recueillit un legs de douze cents francs, et faillit en perdre la tête. Ne voulant pas se séparer de son trésor, il acheta un fort bâton noueux qu'il fit creuser par le gros bout, et fit adapter à l'orifice de la cavité une solide pomme d'ébène à vis, qu'il pouvait ôter et remettre à volonté. C'est dans cette cachette d'un genre nouveau qu'il glissa ses chères pièces d'or.

Cette canne, dont personne ne connaissait le contenu, M. Gervasi ne la quittait jamais. Un jour, cependant, il s'endormit au café qu'il fréquentait, en regardant jouer une partie d'échecs, et en se réveillant, il ne trouva plus sa canne qu'il avait déposée près de lui, sur la banquette où il était assis. C'était — présuma-t-on plus tard — un habitué, mauvais plaisant, qui s'en était emparé, avec l'intention de la faire chercher par son propriétaire, mais qui n'osa pas avouer le fait en voyant la colère de celui-ci à son réveil.

Quoi qu'il en soit, M. Gervasi finit par retrouver sa précieuse canne et la suivit entre les mains de diverses personnes. Ne voulant pas qu'on se doutât de sa valeur

(1) Voir l'explication que nous-même avons donnée de ce fait dans la première partie de cette étude, chap. II, p. 41 et suiv.

(2) *Nouvelles marseillaises.* Marseille 1856.

intrinsèque, il essaya de se la faire donner comme un objet dont il avait fantaisie ; mais pour une raison ou pour une autre, on la lui refusa. Après ces tentatives, très spirituellement racontées, le pauvre praticien, à bout de patience et de dissimulation, s'introduit dans une maison où il n'est pas connu et où il sait que sa canne a été oubliée. Il s'en empare et se sauve. On le poursuit en criant : *au voleur !...* La foule se rassemble ; malgré sa résistance et les explications qu'il donne, mais auxquelles on ne croit pas, on lui arrache sa canne avec laquelle il cherche à se défendre. Accablé dans cette lutte inégale, il tombe tout sanglant, meurtri, sans connaissance, et on le porte à l'hôpital où il meurt bientôt, après avoir raconté son histoire à l'un de ses amis. Mais on a toujours ignoré ce qu'est devenue la canne disparue dans la scène qui avait eu lieu sur le Cours. — « Il y a pourtant quelqu'un, à Mar« seille, dit l'auteur en terminant, qui s'est trouvé, « sans le savoir, le légataire universel de monsieur « Gervasi. »

La Canne a pomme d'or est un conte que sa brièveté nous permet de transcrire en entier. Il a été composé par l'auteur de l'*Histoire des Français des divers états*, pour faire connaître quel était le prix du gibier en France au XVIIIme siècle.

« Un gentilhomme apparaissait, tous les jours. entre chien et loup, au fond de la vallée de Galié, près Versailles, tenant une canne à pomme d'or, et priant tous ceux qui passaient de lui en rendre cinq cents coups, qu'il avait mal à propos donnés aux gens du pays qui venaient chasser sur ses terres. « Eh ! que vaut un lièvre ? disait-il, quarante, cinquante sous ; et un lapin ? vingt-cinq sous ! J'ai donné plus de cent coups de canne pour les lièvres et les lapins. J'en ai donné plus de deux cents pour les perdrix; et une perdrix que vaut–elle ? vingt sous·! Encore passe pour une bécasse, elle vaut vingt-cinq, vingt-huit sous. Un faisan vaut, quand on a de l'argent, cinq livres, ou il ne vaut rien. C'est un bel oiseau qu'un faisan; aussi les coups de canne que j'ai donnés pour les faisans ne me pèsent pas autant sur la conscience. Oh ! ceux qui me pèsent sont ceux donnés pour les sarcelles, dont le prix n'est que de vingt-cinq sous, pour les vanneaux qui en valent à peine douze, pour les cailles, qui ne valent pas un plus grand prix, pour les grives, qui valent tout au plus six sous, pour les pluviers qui en valent tout au plus trois. Les coups qui me pèsent le plus sont ceux donnés pour les alouettes, qu'on a, tant qu'on veut, à deux sous chacune. Donner de si grands coups de canne pour de si petits oiseaux ! Oh! que je m'en repens aujourd'hui !

« Mon ami, » disait ce pauvre gentilhomme, à tous ceux qui allaient, la nuit, de Roquencourt à Saint-Cyr, en leur présentant sa canne et en se mettant en position de les recevoir « donnez-moi cinq cents coups de canne, « je vous en prie; cinq cents coups de canne, bien appli- « qués sur mes épaules, mettraient fin à mes peines. › — Si ç'avait été un vieux coquin de tailleur ou de meunier, il se serait trouvé beaucoup de monde qui ne lui auraient pas refusé ce service; mais il ne se trouvait personne qui osàt frapper un gentilhomme.

« Cette apparition a continué jusqu'à ce qu'on ait bâti aux environs ce superbe château, qui est une merveille de notre temps. Depuis, on n'a plus vu le gentilhomme, soit qu'il ait trouvé quelque maçon limousin pour accomplir sa pénitence, soit plutôt qu'il ait mieux aimé la faire dans l'autre monde, plus longue et plus pénible, avec d'autres gens de qualité, que de venir se

faire donner cinq cents coups de canne sous les fenêtres
du roi » (1).

Dans l'ouvrage de M. de Vigny : *Servitude et grandeur militaires*, le livre troisième est intitulé la *Canne-
de-jonc* ; mais ce n'est là que le surnom d'un capitaine
Renaud, dont la vie et la mort sont racontées dans ce
livre. Ce surnom lui avait été donné parce qu'il ne
quittait jamais cette canne sur laquelle il s'appuyait,
par suite d'une ancienne blessure à la jambe droite.

« Les soldats, ajoute M. de Vigny, avaient cet offi-
« cier en grande amitié, et ils allaient au feu avec joie
« quand ils étaient commandés par la *Canne-de-jonc*.
« C'était bien véritablement la *canne de jonc* qui les
« commandait, car le capitaine Renaud ne mettait ja-
« mais l'épée à la main, même lorsque à la tête des
« tirailleurs, il approchait assez l'ennemi pour courir
« le hasard de se prendre corps à corps avec lui » (2).

Le capitaine Renaud est tout à fait étranger à notre
sujet ; nous n'en parlerons donc pas davantage. Ce
que nous venons de dire est suffisant pour qu'on ne
prenne pas le change et qu'on sache ce que signifient
ces mots : la *Canne-de-jonc* que portent, en tête, un si
grand nombre de pages du livre de M. de Vigny.

Ajoutons qu'il existe, à Florence, une revue men-
suelle intitulée : *Le Bâton de Saint-Joseph*. Les Camal-
dules de cette ville distribuent, comme objets de dé-
votion, des bâtonnets qui contiennent une parcelle du
bâton de saint Joseph, et ils publient mensuellement la

---

(1) A Monteil. *Histoire des Français des divers états.* T. VIII,
p. 94.

(2) *Servitude et grandeurs militaires*, livre III, p. 259.

Revue que nous venons de mentionner, pour tenir les fidèles au courant des miracles qui s'accomplissent fréquemment par l'intermédiaire de ce puissant protecteur.

Voici, maintenant, pour terminer ce chapitre consacré au bâton littéraire, une pièce de vers qui résume, en quelques pages, le contenu de mes deux volumes. La concision et la grâce de la poésie compenseront ainsi, très heureusement, la prolixité et la sécheresse de la prose. Car l'auteur, M. le docteur Grille, d'Angers, n'a pas le seul mérite d'avoir tout dit; il a, en outre, celui de l'avoir fait avec beaucoup d'esprit et de délicatesse.

LE BATON.

DANS TOUTES SES ACCEPTIONS.

FANTAISIE POÉTIQUE.

Pièce lue à la Société d'Agriculture, Sciences et Arts d'Angers en **1869**.

Frappe, mais écoute.

Sur un bâton que vais-je dire,
Lecteurs, pour vous intéresser ?
Chanter un bâton sur la lyre,
Par quel bout faut-il commencer ?
Voyez-vous, d'ici, la grimace
Que me fait le docte Apollon ?
Quoi, dit-il, monter au Parnasse
En chevauchant sur un bâton !

Qu'il soit de jonc, de houx, de frêne,
Le bâton est fait pour la main ;
Il prête, à la faiblesse humaine,
Son point d'appui le plus certain ;

A notre marche il se mesure,
Le bâton est un balancier ;
Grâce à lui, notre pas s'assure
Et s'affermit dans le sentier.

C'est le compagnon nécessaire
Qui s'attache au flanc du piéton ;
Dans le chemin chassant la pierre,
De quel prix n'est pas le bâton ?
Nous y puisons force et courage,
C'est un protecteur, un gardien ;
Oui, le bâton dans le voyage,
Nous est aussi cher que le chien.

Le pèlerin errant sur terre,
Sans le bâton va-t-il jamais ?
L'aveugle, en sa triste misère,
Ne chante-t-il pas ses bienfaits ?
Le voyez-vous, de rue en rue,
Des cœurs implorant la pitié ?
Le bâton c'est une autre vue
Qui, sûrement, guide le pied.

L'art a quintuplé son service,
C'est un parapluie, un canon ;
Une épée, à l'instant propice,
Pour nous, remplace le bâton.
C'est un meuble où l'on est à l'aise ;
Pressez seulement un bouton,
Vous avez le pliant, la chaise,
Et la ligne dans un bâton.

Il remplit encor maint office :
On l'aime, on le craint à la fois ;
Le bâton sert à la Justice
Devançant l'effet de nos lois ;
Quelques bons coups, je le demande,
Sur le dos de certain fripon,
Ne font-ils pas mieux qu'une amende ?
Le Code vaut-il le bâton ?

Le bâton se trouve à l'église,
Chez le chantre et chez le pasteur;
Sur le bâton voyez assise
La croix , ce signe rédempteur.
Modérateur de l'harmonie ,
Par son mouvement magistral ,
Le bâton aide le génie
Et fait l'ensemble musical.

Le bâton, dans l'art militaire ,
Dénote le suprême rang :
Voyez-vous ce grand dignitaire
Armé du bâton éclatant ?
Le bâton porte la bannière
Qui distingue les avocats ;
Le bâtonnier est un confrère
De l'ordre de Saint-Nicolas.

Le bâton, sous forme métrique ,
De l'ouvrier règle le temps.
L'architecte toujours l'applique ;
C'est le guide des bâtiments.
Au commerce , à toute expertise
Il convient du matin au soir ;
Il aune habit, robe ou chemise ,
Oui, le bâton règne au comptoir.

Voyez, dans le compagnonnage,
Le bâton armé de rubans ;
De fraternité c'est un gage ,
Il est le lien des serments.
Devenant arme dans l'orgie ,
S'il a cassé quelque menton ,
Ah ! pardonnez cette folie ,
Pour le bien que fait le bâton.

Le bâton figure au théâtre ;
Voyez l'adroit escamoteur,
Devant cette foule idolâtre ,
Pour son bâton quelle faveur !

Sous ses doigts la muscade vole,
Disparaît aux regards surpris,
Mais le bâton, à sa parole,
La ramène sur le tapis.

Le bâton devient à la mode,
Même pour monter à cheval,
Et la cravache est moins commode
Pour corriger cet animal.
Il faut que j'en donne à Pégase,
Je sens qu'il bronche, il n'en peut plus,
Il s'embarrasse dans la phrase,
Ne rimant qu'à bâtons rompus.

Nous avons le bâton de cire,
De pommade on a le bâton.
O bâton ! quel est ton empire ?
Avec toi que ne forme-t-on ?
On a le bâton de réglisse,
Bâton de cannelle et d'onguent,
De sucre d'orge, ce délice
Après lequel court tout enfant.

Le bâton sert à l'écriture,
Au début de toute leçon ;
Par lui la main devient plus sûre,
Aussi, voyez-vous ce garçon
Novice à tenir une plume
Qui vacille sur son carton,
Il commence — c'est la coutume —
Par tracer un simple bâton.

Jeu du bâton, dans l'hygiène,
Sert à fortifier le corps,
Et peut, de la nature humaine,
Développer tous les ressorts.
Le bâton, dans notre langage,
Donne du sel à maint dicton ;
Devant vous, pareil radotage,
Pour moi c'est sauter le bâton.

Voyez-vous la femme légère,
Donnant l'exemple du bon ton,
Emprunter à notre vestiaire
Bottes, cravate et pantalon ;
Cela lui suffira, j'espère !
Aller plus loin, oserait-on ?
— On n'arrête pas la rivière —
Elle a pris cigare et bâton !...

Qu'on m'excuse, ma voix s'enroue ;
A dévider mon peloton ;
Venez donc mettre dans ma roue,
Pour l'enrayer, votre bâton.
Je tente un effort impossible
Dans ce poétique tableau,
Je ne fais qu'une œuvre risible :
De mon bâton c'est battre l'eau.

Trompé par une perspective,
On dit : c'est un bateau marchand ;
Quand l'objet est près de la rive,
Ce n'est plus qu'un bâton flottant.
Mais tu délires, ô poète !
Quel intarissable jargon !...
Comme un perroquet qu'on te mette
A grimper le long d'un bâton.

Je suis pesant, l'âge me presse ;
En voyant trembler le barbon,
Qui veut — me prêtant sa jeunesse —
Au vieillard servir de bâton ?...
Mais, des bâtons fermons la liste,
Je redoute un juste courroux ;
Silence, écrivain bâtonniste,
Tu nous assommes de tes coups !

A quoi pouvez-vous reconnaître
A la tête d'un bataillon,
Ce colosse, ce tambour-maître,
N'est-ce pas à son grand bâton ?

Oui, devant le bâton tout cède,
Il faudrait le glorifier,
Le bâton, levier d'Archimède,
Peut soulever le monde entier.

Donc, le bâton, dans la nature,
Est tout puissant, gouverne en roi ;
On le voit changer de figure,
Suivant sa charge et son emploi.
On m'a dit qu'il payait les dettes,
Au grand effroi de l'usurier,
Demandez à maintes coquettes
Qu'il a su parfois châtier.

Le bâton, pendule mobile,
D'un mouvement régulateur,
Dans notre existence fragile,
Compte la joie et la douleur.
Il vient me dire que j'abuse,
De l'horloge j'entends le son ;
Arrêtons-nous, petite muse,
Et n'allongeons plus le bâton !

Thémistocle, nous dit l'histoire,
Par un trop bouillant compagnon
Se vit — dans l'éclat de sa gloire —
Menacé d'un coup de bâton :
« Frappe, mais écoute ma thèse »,
Lui dit-il de son meilleur ton.
Frappez aussi, vous, à votre aise,
Frappez, lecteurs, j'ai le dos bon !...

Il est question, dans cette pièce de vers, de ces jeunes garçons « novices à tenir la plume, » et qui commencent « par tracer un simple bâton ». Nous avons tous passé par là. Mais voici, à cet égard, un fait unique, sans doute, dans son genre, et qui eut lieu à Paris, en 1876. Un journal de cette époque l'a inséré dans ses colonnes sous ce titre : *Un million de Bâtons.*

« Un Américain, récemment arrivé à Paris, entre chez un de ses compatriotes au moment où un jeune garçon prenait ses premières leçons d'écriture, alignant sur la feuille de majestueux bâtons, unis par d'agiles déliés.

« On cause à bâtons rompus, et il vient au visiteur l'idée de défier son hôte de tracer un million de ces bâtons en quinze jours. Le pari était trop extravagant pour ne pas être accepté.

« L'enjeu était de cent mille francs.

« Dès le lendemain matin, l'exécution du pari commence.

« Notre Américain va, va, aligne ses bâtons.

« L'autre, tous les soirs, vérifie le travail et fait une addition qui lui présage la victoire.

« C'est qu'en effet, au bout de huit jours, le bâtonniste n'en pouvait plus, et, à dater de ce moment même, sa tête commença à ressentir l'effet d'une besogne aussi abrutissante.

« Il continua pourtant, mais s'abêtit de jour en jour davantage, à ce point que, n'était son obstination de parieur américain, on eût pu croire qu'il allait devenir fou. Au douzième jour, il était hagard, le cerveau creux, ne dormant plus.

« Depuis quelque temps déjà, il fallait lui mettre la main, le bras dans un bain tonique et lui brider le poignet. Des valets entretenaient l'encre limpide, présentaient des feuilles, taillaient les plumes en gros et totalisaient. Quoi qu'on fît cependant pour l'aider, notre homme demanda grâce avec le fort peu de raison qui lui restait encore.

« La médecine dut s'emparer de son corps et la chirurgie de son bras. Ce bel état lui coûtait cinq mille livres de rentes ; il manquait au million voulu 260,000 bâtons ! » (1)

(1) *Gazette de France* du 16 mars 1876

CHAPITRE QUATRIÈME

Les Locutions du Bâton

Le bâton a donné lieu — comme pour les légendes — à un grand nombre de locutions proverbiales : les unes sont courtes, simples, et disent elles-mêmes leur signification. Pour d'autres, au contraire, il faut entrer dans dans quelques détails, expliquer leur origine, exposer les diverses opinions émises à cet égard.

Commençons par celles-ci :

Le tour du Baton. — On appelle ainsi les profits casuels et souvent illicites d'un emploi. *Pots-de-vin, épingles*, sont synonymes de *Tour du Bâton*.

Cette expression vient, suivant Borel, des deux mots *bas* et *ton*, parce que, lorsqu'on veut faire un gain injuste, on ne le dit qu'à voix basse (*d'un bas ton*), à l'oreille des personnes qu'on met dans ses intérêts (1). Lamanoye tire cette locution du petit bâton avec lequel les joueurs de gobelets exécutent leurs tours de passe-passe.

Boursault, dans l'une de ses pièces, a exprimé la même opinion que Borel :

> Lorsque l'on fait un bail de quoi que ce puisse être,
> Et qu'on a dit tout haut ce qu'on en offre au maître,
> On prend un ton plus bas, pour le revenant-bon,
> Et voilà ce que c'est que le *tour du Bâton* (2).

(1) *Trésor de recherches et d'antiquités gauloises et françaises.*
(2) *Ésope à la Cour.*

Dans un autre passage de la même pièce, Boursault
dépeint divers résultats du *tour du Bâton* :

> Que l'on aille d'un grand implorer une grâce,
> Sans le tour du bâton, je doute qu'il la fasse.
> Pour avoir un emploi de quelque financier,
> C'est le tour du bâton qui marche le premier.
> On ne veut rien prêter, quelques gages qu'on offre,
> Si le tour du bâton ne fait ouvrir le coffre.
> Il n'est point de coupable un peu riche et puissant,
> Dont le tour du bâton ne fasse un innocent.
> Et tel paraît du roi un serviteur fidèle,
> Dont le tour du bâton fait les trois quarts du zèle (1).

Après les généralités et la poésie, voici maintenant
un fait prosaïque, un tour de bâton bien caractérisé :

Un riche commerçant — dans un pays qu'il est inutile de désigner — avait proposé au Conseil d'administration d'une grande Compagnie industrielle de lui
vendre une quantité considérable de matières premières
qu'il pouvait céder à un prix réduit. Il s'agissait d'une
somme très-importante.

A la suite de son offre, ce commerçant se rendit chez
le président du Conseil d'administration, et après s'être
fait connaître : « Monsieur, ajouta-t-il, je sais que vos
« moments sont précieux ; je ne suis donc pas venu
« pour vous entretenir de l'affaire que vous savez ;
« j'entrerais peut-être, sans le vouloir, dans des détails
« dont vous ne pourriez pas saisir la portée, en vous
« les donnant de vive voix. Mais voici un mémoire dans
« lequel j'établis, d'une manière claire et péremptoire,
« les avantages que votre Compagnie retirera de l'achat
« que je lui propose ; puis des notes et des pièces justi-
« ficatives. — Ce mémoire, vous pourrez le lire à

(1) *Esope à la Cour.*

« loisir ; je recommande particulièrement à votre atten-
« tion cinq ou six passages que j'ai marqués avec de
« petits carrés de papier. »

Cela dit, le commerçant se retira, laissant son mémoire sur le bureau du président.

L'affaire fut conclue aux conditions que notre homme
avait proposées. Chacun des six carrés de papier, servant de marques dans le mémoire, contenait un billet
de mille francs.

Les tours du bâton, dans cette proportion, sont
accidentels ; mais il y en a beaucoup d'autres, sur une
petite échelle, qui se renouvellent fréquemment, ceux
des domestiques par exemple. Pour les cuisinières, cela
s'appelle faire danser l'anse du panier. Dans une comédie du XVIIIe siècle : *Le Galant Coureur*, un cocher
de bonne maison explique son procédé qui, on peut le
dire, n'est pas encore tombé en désuétude. — « Je n'ai
« pas de forts gages, raconte-t-il à son interlocuteur,
« mais je me dédommage sur le tour du bâton. Il
« manque toujours quelque chose aux voitures et aux
« chevaux de mon maître, quoiqu'en réalité il n'y
« manque rien, et je m'entends avec le sellier, le
« charron et le maréchal pour lui faire payer toujours
« le double de ce que les choses valent » (1).

Le tour du Bâton a donné lieu à quelques mots plaisants ; à celui-ci, entre autres :

Un auteur avait glissé dans une comédie quelques
traits équivoques qui pouvaient désigner un grand personnage. Il fut assailli, un soir, par trois spadassins qui
vengèrent, sur son dos, l'offense supposée. Comme la
pièce avait eu beaucoup de succès, quelqu'un dit qu'elle

(1) *Le Galant Coureur*, comédie en un acte par Legrand.
Scène X. — 1722.

avait valu à l'auteur trois mille livres. — Oui, répondit un autre qui était dans le secret, sans compter *le tour du Bâton.*

Baton blanc. — On disait d'une garnison qui avait évacué une place sans armes ni bagages : elle est sortie *le bâton blanc à la main.* Le bâton, dépouillé de son écorce, était un signe de dénûment et de sujétion. On lit dans M. de Barante : « Il fut permis aux hommes « d'armes qui ne voudraient pas prêter serment au roi « d'Angleterre, de sortir de la ville, sans rien empor- « ter, avec un bâton blanc à la main. »

« Je ne plains pas les garçons, disait Luther ; un « garçon vit partout, pourvu qu'il sache travailler ; « mais le pauvre petit peuple des filles doit chercher sa « vie avec *un bâton blanc* à la main » (1).

C'est, en effet, une coutume, en Hollande, que les servantes qui sont sans place parcourent les rues en portant *des bâtons blancs.*

Par suite de l'expression : *Sortir le bâton blanc à la main,* appliquée à une garnison qui évacuait une place sans armes ni bagages, on a dit au figuré : « Il est sorti « de sa charge, comme il y était entré, *le bâton blanc à* « *la main,* » c'est-à-dire sans y avoir pris aucun profit illicite.

Rapprochant cette dernière locution de celle dont nous avons parlé en premier lieu : *le tour du Bâton,* l'auteur des *Loisirs d'un banni* a dit : « Grâce au tour « *du bâton,* un employé peut doubler, tripler même ses « appointements, et troquer contre la canne à pomme « d'or le *bâton blanc,* avec lequel il est arrivé de pro- « vince (2). »

(1) *Mém. de Luther* par Michelet, t. II., p. 160.
(2) Les *Loisirs d'un banni,* par A.-V. Arnault, tome 1er, p. 41.

A Batons rompus. — *Faire une chose à bâtons rompus* est une locution fréquemment employée, mais sur l'origine de laquelle il y a diversité d'opinions.

Quelques-uns ont regardé cette façon de parler comme une allusion aux exercices du tournoi où les chevaliers, dans les joûtes de plaisir, se servaient de lances mornées, c'est-à-dire lances dont le fer avait été enlevé et qui se nommaient *bâtons rompus*, tandis que dans les joûtes à outrance, ils faisaient usage de lances acérées : deux manières de combattre qui différaient entre elles, comme l'escrime et le duel. Mais une telle explication fausserait l'idée qu'on attache à l'expression : *Faire une chose à bâtons rompus*, qui ne signifie point *faire une chose peu sérieusement et par manière de jeu*, mais bien : *faire une chose après de fréquentes interruptions et à diverses reprises*. Cette expression est une métaphore tirée d'une batterie de tambour, qui consiste à faire jouer les bâtons ou baguettes alternativement et par intervalles, ce qui s'appelle *rompre les bâtons*. Elle est proprement le contraire de *aller rondement*, autre métaphore prise aussi d'une batterie de tambour qu'on nomme le *roulement*.

On a même employé adjectivement la locution dont il s'agit, pour désigner une personne qui n'a pas de suite dans les idées. Mme du Deffant a écrit, en parlant d'elle-même : « Attendez-vous à me trouver bien *bâtons* « *rompus*. »

Faire sauter a quelqu'un le Baton — l'obliger à faire quelque chose contre son gré.

Cette métaphore est une allusion à un amusement des bergers qui, faisant sortir le troupeau de la bergerie, ou l'y faisant rentrer, se placent sur la porte avec un bâton, élevé à une certaine hauteur, pour se donner le plaisir

de le faire sauter à leurs bêtes. C'est là l'opinion généralement admise. M. Antony Réal (1) cite celle qu'a
indiquée Le Laboureur, dans son *Discours sur l'usage
des armes*. Ce dernier pense que la locution dont il
s'agit peut avoir une origine historique se rapportant
à l'usage primitif du sautoir, qui fut, selon lui, un instrument d'exercice, avant de devenir une pièce armo-
riale, connue sous le nom de Croix de Saint-André.
Voici comment s'exprime Le Laboureur :

« La bande et la barre, jointes ensemble, composè-
« rent le *saultoir* ou *saultour* ; l'usage duquel est moins
« connu que la figure et l'étymologie, car il est évident
« qu'il est ainsi appelé *a sattando*, sauter ; mais je ne
« saurais vous dire si cette figure servait autrefois aux
« exercices de notre jeunesse, qui aurait posé deux
« perches en la manière qu'on dépeint le sautoir, pour
« acquérir l'agilité tant nécessaire à la chasse et à la
« guerre, en sautant et bondissant par-dessus, ou si
« dans leurs petites débauches, ils contraignaient les
« passants de sauter ou franchir ces perches ou bour-
« dons, d'où serait venu ce proverbe : *On lui a fait
« sauter le bâton.* »

On lit dans les voyages de Gulliver que le saut du
bâton était un divertissement fort en vogue à la cour
de Lilliput. On y procédait comme font les bergers
avec leurs moutons. L'empereur tenait un bâton élevé
à une certaine hauteur. Les courtisans s'avançaient
successivement et sautaient par dessus ce bâton. Celui
qui montrait le plus d'agilité et de souplesse était
récompensé d'un cordon de soie cramoisie, un cordon
jaune était donné au second et un blanc au troisième (2).

On dit aussi *sauter le bâton* dans le même sens que

(1) *Histoire philosophique et historique du Bâton*, page 306.
(2) Swift : *Voyages de Gulliver*, ch. III.

franchir le pas, franchir l'obstacle, et même *franchir le mot*, comme le prouve, pour cette dernière acception, l'exemple suivant, tiré de la comédie *Le Flatteur*, par J.-B. Rousseau :

> Il dit que vous étiez d'une humeur si flottante,
> Si bourru ou bourrue... *il sauta le bâton* (1).

Batons dans les roues. — Avant l'invention du sabot et du frein appelé *la mécanique* , on se servait de bâtons pour enrayer les roues des véhicules et les empêcher d'avancer ou, du moins, pour ralentir leur mouvement. De là, au figuré, cette locution : *mettre des bâtons dans les roues* de quelqu'un , c'est-à-dire contrarier ses démarches, en empêcher ou, tout au moins, en retarder la réussite, lui créer, en un mot, un obstacle, une difficulté. Cette locution est très ancienne, comme le prouve ce texte provençal de la première moitié du XIVe siècle, de l'inventaire des archives du Consulat de Montpellier : « Specialment que li Curial « del rey de Franssa non meton bastons ni autra « exaxcion en la part del Bayle (2). »

Voici une légende qui ne se rapporte pas au bâton en général , comme celles que nous avons données dans le chapitre deuxième de cette troisième partie, mais qui est spéciale à la locution dont nous nous occupons en ce moment :

« Maxime, désirant faire élever une chapelle sur la « montagne qui domine la ville de Riez, résolut d'em- « ployer les débris d'un temple païen situé en dehors « des fortifications Déjà les bœufs sont attelés ; les

---

(1) Cette comédie était d'abord en prose ; J.-B. Rousseau ne la versifia que plus tard ; mais elle n'a jamais été jouée sous cette nouvelle forme. — Voir la *Biographie universelle*.

(2) *Revue des langues romanes* : janvier 1872, n° 18.

« chariots chargés des matériaux se mettent en mar-
« che, lorsque, tout-à-coup, ils sont arrêtés au milieu
« du chemin par un pouvoir surnaturel. Vainement on
« aiguillonne les bêtes, elles n'avancent pas ; leur
« poil hérissé, le frémissement de tout leur corps
« annoncent que la frayeur les retient. Alors les con-
« ducteurs en instruisent saint Maxime, leur évêque.
« Il se rend sur les lieux, se met en prières, fait un
« signe de croix, et, au même instant, les bœufs se
« remettent en marche et traînent, sans s'arrêter,
« les chariots jusqu'au sommet de la colline.

« C'était le diable — à ce que dit la tradition — qui,
« pour empêcher l'érection du lieu saint, épouvantait
« les bœufs et jetait des *bâtons invisibles dans les roues*
« des chariots. »

ÊTRE À BEAU PIED, SANS LANCE. — La lance étant une
des nombreuses variétés du bâton, nous croyons pouvoir faire entrer cette locution dans notre nomenclature. *Etre à beau pied, sans lance*, signifie être
démonté, désarmé et, figurément, être mal dans ses
affaires.

On dit aussi : *Il est venu, il est retourné à beau pied,
sans lance*, c'est-à-dire : il est venu, il est retourné
à pied.

On trouve un exemple de cette locution dans Mme de
Sévigné : « Mme de Chaulnes arriva dimanche ; mais,
« savez-vous comment? à beau pied, sans lance, entre
« onze heures et minuit. Son carrosse était demeuré
« entre deux rochers, à deux lieues de Vitré (1). »

TIRER AU COURT BATON. — Autrefois, on tirait au sort
au moyen de petits bâtons, parmi lesquels il y en avait

____

(1) *Lettres de Mme de Sévigné* ; lettre 69.

un plus court que les autres. C'est ce que l'on a fait, plus tard, avec des brins de paille.

On a dit, au figuré : Il ne faut pas tirer au court bâton avec les amis, c'est-à-dire ne pas contester avec eux, sans vouloir se relâcher sur rien.

Le Baton haut. — Agir le *bâton haut*, c'est-à-dire d'autorité, impérieusement. Saint-Simon, parlant du Chevalier de Lorraine, a dit : « Il mena *Monsieur* « — le frère de Louis XIV — le bâton haut, toute sa « vie, ce qui ne l'empêcha pas d'être comblé d'argent « et de bénéfices. »

Un auteur moderne a dit avec beaucoup de raison : « Les consciences ne se gouvernent pas le bâton « haut. »

Un aveugle sans baton. — Se dit d'une personne qui manque des ressources dont elle a besoin. Un auteur sans esprit, un banquier sans argent, un négociant sans crédit sont des aveugles sans bâton.

Faire de sa tête massue. — Se donner beaucoup de mal pour réussir dans une affaire, et aussi vaincre un obstacle à force d'intelligence.

Prendre la massue d'hercule pour couper un cheveu en quatre. — Prendre de grands moyens pour obtenir un mince résultat.

Battre l'eau avec un baton. — Pour dire : faire une chose inutile Molière a dit : « C'est battre l'eau que « prétendre arrêter ce torrent. »

Voici un proverbe espagnol en contradiction manifeste avec la galanterie qui caractérise cette nation, et contre la brutalité duquel on ne saurait trop s'élever :

L'eau pour les bêtes, le vin pour les hommes, le bâton pour les femmes.

Comme compensation, ce proverbe oriental :

Ne frappez pas une femme — eut-elle commis cent fautes — même avec une fleur.

Celui-ci est d'une vérité incontestable :

> Battre monnaie est, à mes yeux,
> Ce que l'on peut battre le mieux.

PRENDRE UN BATON. — Au figuré, pour dire : faire un mauvais accueil :

> Et lorsque, pour me voir, ils font de doux efforts,
> Dois-je prendre un bâton pour les mettre dehors ?

dit Célimène dans le *Misanthrope*, acte II, scène 3.

SE PROMENER LA CANNE A LA MAIN. — C'est-à-dire être retiré des affaires, vivre de ses rentes.

« Prenez garde, disait Béranger aux jeunes gens, « ne comptez pas sur la poésie, sur les lettres pour « vivre ; la littérature doit être une *canne à la main*, « jamais une *béquille* ».

La canne et la barre — ces deux extrêmes dans la forme du bâton — se trouvent en regard dans la locution suivante, particulière, du reste, à Marseille, et qui exige une explication préalable.

Il existe, dans cette ville, une société très ancienne et très honorable : celle des portefaix, sous le vocable de Saint-Pierre, Saint-Paul et Notre-Dame-de-Grâce. Les portefaix — ce mot le dit assez — transportent, d'un point à un autre, les marchandises du commerce. Tantôt ils les chargent sur le dos, tantôt ils se mettent deux, quand le fardeau est trop lourd. Ils le portent alors à l'aide de cordes attachées à une barre dont chacun place un bout sur son épaule. Cette barre est, en quelque sorte, l'attribut de la profession ; chaque portefaix a la sienne. Une caisse, alimentée par des cotisations annuelles , fournit des pensions aux infirmes et à ceux qui ont droit à la retraite, comme les fonctionnaires de l'Etat. Les portefaix disent entre eux : Un tel peut se *promener la canne à la main*, il a sa retraite , après *trente ans de barre* ; c'est-à-dire ayant exercé pendant trente ans la profession de portefaix.

Martin-Baton. — Cette expression revient fréquemment dans les auteurs du XVIe siècle. Lorsque Panurge consulte les sorts dans *Virgile* , Pantagruel lui dit , sur le second vers , qu'il sera battu par sa femme : « Au contraire, respondit Panurge, c'est de moy qu'il « pronostique , et dict que je la battray en tigre si elle « me fasche ; Martin-bâton en fera l'office (1). »

Dans Bonaventure des Periers (conte CXV), il est question d'un quidam qui ne peut arriver à ce que sa femme le laisse tranquille « encore que le plus souvent « Martin-bâton l'accolât. »

Noël du Fail s'en est aussi servi dans ses *Propos rustiques* (ch. V) : « Je voudrais bien, dist lors Pas- « quier, que la femme de chez nous m'eut tant con- « testé ; je crois que Martin-bâton trotterait. »

Enfin, La Fontaine a consacré l'expression dans deux de ses fables intitulées , l'une : l'*Ane et le petit chien* ; l'autre : l'*Ane vétu de la peau du Lion*. — On lit dans la première :

> Oh ! oh ! quelle caresse ! et quelle mélodie !
> Dit le maître aussitôt. Holà , Martin-bâton !
> Martin-bâton accourt ; l'âne change de ton (2).

(1) Rabelais, liv. III, ch. 12.
(2) Liv. IV, fable 5.

Et dans la seconde :

> Martin fit alors son office.
> Ceux qui ne savaient pas la ruse et la malice
> S'étonnaient de voir que Martin
> Chassât les lions au moulin (1).

On peut citer encore ici ces deux proverbes :

> Ce que ne veut Martin veut son âne.
> Il n'y a point de Martin qu'il n'y ait de l'âne.

Mais d'où vient l'expression : *Martin-Bâton* ? Généralement, on la fait venir de *Martinet*, gros marteau d'enclume employé dans les usines où l'on forge l'acier. Dès-lors, menacer quelqu'un de Martin-Bâton, c'est lui dire qu'on le frapperait aussi rudement qu'avec le martinet d'une forge.

Quelques étymologistes disent que la locution dont il s'agit vient d'un nommé Martin, homme très brutal et qui avait l'habitude de frapper à tort et à travers.

Dans le Dictionnaire de Larousse, on dit que Martin est un surnom donné à tout homme armé d'un bâton et qu'alors on dit *Martin-Bâton*.

L'édition classique des Fables de La Fontaine porte cette note sur le cri que pousse le maître de l'âne dans la fable V du livre IV : Holà, Martin-Bâton ! — « Valet d'écurie, armé d'un bâton, pour corriger « l'âne. »

Voici maintenant diverses locutions qui n'ont pas besoin d'être longuement expliquées :

Battre la breloque. — C'est, au propre, frapper sur le tambour des coups rompus et saccadés ; au figuré,

______
(1) Liv. V, fable 21.

c'est déraisonner. On dit, en parlant de quelqu'un :
« Il commence à battre la breloque. »

Battre la chamade. — Battre le tambour d'une façon
particulière, pour avertir l'assiégeant qu'on demande à
capituler. Au figuré, c'est se retirer d'une discussion
faute d'arguments pour répondre.

Battre la campagne. — Se mettre en quête dans les
champs ; ainsi, on dit : les gendarmes battent la campagne depuis huit jours. Au figuré, c'est donner des
raisons vagues pour gagner du temps ou déguiser sa
pensée.

Battre a froid. — Battre le fer sans l'avoir fait chauf-
fer. Au figuré, tenter une entreprise impossible.

Battre froid a quelqu'un. — Lui montrer de la froi-
deur.

Battre le chien devant le loup. — Feindre de se
fâcher contre quelqu'un pour tromper une autre personne.

On sait que la bastonnade est fort en usage en
Russie ; aussi existe-t-il un proverbe russe qui dit :

Un homme battu vaut mieux que deux qui ne l'ont pas été.

Quelques proverbes anciens expriment l'utilité du
bâton :

Qui a lance au poing, tout lui vient à point.
Bien doit porter baston qui a voisin félon.

Comme un faquin porte faix,
Ainsi le baston la paix.

Le mot *faquin* signifiait autrefois crocheteur, portefaix.

Pour ce qui est du bâton : appui, soutien, Musset,
dans le proverbe intitulé : *Il ne faut jurer de rien*,

fait dire à un neveu que son oncle menace de déshéri-
ter : « Prenez garde. mon oncle, vous allez casser
« votre bâton de vieillesse. »

Mme de Puizieux a dit, dans un autre ordre d'idées :
« L'athéisme est un mauvais bâton de vieillesse (1). »

———

Dans cette longue série de locutions, j'ai réservé
pour la dernière celle-ci que je m'approprie et à laquelle je vous associe, cher lecteur : à propos de
mon livre, puissiez-vous ne pas dire de moi : « *Il a
donné le bâton pour se faire battre.* »

FIN DU DEUXIÈME ET DERNIER VOLUME.

(1) Pour les diverses locutions proverbiales citées dans ce
chapitre, voir les livres spéciaux et notamment le *Dictionnaire
des proverbes*, par P.-M. Quitard. — Paris, 1812.

www.ingramcontent.com/pod-product-compliance
Lightning Source LLC
LaVergne TN
LVHW021533170726
843501LV00004B/1052